(par M. de la Touloubre)

COLLECTION DE JURISPRUDENCE

SUR LES MATIERES FÉODALES ET LES DROITS SEIGNEURIAUX;

Utile aux différentes Cours & Jurisdictions du Royaume, & en usage principalement en Provence & en Languedoc.

Par M. de L. T. Avocat au Parlement de Provence.

NOUVELLE ÉDITION REVUE ET CORRIGÉE.

TOME PREMIER.

A AVIGNON,

Chez FRANÇOIS SEGUIN, Imprimeur-Libraire, près la Place de S. Didier.

M. DCC. LXXIII.

COLLECTION
DE
JURISPRUDENCE
SUR LES MATIÈRES
FÉODALES
ET LES DROITS
SEIGNEURIAUX

Utile aux différentes Cours & Juridictions
du Royaume, & en usage principalement en Provence & en Languedoc.

Par M. de L. T. Avocat au Parlement &
Praticien.

Nouvelle édition, revue et corrigée.

TOME PREMIER.

A AVIGNON,

Chez Fr. JOSEPH BERTON, Imprimeur-
Libraire, ...

M. DCC. LXXXII.

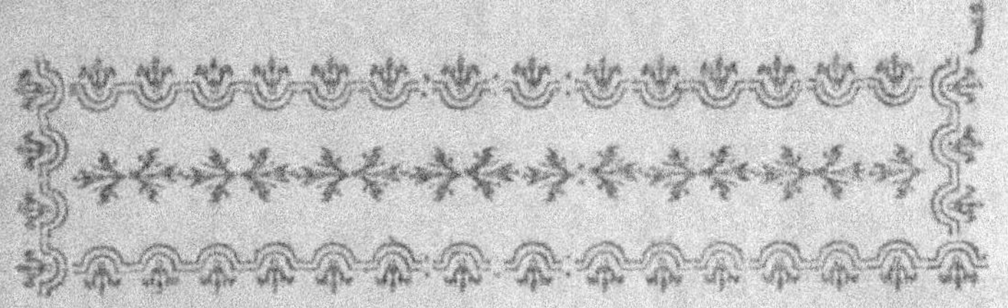

PRÉFACE.

L'ACCUEIL favorable qu'on avoit fait à la prémière édition, *de la Jurisprudence observée en Provence sur les matières Féodales*, m'inspira le dessein de donner un semblable Recueil pour le Languedoc ; mais lorsque je voulus mettre en œuvre les matériaux destinés à cet ouvrage, & exécuter le même plan que j'avois suivi en composant le premier Recueil, je m'apperçus qu'il ne m'étoit pas possible d'éviter l'inconvénient de copier non seulement le plus grand nombre des décisions, mais encore des titres entiers ; les usages des deux Provinces étant à cet égard parfaitement conformes.

A ij

Je crus alors qu'il étoit plus convenable de réunir dans un seul ouvrage tout ce que j'avois deftiné à en
former deux. En lui donnant plus
d'étenduë, j'étois afluré de l'avantage
de le rendre beaucoup plus utile.

Les augmentations que j'ai faites
à mon premier Recueil, font très-
confidérables. Il n'eft prefque aucun
des titres, dont il étoit compofé, où
l'on ne trouve un grand nombre de
nouvelles décifions & d'additions aux
preuves. De plus, il y a plufieurs titres, qui m'ont paru affez intéreflans
pour ne devoir pas être omis. Tels
font ceux, *des Droits Seigneuriaux en
général, des Biens vacans, du Guet &
garde, du Foüage, des Fiefs, de l'Emphitéofe, de la Locatairie perpétuelle, du
Franc aleu, &c.*

L'on trouvera des titres, dont l'u-
fage ne peut être utile que pour le
Languedoc; les Droits Seigneuriaux
qui en font l'objet étant inconnus en

Provence : par exemple, *les Acaptes* ,
le ban des Vendanges & le ban à vin , *&c.*

Les Ouvrages de M^rs. Mainard ,
Cambolas , d'Olive , de la Roche-
Flavin , de Catelan , Vedel , Geraud ,
Albert , Boutaric , & le Journal du
Palais de Touloufe en fix volumes ne
font pas les feules fources , où j'ai
puifé les décifions , qui fe rapportent
aux ufages du Languedoc. Les collections Mff. De feü Mr. Furgole
m'en ont fourni plufieurs ; & j'ai eu
l'avantage de voir des Magiftrats &
des Avocats me donner des éclair-
ciffemens , que je n'avois pas trouvés
dans les différens Recueils , que je
viens de citer.

Les Arrêts , dont je fais mention
fans indication d'Auteurs ni du Tribunal où ils ont été rendus , font
tous du Parlement d'Aix , & lorfqu'à
l'égard des autres , je cite feulement
l'Auteur qui les rapporte , je donne
affés á entendre qu'ils ont été rendus

par le Parlement dont ces mêmes Auteurs ont recüeilli la Jurisprudence.

Pour la Provence, ce sont Mrs. de St. Jean de Clapiers, Dupérier, Mourgues, Pastour, de-Cormis, Boniface de Bezieux & Bonnet.

J'ai éprouvé ce que j'avois prévû & annoncé dans la Préface du premier Recueil. Il étoit presque impossible que toutes les décisions fussent également à l'abri de la censure. Un Seigneur, un Vassal desapprouvera toujours celles, qui données sur une question susceptible de controverse, ne leur seront pas favorables. En parlant de la taille Seigneuriale, j'avois posé cette regle : que l'Ordre du St. Esprit est le seul qui réponde au cas de Chevalerie. Mais j'avois eu en même tems l'attention d'ajouter dans les notes que suivant une consultation de Mr. de-Cormis, qui n'est pas dans le Recueil de celles qu'on a données au Public, des Arrêts rendus par le

Parlement d'Aix avoient jugé que le Seigneur pouvoit exiger ce Droit , lorſqu'un de ſes Fils étoit reçû Chevalier de Malthe. On m'a blâmé de n'avoir pas donné pour regle cette Juriſprudence , que je ne connoiſſois pas aſſez particulièrement , & qui ſeroit contraire à celle de tous les autres Parlemens.

Me blamera-t-on auſſi d'avoir combattu la Juriſprudence , qui admet l'interverſion tacite en matière de preſcription de la directité ? Mr. Dupérier, dont le nom ſera immortel , l'avoit auſſi déſapprouvée ; & je ne doute pas que l'on ne revienne à l'ancienne Juriſprudence, qui rejettoit cette eſpèce de préſcription. Il me ſemble que les raiſons qu'il y a à lui oppoſer, ſont hors d'atteinte. J'ai continué cependant à poſer pour régle celle qui a prévalu ; parce qu'il y a véritablement des Arrêts , & je n'en ai vû aucun, du moins juſqu'à pré-

sent , qui ait adjugé la taille Seigneuriale pour le cas de la Chevalerie
dans l'Ordre de Malthe.

J'ai mis à l'écart une autre régle,
que j'avois puisée dans un Recueil
très-estimé ; & voici ce qui m'a déterminé à la supprimer. Quoique favorable au Fermier du Domaine , on
a assuré qu'on ne s'y conformoit pas.
J'ai cédé à cette authorité , qui dans
ce cas ne pouvoit pas assurément être
suspecte.

Autre reproche qu'on s'est crû au-
thorisé à me faire. J'avois inseré à la
fin du titre des Droits honorifiques ,
un Arrêt obtenu en 1756 au Parlement de Toulouse par le Marquis
d'Aramon , & dont on trouvera les
dispositions rappellées sous les décisions, auxquelles elles se rapportent.
Un des Vassaux du Marquis d'Aramon
me fit remarquer très-sérieusement
que cet Arrêt avoit été rendu, non
pas contradictoirement, mais sur sim-

ple Requête. Je crois devoir expliquer quel est l'usage du Parlement de Toulouse.

L'Arrêt dont il s'agit fut rendu , non pas sur simple Requête , mais sur une Requête , qu'on appelle de soit montré à Mr. le Procureur Général. Il me suffit de rappeller ce que dit à ce sujet Mr. de Juin un des Magistrats , sur les Mémoires de qui l'on a formé le Journal du Palais de Toulouse. ,, La régle , par laquelle , on ,, se détermine à accorder une demande ,, mande sur une Requête de *soit- ,, montré* au Procureur Général , est ,, l'usage général ou presque général.

Ainsi ces Arrêts précédés des conclusions de ce Magistrat meritent au moins autant d'attention que des Actes de Notorieté expediés au Parquet. Il est vrai que la voie de l'opposition est ouverte ; parce que des titres ou des usages particuliers peuvent former une exception à la régle générale.

La formule de ces Requêtes par rapport aux Droits Honorifiques, est que le Seigneur demande qu'il plaise à la Cour de déclarer communs au suppliant les Arrêts de réglement concernant les droits honorifiques des Seigneurs, les fonctions & prérogatives de leurs Officiers, les Pâturages & Vendanges, &c. Là il fait mention de quelques Arrêts qu'il joint à sa Requête, & qui sont visés dans l'Arrêt. Le Marquis d'Aramon avoit cité & produit entre autres celui du Marquis de Monlesun, qui est rapporté dans le Recueil judiciaire, & où l'on en trouve énoncés jusques à onze autres.

Telles sont les observations qui me sont parvenues. Je profiterai toujours de celles, dont on voudra bien me faire part.

Quoiqu'il y ait quelques unes des maximes observées en Provence sur la nobilité des biens, qui sont conformes à celles que l'on suit en Languedoc, il en est tant d'autres qui font différentes, que je n'aurois pû éviter l'inconvénient de donner trop d'étendue au titre des Biens Nobles, si j'eusse entrepris d'y rappeller les unes & les autres. J'ai pris le parti de laisser subsister ce titre tel qu'il étoit, c'est-à-dire, se rapportant uniquement aux usages de Provence; & j'ai rassemblé à la fin toutes les déclarations, où l'on peut s'instruire des principes, qui régissent en Languedoc une matière si importante. Je n'ai pas négligé cependant, lorsqu'il s'agissoit d'une conformité ou de quelque différence remarquable, de l'indiquer par des renvois sur les articles de ce même titre des Biens Nobles.

SECONDE PARTIE.

RECUEIL
DE
JURISPRUDENCE
FÉODALE
A L'USAGE
DE LA PROVENCE
ET
DU LANGUEDOC.

PREMIERE PARTIE.

TITRE PREMIER.

Des Droits Seigneuriaux en général.

I.

A Justice, le Fief & l'Emphitéose font les causes productives des Droits Seigneuriaux.

Le Fief & l'Emphitéose différents par leur origine, le font aussi par les Droits qui en dérivent. Il n'y a que la prestation de la foi & hommage qui soit de l'essence du Fief ; le Domaine

direct est bien de sa nature mais non pas de son essence. Du-
moulin sur la cout. de Paris, tit. 1, n. 114 & 115.

» » Dans le Bail emphitéotique, dit Geraud dans son Traité
» des Droits Seigneuriaux, liv. 2, ch. 1, le fonds est obligé, &
» dans le féodal la personne : quoique les terres soient données
» sous la prestation de foi & hommage & sous une redevance
» annuelle, il ne suit pas de-là que la censive soit de la nature
» de l'inféodation. Il y a deux Baux dans cet acte distingués &
» séparés, celui du fief & celui de l'emphitéose.

Plusieurs Auteurs ont développé l'origine des fiefs & des Droits
Seigneuriaux. Voici ce qu'en disent Mezerai dans son abregé de
l'Histoire de France, Fauchet de l'origine des Dignités, St. Julien
dans ses mélanges historiques, du Haillan dans la vie d'Hugues
Capet, & dans celle de Charlemagne, & Chantereau le Fèvre
dans son traité de l'origine des fiefs.

Dans le commencement de la Monarchie Françoise, les Rois
de la première race envoyoient des Officiers dans les Provinces,
les Bailliages & les Châtelainies, qu'on nommoit alors Duchés,
Comtés & Seigneuries, dont ils jouissoient à vie à titre de bien-
fait. Le Duc avoit l'administration des finances de la Province &
la conduite des armées ; le Comte avoit la recette de son Comté,
c'est-à-dire, du Bailliage, & le Seigneur recevoit les revenus
de sa Châtelainie. Chaque Duc devoit avoir sous lui douze Comtes,
& chaque Comte sept Seigneurs au moins.

Les Ducs & les Comtes avoient de plus leurs biens patrimoniaux qu'ils possédoient en Aleu sans reconnoître aucun Supérieur.
Ils donnoient ces biens à des Vassaux, pour les intéresser à les
maintenir dans leurs dignités. Bientôt les Maires du Palais, les
Comtes de Paris, les Ducs de Bourgogne, d'Anjou & de Mets,
Princes de la Gendarmerie Françoise, s'emparerent, pour se
frayer un chemin à la Royauté, de plusieurs bénéfices, dont les
revenus furent employés à payer les gens de Guerre. Hugues Capet pour se maintenir sur le trône, accorda aux Ducs, Comtes,
Barons & autres Officiers appellés Bénéficiers Royaux la propriété des Duchés, Comtés & Châtelainies, qu'ils ne possédoient
auparavant que par commission. Alors aux Bénéfices Royaux suc-
céderent les fiefs propres & patrimoniaux. Les Seigneurs don-
nerent ensuite partie de leurs terres à d'autres Vassaux sous la foi,
hommage & service Militaire, ou à des cultivateurs sous certaines
redevances.

I I.

Les Droits Seigneuriaux confiſtent les uns
en honneurs, les autres en profits. Il en eſt
qui ſont dûs ſans ſtipulation , & comme
une dépendance intime de la cauſe qui les
produit.

L'hommage , la foi, les honneurs dans l'Egliſe & dans l'é-
tendue de la juſtice ou du fief ſont de la première eſpéce ; le
Lods , le Cens & toutes les redevances, de la ſeconde.

A la juſtice ſont intimément attachés , certains Droits, pour
leſquels il ne faut point de titre particulier. Tels ſont , par exemple , les honneurs , le droit d'établir des Officiers pour l'adminiſtration de la Juſtice, les Amendes, les Confiſcations, les Epaves,
le Tréſor trouvé , les Biens vacans , le Droit de ſuccéder aux Bâtards , &c. Le fief a pour dépendances la foi & hommage ; &
quoiqu'originairement tout fut purement gratuit dans cette conceſſion, cependant depuis que les fiefs ont été rendus patrimoniaux , l'on a emprunté de l'Emphitéoſe le lods ou quint &
requint, le retrait, le rélief ou rachat. La commiſe , la ſaiſie féodale , le dénombrement ſont devenus propres & naturels au fief.
Je ne m'étendrai pas ici ſur un détail auquel il faudroit revenir ,
quand il ſera queſtion des titres concernant le fief & l'emphitéoſe.
Il ſuffit d'avoir donné une idée des Droits , qui ſont acquis par
la ſeule qualité de Seigneur juſticier , féodataire ou direct. Je
n'en ai même rappellé que quelques-uns ; parce que en traitant
de chaque Droit en particulier , du moins de ceux qui ſont en
uſage en Provence & en Languedoc, j'ai eu ſoin de faire remarquer quels ſont ceux , dont on ne peut joüir qu'en vertu d'une
ſtipulation.

I I I.

Les Droits inſolites , & ſous cette dénomination l'on comprend ceux qui ſont contraires aux bonnes mœurs ou à la décence,
& ceux qui préſentent un aſſujettiſſement ridi-

cule, font mis au rang des droits extorqués,
& doivent être fupprimés.

Je ne donnerai pas ici des exemples de ces droits infolites.
On peut confulter la Rocheflavin des *Droits Seigneuriaux*,
ch. 4, d'Olive, liv. 2, ch. 1, Boiffieu, ch. 4. J'obferve feulement qu'il y a certains droits qui, quoique bizarres en apparence, ne doivent pas être confondus avec les autres, furtout
lorfque le vaffal qui fe trouve dédommagé par un profit, offre
de remplir l'obligation, dont le Seigneur voudroit le difpenfer.
Ainfi jugé par deux Arrêts du Parlement de Toulouse rapportés
par d'Olive *ibid*.

Le droit d'exiger de l'argent des nouveaux mariés pour la
permiffion de coucher enfemble la premiere fois, établi par
titre, eft infolite & abufif. Charondas, liv. 7, rep. 79.

Le Parlement de Provence a regardé comme un droit extraordinaire, & qui devoit être fupprimé, celui d'exiger une
amende particuliere pour l'effufion de fang dans les querelles.
Arrêt du 15 d'Avril 1711 rendu par des Commiffaires délégués
entre Mr. le Préfident de Valbelle Seigneur de Rougiers, &
la Communauté du même lieu. « Ordonnons que ledit de
» Valbelle ni fes Officiers ne pourront exiger, ni fouffrir qu'il
» foit exigé aucune amende pour droit qu'on appelle de fang,
» ni aucun autre que celles permifes par les Ordonnances &
» adjugée par fes Officiers. »

I V.

En Provence, les Droits Seigneuriaux acquis à prix d'argent ou gratuitement font
fujets à perpétuité, au rachat ou à l'extinction.

Quoique dans les titres, dont je vais faire mention, les droits
que les Seigneurs peuvent avoir acquis à titre gratuit, ne foient
pas énoncés expreffément, il eft évident qu'il y auroit de
l'abfurdité à les traiter plus favorablement que ceux qui ont
eu un prix en argent. Le motif de la Loi du Rachat y eft
clairement exprimé ; & ce motif s'applique également aux
uns & aux autres.

La Déclaration de 1666, & l'Arrêt du Conseil de 1668,
étant rappellés dans l'Arrêt du 14 Novembre 1730, il suffira
de rapporter celui-ci, dont l'exécution a été souvent reclamée
avec succès.

Extrait des Regîtres du Conseil d'Etat.

» Sur la Requête presentée au Roi en son Conseil par les
» Procureurs des gens des trois Etats du Pays de Provence,
» contenant que par la Déclaration du feu Roi, de glorieuse
» mémoire, du mois de Février 1666, il fut entr'autres choses
» fait défenses aux Villes & Communautés du Pays, de sur-
» charger les biens roturiers d'aucunes taxes ou autres levées
» universelles sur les fruits de leurs terroirs, soit par des
» ventes à prix d'argent ou pour quelqu'autre cause & pré-
» texte que ce pût être, à peine de nullité des contrats qui
» auroient établi ces sortes d'impositions ; que sur l'opposi-
» tion formée par les Syndics de la Noblesse de Provence à
» l'enregistrement de ladite Déclaration en la Cour des Comptes,
» Aydes & Finances dudit Pays, elle fut interpretée par Arrêt
» du Conseil du 15 Juin 1668, par lequel en renouvellant les
» mêmes défenses aux habitans des villes & villages de ladite
» Province, de vendre à prix d'argent à leurs Seigneurs ou à
» autres aucunes taxes & levées universelles sur les fruits
» de leurs terroirs, les ventes précédemment faites furent
» déclarées nulles & rachetables comme de simples rentes
» constituées à prix d'argent, en remboursant par les com-
» munautés en deniers comptants le même prix, pour lequel
» ces taxes universelles auroient été imposées, sans que les
» acquereurs fussent tenus de rendre les fruits qu'ils auroient
» perçus, & l'on n'excepta du rachat que les taxes univer-
» selles qui avoient été subrogées aux anciens Droits Seigneu-
» riaux, comme faisant partie des fiefs ; la disposition de cet
» Arrêt fut confirmée par celui du 7 Février 1702, portant
» Réglement au sujet des tailles entre le corps de la Noblesse
» & le tiers état de Provence. Mais comme peu de Com-
» munautés de ladite Province ont usé de la faculté de racheter
» ces sortes de charges, que le tems a rendu encore plus oné-
» reuses qu'elles n'étoient dans leur origine, les Suppliants ont
» reconnu en travaillant à l'affouagement général des com-
» munautés dudit Pays, que ces droits se levent encore dans
» un très-grand nombre de ces communautés par les Seigneurs

» des fiefs ou par d'autres particuliers auxquels ils ont été
» aliénés ; & en ayant recherché la cause , ils l'ont trouvée
» dans l'impossibilité où ces communautés avoient été jusques
» à présent de rembourser en un seul payement les sommes
» qui leur avoient été fournies pour l'établissement de ces im-
» positions ; ce qui auroit obligé les Procureurs du pays de
» Provence de supplier Sa Majesté d'accorder à ces commu-
» nautés la permission de s'en liberer , ou par département ,
» ou par imposition en un certain nombre d'années , en dimi-
» nuant annuellement les intérêts à proportion des sommes qui
» seront payées sur les capitaux de même qu'il en a été usé par
» ces communautés pour le remboursement des créanciers , qui
» leur avoient prêté par obligation ou par contrat de constitu-
» tion , lesquels étoient dans un cas bien plus favorable que
» ceux dont il s'agit ; parce qu'ils avoient suivi une voie per-
» mise pour placer leurs deniers , dont ils n'avoient tiré qu'un
» intérêt légitime ; au lieu que les autres ont fait des stipula-
» tions contraires aux Loix , en recevant des prestations en
» nature , qui ont excedé de beaucoup le taux des Ordon-
» nances ; & Sa Majesté voulant favorablement traiter les com-
» munautés de Provence , & donner aux Procureurs du pays le
» moyen de mettre ces communautés à la faveur du nouvel
» affouagement auquel ils ont travaillé , dans un état d'arran-
» gement , qui leur donne plus de facilité à payer exactement
» leurs charges & leurs impositions.

» Vû l'avis du sieur Lebret , Conseiller d'Etat , premier
» Préfident & Intendant en Provence , ouï le Rapport du Sr.
» Orry , Conseiller ordinaire au Conseil Royal , Controleur
» général des Finances , le Roi en son Conseil , a ordonné
» & ordonne , que les Arrêts du 15 Juin 1668, & 7 Février
» 1702, seront exécutés suivant leur forme & teneur ; ce faisant ,
» permet aux villes , lieux & communautés du pays de Provence ,
» de racheter & éteindre les taxes & levées universelles sur les
» fruits de leurs terroirs , cens , services , bannalités , & autres
» droits & redevances sur elles établis , soit à prix d'argent ou
» en payement des arrérages par eux dûs pour d'autres Droits
» Seigneuriaux , à la charge de rembourser par lesdites com-
» munautés les sommes principales qui leur ont été fournies ,
» ou dont la remise leur a été faite pour l'établissement desdits
» droits ; & en conséquence , fait Sa Majesté défenses aux
» Seigneurs des fiefs & autres particuliers acquereurs desdits
» droits , d'en continuer la levée. Et pour faciliter lesdits
» remboursemens , permet aux Procureurs dudit pays de Pro-

» vence de se pourvoir en leur nom pour faire liquider les
» capitaux qui seront dûs par chacune des communautés de
» ladite Province pour le rachat & l'extinction desdits droits,
» d'en faire le remboursement pour lesdites communautés, &
» d'imposer sur elles les sommes qu'ils auront payées à leur
» décharge, pour en être la Province remboursée avec intérêt
» en plusieurs payemens, tels qu'ils seront reglés par lesdits
» Procureurs du pays, eu égard à l'état des affaires desdites
» communautés. N'entend Sa Majesté soumettre audit rachat
» les tasques & levées universelles qui ont été subrogées aux
» anciens Droits Seigneuriaux de quêtes, corvées, cas impé-
» riaux, albergues, cavalcades, bannage, fournage & autres
» semblables, lesquels demeureront en leur entier, comme
» faisant partie des droits des fiefs. Fait au Conseil d'Etat
» du Roi, tenu à Versailles le quatorziéme jour du mois de
» Novembre mil sept cent trente. Collationné, *signé* Einard.

Il a été rendu plusieurs Arrêts du Conseil en faveur des communautés qui ont réclamé ce privilège; un pour la communauté de St. Maximin, le 8 d'Août 1752; un autre pour la communauté de Villecrose, le 10 de Février 1751; un troisiéme pour la communauté de Fuveau, le 15 de Juillet 1760, un quatriéme pour la communauté de la Fare, le 26 d'Août 1760. La communauté de Chateauneuf d'Opio a été aussi admise au rachat par une Ordonnance de Mr. l'Intendant, du 15 de Juin 1757, acquiescée. Il s'agissoit de Bannalités.

<h2 style="text-align:center">V.</h2>

La possession, même centenaire ou immémoriale, n'est d'aucun secours pour acquerir l'exemption, ou affranchissement des Droits Seigneuriaux.

Le lien de vasselage, *nexus clienteralis*, met un obstacle à la prescription : il est cependant quelques Droits Seigneuriaux exceptés de cette regle; la possession suffisant pour les acquerir & pour s'en affranchir, tel est, par exemple, la bannalité. J'aurai soin de faire remarquer tous ceux qui sont dans cette exception, suivant la Jurisprudence observée en Languedoc; car en Provence, on a toujours tenu pour maxime, que l'on ne pouvoît pas acquerir des Droits Seigneuriaux par la seule possession , & il a fallu un statut particulier pour établir une regle contraire à l'égard de la bannalité.

V I.

Une contradiction ou dénégation *formelle*, de la part du vassal ou emphiteote , ouvre le cours de la prescription de trente ans contre le Seigneur Laïque , & de quarante ans contre le Seigneur Ecclésiastique.

Il se forme alors une interversion de la possession du Seigneur, qui voit que le vassal ou emphiteote se met lui-même en possession de la liberté. Mais il faut que la dénégation soit formelle , expresse , faite sans ambiguité. Il faut que le vassal ou emphiteote, *clarè & dilucidè ad libertatem proclamaverit*, & qu'il soutienne , par exemple, que son fonds est libre ; car s'il oppose seulement qu'il releve d'un autre Seigneur , il n'y a point d'interversion de possession. Ainsi jugé par Arrêt du 7 d'Avril 1732 , rapporté dans le Journal du Palais de Toulouse.

A plus forte raison , le vassal ou emphiteote n'ouvre-t-il pas le cours de la prescription , en se présentant simplement sur l'assignation qui lui est donnée. Arrêt du Parlement de Toulouse du 13 de Septembre 1700 , rapporté dans le même Journal.

On en trouve un dans le Recueil de Mr. de Catelan , liv. 3. ch. 29. qui jugea , que la dénégation devoit être expresse & faite en Jugement. Cette derniere circonstance n'est pas nécessaire en Provence. Le vassal avoit repondu , qu'il se soumettroit à tout ce qui seroit juste, selon qu'on lui seroit apparoir par des titres légitimes.

Le même Auteur en rapporte, *là-même*, un autre semblable. L'emphiteote assigné avoit répondu qu'il n'avoit jamais refusé de reconnoître , pourvû qu'on lui montrât des titres , & qu'on les adaptât. Enfin Mr. de Catelan fait mention d'un troisiéme Arrêt, & j'en ai trouvé d'autres ; un rendu en 1679 , au rapport de Mr. Dupuy contre un emphiteote , qui aprés avoir soutenu qu'il devoit une moindre rente, avoit possedé pendant plus de 30 ans, sans payer la rente. Un autre du 15 de Février 1707 , en faveur de Mr. l'Archevêque de Toulouse, & qui jugea, qu'il ne suffisoit pas de combattre les titres comme insuffisans, & qu'il auroit fallu denier formellement. Semblable Arrêt du 20 de Janvier 1700.

En Provence, l'on admet en matiere de mouvance, une interversion tacite, inconnue, ou pour dire mieux réprouvée en Languedoc. J'expliquerai ce que c'est; tit. *de la Directe.*

VII.

Les arrérages des Redevances & autres profits casuels, sont sujets à la prescription de trente ans, ou à celle de quarante ans, s'il s'agit de l'intérêt de l'Eglise. La quotité est aussi prescriptible, mais non pas la qualité ou espece.

Droit commun par rapport à la prescription des arrérages & autres profits casuels, tels que les amendes, les confiscations, la succession des bâtards, les biens vacans, &c. avec cette différence néanmoins, que l'espace de tems néeessaire pour l'accomplissement de la prescription n'est pas par tout pour certains Droits Seigneuriaux le même. En Provence, dans tous les cas où les arrérages peuvent être demandés, ils sont dûs depuis 29 ans avant l'Instance. Je dis, lorsqu'ils peuvent être demandés; parce qu'il y a des cas où ils ne sont pas dûs. Je les explique sous les titres des corvées & de la bannalité.

Quant à la qualité ou espece, elle n'est pas sujette à la prescription, & la quotité l'est. On peut voir ce que je dis à ce sujet sous le titre du Cens. J'y explique aussi quelles sont les conditions nécessaires pour la prescription de la quotité.

VIII.

L'Eglise & les mineurs ne peuvent pas être restitués envers la prescription des arrérages. Le pupille a son recours contre son tuteur.

Automne sur la Loi 5, *Cod. in quibus causis in integ. Rest. necess. non est.* Charondas, liv. 3, rep. 62; Dunod des prescriptions, part. 3, chap. 1.   B 4

I X.

Les arrérages échus avant la jouïffance du pupille ou du mineur, ne font pas fujets à la prefcription, parce qu'ils font confiderés comme des capitaux, qu'ils n'auroient pas pu valablement recevoir, fans qu'il inter-vint une Sentence.

La Loi 27, *Cod. De adminift. Tutor.* Catelan, Liv. 5, chap. 26.

X.

Le titre primordial, qui veille également pour le Seigneur & pour le vaffal, doit tou-jours prévaloir aux titres poftérieurs qui ne font pas difpofitifs ; & toutes les obligations énoncées & reconnues dans ces titres font des furcharges, dont on peut demander en tout tems la fuppreffion, lorfqu'elles n'ont pas été ftipulées dans l'acte primordial.

Voyez ce que je dis à ce fujet fous le titre des *Reconnoif-fances*, qui ne font pas des actes difpofitifs, mais feulement déclaratifs. *Partes non intendunt difponere fed renovare*, comme dit Dumoulin.

X I.

Les jugemens & tranfactions ne couvrent pas les furcharges, à moins que ces actes ne foient intervenus nommément fur la furcharge & après l'exhibition du titre primordial.

Il semble qu'il faut même faire une différence à cet égard entre les jugemens & les transactions ; & quoiqu'il soit vrai que la surcharge est couverte par un jugement, où il en a été question, il n'en est pas de même à l'égard des transactions, qui peuvent avoir été extorquées comme les reconnoissances. Ainsi jugé en 1715 par la Chambre Souveraine des Eaux & Forêts du Parlement de Toulouse : Jugement rapporté dans les collections mss. de M. Furgole, qui cite, mais sans datte, un Arrêt contraire. Vedel sur Catelan, liv. 3, chap. 36, en rapporte un de 1717, qui supprima la surcharge, malgré plusieurs transactions, qui tendoient à l'autoriser.

XII.

Lorsque dans l'acte dénoncé comme contenant une surcharge, il est fait mention d'autres titres, le Seigneur ne peut se dispenser d'exhiber ces titres.

Ainsi jugé par un Arrêt du Parlement de Toulouse du 9e. de Janvier 1715. Il fut ordonné, que le Seigneur remettroit chez un Notaire les titres, & les y laisseroit pendant deux mois, pendant lequel tems il seroit loisible aux habitans d'y avoir recours, & d'en prendre des extraits à leurs frais.

Autre Arrêt du même Parlement du 22e. d'Août 1732, les Habitans de Bonvejols se plaignoient d'une surcharge inserée dans une reconnoissance de 1712. ils demanderent l'exhibition des titres qui y étoient énoncés. Le Seigneur refusa, & l'arrêt ordonna qu'il remettroit ces titres au procès dans trois jours, autrement permis aux habitans de prendre du défaut de rémission, les inductions telles que de droit. Telle a toujours été la Jurisprudence du Parlement de Toulouse, Mr. de la Roche-Flavin des droits Seigneuriaux ch. 1. art. 15.

Mais le Seigneur n'est pas obligé de communiquer au vassal ou emphitéote d'autres titres que ceux qui sont communs entr'eux, tels que les baux à fief ou emphitéose, réconnoissances &c. L'avantage qu'on pourroit retirer de la communication des titres de la Seigneurie n'est pas une raison pour la demander. Arrêt du même Parlement du 26 de Mai 1705. ils sont tous rapportés dans le Journal du Palais de Toulouse.

XIII.

Lorsque le Seigneur a perdu les titres, qui établissoient son droit de mouvance, ou les vassaux & emphitéotes ceux de leur affranchissement par quelque cas fortuit, la preuve de la teneur peut être faite par témoins.

Mr. de la Roche-Flavin, *des droits Seigneuriaux* ch. 1. art. XI.

XIV.

Si le Seigneur n'a manoir en son fief, il doit en élire un, où les vassaux puissent s'addresser pour payer leurs rédévances, & faire tous actes & diligences qu'ils sont tenus de faire.

Gui-Pape & Ferrieres quest. 123. Henris tom. 1er. liv. 3 quest. 9.

XV.

Lorsque les Biens du vassal ou emphitéote sont mis en générale distribution, le Seigneur est alloüé, par préférence à tous Créanciers pour la rente & arrérages des Droits Seigneuriaux sur la vente separée des fonds sujets à ces droits ; & les dépens faits pour l'exaction de ces mêmes droits sont alloüés au même degré.

Mr. Cambolas liv. 3. ch. 16. Mr. de Catelan liv. 6. ch. 9.

atteſtent la Juriſprudence , quant à la préférence ſur le prix
de la vente du fonds. Telle eſt auſſi celle du Parlement de
Provence.

Mr. de Catelan liv. 3. ch. 28 rapporte un Arrêt rendu en
Mars 1676 & qui jugea , que le Domaine direct acheté par
le Poſſeſſeur du fonds emphitéotique devoit être vendu ſeparé-
ment pour le payement du prix , lorſque les biens de ce débiteur ſont généralement ſaiſis.

Quant aux dépens , la Juriſprudence du Parlement de Toulouſe à varié. Mr. de Catelan liv. 6. ch. 9. rapporte un Arrêt
qui leur donna la même préférence que celle qui eſt acquiſe
pour les Droits Seigneuriaux. Mais par un Arrêt du 30 de Juillet
1707. rendu après un partage porté de la troiſiéme Chambre
des Enquêtes à la première , la préférence fut refuſée. Mr.
Furgole qui rapporte cet Arrêt dans ſes notes marginales , ſur
le recueil de Mr. de Catelan , remarque , qu'il y avoit cette
circonſtance , que ce n'étoit pas le Seigneur , mais ſon Fermier ,
qui avoit fait ces dépens ; circonſtance , qui paroît & doit être
indifférente , ſi le Fermier a le même privilége pour la rente
ou Droits Seigneuriaux , que le Seigneur , comme l'établit Du-
Moulin §. 1. gloſ. n. 21. & 22.

Semblables Arrêts qui refuſerent la préference pour les dépens. L'un du 23. d'Août 1717. l'autre rendu en 1726. un troiſiéme du 20. de Mai 1737. Ils ſont cités dans les notes marginales d'un Conſeiller au Parlement ſur le recuëil de M. de Catelan. On eſt enfin revenu à l'ancienne Juriſprudence , Arrêt
du 6. de Mars 1733. rapporté dans le journal du Palais. Semblable Arrêt du 21 de Mars 1735. dont M. Furgole rapporte la
teneur. » La Cour ordonne que ledit de Colbert (Evêque de
» Montpellier) ſera payé par privilége & préférence ſur le prix
» qui viendra de la vente ſeparée des biens dépendans de la
» metairie de Laveſque , mouvans de la directe de l'Evêché de
» Montpellier , de la ſomme de 661. liv. 19 ſ. 8d. à laquelle le
» Lods dû a été liquidé par les Experts. En même tems , rang ,
» & privilége ſera payé audit de Colbert , ſur ladite vente ſé-
» parée , le montant des frais & dépens expoſés pour parvenir
» à ladite eſtimation & allocation.

Semblable Arrêt du 7 de Septembre 1736. Les dépens , dit
M. Furgole étoient fort conſidérables , & ils furent alloüés au
même rang , que les rentes Seigneuriales , même avant la dot ,
quoique antérieure à l'adjudication des dépens.

TITRE SECOND.

De la Justice.

I.

LA conceſſion de la Juſtice doit être expreſſe dans une inféodation ; & s'il y eſt fait mention ſeulement de toute Juſtice, *cujuſcumque juriſdictionis*, on ne peut en vertu de pareil tranſport réclamer que la moyenne & baſſe.

Toutes les Juſtices ſont préſumées concedées ou confirmées par le Souverain, qui a ſeul le droit de les créer. *Omnes juriſdictiones à Principe manant.* Dumoulin ſur la cout. de Paris, §. 1. gloſ. 5. n. 49 ; Loiſeau des *Seigneuries*, ch. 6. n. 31. Boutaric *des droits Seigneuriaux* tit. *de la Juſtice.*

Il faut néceſſairement que la Juſtice ſoit énoncée dans une inféodation ; parceque ſuivant la maxime générale du Royaume le fief & la juſtice n'ont rien de commun : *feudum & juſtitia ſe habent ut diverſa.* Dumoulin ibid. n. 47 ; maxime qui a lieu en Provence, où le fief peut exiſter ſans juſtice, & la juſtice ſans fief. Je refuterai ailleurs l'erreur de ceux qui croient que la juſtice y eſt inſéparable du fief ; parcequ'on ne peut pas y poſſeder des biens nobles ſans participer à la juſtice.

M. de Clapiers cauſ. 50, queſt. 2 obſerve que la clauſe de *caſtro, ejus territorio, juriſdictione, diſtrictu, dominiis, poſſeſſionibus, nemoribus* &c. étoit communément employée dans les inféodations des anciens Comtes de Provence. D'où il faut conclure qu'on ne regardoit pas alors les termes, *caſtrum, diſtrictus & territorium*, comme renfermant implicitement la juſtice, puiſque l'on en faiſoit expreſſément mention.

M. de Boiſſieu en retraçant la maxime dans ſon traité de l'uſage des fiefs, pag. 111, obſerve que c'eſt par cette raiſon que lorfqu'on veut comprendre la juftice dans la faifie & decret d'une terre, *il eſt néceſſaire d'en faire la déclaration expreſſè;* encore qu'elle fût annexée & incorporée au fief.

Chopin dans fon traité du domaine, liv. 3, tit. 20, n. 1 attefte auſſi la maxime, & cite un mandement de Philippe le Bel de 1311 addreſſé au Bailli de Caux & un Arrêt de 1262. Il ajoute que quelquefois *l'alienation d'un chateau faite par le Roi entraine la haute juſtice, & de ce il y eut Arrêt, moi plaidant.* Mais il cite ce même Arrêt, dont la datte eft du 8 d'Août 1575 fur l'art. 42 de la coutume d'Anjou, & il dit que par le contrat la haute juftice avoit été vendue. Voyez l'art. fuiv. & les notes, où j'établis la différence qu'il y a à faire entre l'inféodation & le tranfport fait à tout autre titre.

Les fous-inféodations font regies par la même regle. Le poffeſſeur d'un arriere fief n'aura pas même une portion de la moyenne & baſſe juſtice, fi elle ne lui a pas été départie expreſſément; quelque étendues que puiſſent être les clauſes concernant le tranfport : par exemple, quoiqu'il y foit énoncé que le poſſeſſeur joüira de tous les droits acquis aux autres poffeſſeurs d'arriere fief. Ainfi jugé en faveur du Marquis de Simiane Seigneur de Rians, contre le fieur Brun de la Valere par Arrêt rendu en 1749 conformément aux conclufions que je portai pour Mr. le Procureur général.

Quant à cette autre maxime; que la fimple dénomination de la Juſtice ne peut pas dans les inféodations s'appliquer à la haute, il y a deux anciens Arrêts du Parlement de Paris dépoſés dans des Mémoires conſervés dans les Archives de la Chambre des Comptes d'Aix. *In generali conceſſione quacumque non intelligimus nec intelligi volumus altam juſtitiam,* eft-il dit dans le premier de ces deux Arrêts; & dans le fecond, *in domo à Rege faſto cujuſcumque Jurifdiſtionis altam juſtitiam non comprehendi.*

Loifeau des *Seigneuries*, ch. 10 dit que s'il eft feulement fait mention de la juſtice, ce terme ne peut s'appliquer qu'à la baſſe juftice.

II.

S'il s'agit, non d'une inféodation, mais de la vente, échange ou donation d'un fief formé, où le Souverain faifoit exercer comme Seigneur féodataire une justice particuliere & indépendante de celle qui lui appartenoit par droit de souveraineté, la cession de ce fief avec tous ses droits & appartenances renferme le transport de toute la justice qu'il y possédoit.

Je vais rapporter des exemples, qui justifient parfaitement que les anciens Comtes de Provence regardoient pareils Actes de transport comme contenant la concession même de la haute justice. Ils la reservoient expressément lorsqu'ils ne vouloient pas la céder.

Raimond Beranger Comte de Provence donna en 1234. la terre de Cabannes avec l'entiere domination, *integrâ dominatione*, sur les hommes & les justices ; *excepto & retento nobis mero imperio.* Voilà la haute justice.

Ce même Prince fit en 1237 un échange avec le Prévôt du Chapitre collégial de Barjols. On trouve dans cet Acte la réserve suivante : *salvis & retentis nobis omnibus pœnis & justitiis corporalibus cum sanguinis effusione & mero imperio & delictis commissis in itineribus publicis & sacris locis & offensis factis a clericis & personis religiosis.*

Quelquefois ce Souverain retraignoit la réserve à une partie de la haute justice, c'est-à-dire à certains cas, dont elle seule a droit de connoître. Ainsi dans la donation faite 1208 de la terre de Montfort, le Comte Idelphons n'employa pas ces expressions indéfinies, *excepto mero imperio*, mais celles-ci, *exceptis homicidiis & proditionibus* ; & ce fut sur ce fondement que le Seigneur de Montfort fut maintenu par un Jugement des Commissaires du domaine rendu le 12 de Décembre 1688 dans la possession de la haute justice à l'exception de l'exercice pour la poursuite & punition des crimes d'homicide & de trahison ; lequel exercice seroit fait par les Officiers de sa Majesté à qui les amendes appartiendroient.

Semblable Jugement rendu le 25 de Juin 1742 en faveur de la Dame de Villeneuve pour la haute justice dans sa terre du Bar. Le Comte de Provence s'étoit énoncé ainsi dans l'Acte d'échange : *nullo nobis retento vel reservato in dictis castris vel eorum territoriis sive in hominibus habitantibus in dictis locis, nec in Jurisdictione nec in aliquo alio jure pertinente ad dicta loca ;*

exceptis homicidiâ & rapinâ commissâ in caminis publicis. En maintenant la Dame du Bar dans la possession de la haute justice , on reserva aux Officiers Royaux de la Senéchausfée de Grasse , la connoissance des crimes d'homicide & de vol commis sur les grands chemins.

III.

Lorsque le droit de justice est disputé pour le Roi à un Seigneur, on exerce la justice au nom du Roi par provision.

Baquet , trait. des droits de justice , ch. 4 ; Rebuffe , *tract. de sentent. execut* glos. 4, n. 10 ; Berthelot, trait. des droits du domaine du Roi , ch. 23 , pag. 93.

IV.

La justice ne peut pas être tenue en Franc aleu , & il faut nécessairement reconnoître le Roi , & lui en rendre foi & hommage.

Bacquet des droits de justice , ch. 4 , n. 4. ; Caseneuve , trait. du Franc aleu , liv. 1er , ch. 9 ; Lotteau des Seigneuries , ch. 4 , n 6 ; Chassanée sur la cout. de Bourgogne , rubr. 1 , § 1 *in v°.* le Seigneur justicier.

V.

Dans l'Acte d'érection d'un arriere-fief le le Seigneur haut justicier ne peut pas se réserver le droit de ressort ou d'appel à sa justice.

Ainsi jugé en 1714 contre le sieur de Cugis pour l'arriere-fief de la Tourrelle erigé par le Seigneur d'Ollioules. Le même Arrêt jugea que cette réserve qui devoit être rejettée , ne rendoit pas nul l'Acte d'érection. La concession *vitiatur & non vitiat.*

Dumoulin sur la cout. de Paris § 1. glos. 5 , n. 30. *licet concedatur omnimoda jurisdictio & merum & mixtum imperium, cenſetur conceſſa in prima inſtantia , non in cauſa appellationis.*

Il y a en Provence pluſieurs Seigneurs , qui ont des Juges d'Appeaux , dont la Juriſdiction de reſſort a été demembrée de celle des Senéchauſſées ; & la queſtion qui conſiſte à ſavoir s'ils peuvent connoître des cas Royaux civils & criminels a été ſouvent agitée. Il y a des Arrêts pour & contre.

VI.

La haute juſtice eſt deſignée dans les inféodations des anciens Comtes de Provence par cette qualification , *merum & mixtum imperium* ; & quelquefois on ajoutoit , *quod delinquentibus ſeu mutilationem membrorum & quamcumque pœnam ſanguinis irrogat.*

VII.

La poſſeſſion immémoriale conſtatée par des Actes tels qu'inſtitutions d'Officiers , procédures, aveux, dénombremens, ſuffit pour la maintenue dans l'exercice de la juſtice même de la haute ; pourvû que le titre primordial , qui prouveroit que le commencement de la poſſeſſion , a été vicieux, ne paroiſſe pas.

C'eſt avec cette reſtriction, qu'il faut adopter le ſentiment de Bacquet, qui dans ſon traité des droits de juſtice ch. 5. n. 3. dit que l'on peut acquérir par la preſcription, même contre le Roi, tout droit de juſtice. Loiſeau trait. des Seigneuries ch. 4. n. 65. dit que la preuve par témoins ne doit pas être reçüe , & qu'on n'admet que celle qui eſt formée par des Actes. Ainſi jugé par Arrêt du Parlement de Toulouſe du 18 de Juillet 1652 rapporté par Mr. de Catelan liv. 3. ch. 2.

Mais des Actes de foi & hommage ne ſuffiroient pas ; ainſi jugé par l'Arrêt rapporté par Mr. de Catelan liv. 3. ch. 2. l'hommage eſt un Acte incomplet, s'il n'eſt pas ſuivi du dénombrement ;

&

& il faut de plus que le dénombrement ait été reçû. Alors il prouve contre le Roi même la justice, quoiqu'il n'y ait point d'Acte possessoire : c'étoit une circonstance remarquable dans la cause, où intervint l'Arrêt que je viens de citer. La justice avoit toujours été exercée au nom du Roi. L'Arrêt soumit le Seigneur à rapporter d'autres titres, que des Actes de foi & hommage. Il présenta des aveux & dénombremens, & l'Arrêt lui fut favorable.

Le titre paroissant, & prouvant que la justice n'avoit pas été transportée, la prescription, ne peut pas être admise. Arrêt du Parlement de Toulouse du 30 de Janvier 1684 rapporté par Chorrier dans sa Jurisprudence de Gui-pape, & rendu contre l'Evêque de Beziers.

Jugé par Arrêt du même Parlement du 7. de Septembre 1713, que de Seigneur à Seigneur la justice ne pouvoit être prescrite que par une possession immémoriale. Il est cité dans les notes marginales d'un Conseiller au Parlement sur le recueil de Mr. de Catelan.

VIII.

Les causes & crimes, dont la connoissance appartient à la haute justice, sont les meurtres, les assassinats, agressions, vols, blessures avec effusion de sang, adulteres, rapts, incestes, faussetés, violences publiques & privées, assemblées faites avec port d'armes, séditions, monopoles, sacriléges, peculat, vénéfice, sorcélerie, magie, larcins domestiques, & nocturnes, ou faits avec fraction, & autres qualifiés, & tous crimes publics, & autres pour la punition desquels par disposition de Droit, d'ordonnance ou de coutume, il y a peine de mort naturelle ou civile, mutilation ou abcision de membre, ou amende honorable, fouët, galeres, banniſſement, & toute autre peine corporelle avec manifeſte & apparence d'infamie. Le haut juſticier connoit auſſi à l'excluſion du moyen & bas des cauſes contenant l'état des perſonnes.

Ce détail eſt copié d'après un fameux Arrêt de Reglement rendu le 27 de Mai 1611 entre la Ducheſſe de Mercœur & l'Abbé de Mont-majour, rapporté par Boniface, tom. 3, liv. 1. tit. 4.

Il faut en retrancher tous les crimes qui ont été declarés cas royaux, dont la connoiſſance eſt reſervée aux Baillifs & Sénéchaux.

Voyez ſur cette matiere l'Arrêt du Parlement de Toulouſe du 13 de Septembre 1552 rapporté par automne ſur la loi 3. ff. *de Juriſdict* : Mainard liv. 2, ch. 19 ; la Roche flavin des *Droits Seigneuriaux*, ch. 36, art. 1 ; Loiſeau *des Seigneuries*, ch. 10 ; Boiſſieu *de l'uſage des fiefs*, ch. 57.

I X.

Le moyen juſticier connoit des autres crimes qui ne ſe vengent par ces peines, & de toutes les autres matieres & actions civiles, réelles, perſonnelles & mixtes.

Mêmes Arrêts des Parlemens d'Aix & de Toulouſe, cités ſur l'Article précédent.

X.

Le bas juſticier connoit des cauſes civiles juſques à 60 ſols, & des criminelles légeres juſques à 6 ſ. d'amende. Si le crime en mérite une plus conſidérable, le ſurplus appartient au haut juſticier.

Cambolas, liv. 4, ch. 1 & 44, où il rapporte un Arrêt du 1 de Mai 1522. suivant lequel le Juge du bas justicier peut coondamner, pour délit à une amende de 60 S., la Roche-flavin des *Droits Seigneuriaux* liv. 3, ch. 1, n. 5.

XI.

Le haut justicier est fondé par le droit commun en la possession de la moyenne & basse justice, & le moyen justicier en la possession de la basse; & s'il n'y a point de titre contraire, la moyenne & basse relevent dela haute.

Boisseu de *l'usage des fiefs*, ch. 57, où il dit que c'est parce que les Droits de la moyenne & basse justice séparés de ceux de la haute *ont été tirés & éclipsés de celle-ci.*

XII.

Le Seigneur justicier a seul le Droit d'avoir des fourches patibulaires; & l'on n'a pas adopté en Provence la disposition des coutumes, qui reglent le nombre des piliers suivant la qualité de simple Châtelain, de Baron & de Comte.

XIII.

Soit qu'on n'ait pas usé de ce Droit, soit qu'on veuille rétablir les fourches tombées, on le peut sans rapporter des lettres de la Chancellerie, qui en accordent la permission.

Henquet, *trait. des Droits de justice*, ch. 9, établit la néces-

fité de cette permiffion ; mais cette formalité n'a jamais été
obfervée en Provence non plus qu'en Dauphiné. Boiffieu , ch.
57 *de l'ufage des fiefs.*

XIV.

Le moyen jufticier a le Droit d'avoir un pilori ou carcan , & il peut bâtir château , tours , murs avec crenaux dans fon fief.

Je dis *dans fon fief* ; parce que s'il n'a qu'un arriere-fief ,
il ne peut pas donner le nom de château à fa maifon. Ainfi
jugé par Arrêt du 27 de Janvier 1639 rapporté par Boniface
tom. 1er , liv. 3 tit. 2 , ch. 8 ; à moins que le Seigneur de
qui releve l'arriere-fief , & qui y a feul intérêt , ne lui ait permis d'avoir château , tours , crenaux ; & tel eft affez l'ufage.
Par Arrêt du Parlement de Touloufe du 3 de Décembre
1725 à la premiere chambre des Enquêtes rendu entre le Baron de Roquecefiere & le fieur de Nogaret , il fut jugé que
quoique celui ci Coffeigneur direct ne pût pas appeller fa maifon
du nom de château , & que fuivant un Arrêt de 1626 il ne
pût y faire d'autres tours que celles qui y étoient alors , cependant il avoit pû changer le couvert d'une de ces tours , &
le mettre à tuile à crochet & conféquemment en pointe ; au
lieu que lors de l'Arrêt de 1626 il étoit plat & à tuile à
canal , & que n'y ayant point de girouette , le changement
du couvert ne préfentoit pas une marque Seigneuriale.

XV.

La véritable Seigneurie eft dans la haute juftice , émanation de la juftice royale. Ainfi le haut jufticier de la Paroiffe eft le feul qui peut s'en dire Seigneur indéfiniment ; & les Seigneurs de fief, lorfque leur fief porte le nom de la Paroiffe , ne peuvent fe qualifier que Seigneurs de tel fief fis en telle Paroiffe.

Loiseau *des Seigneuries*, ch. 11 n. 2 & fuiv.; Mornac fur la loi 1, *cod. de offic. præfect. urb.*; Boiffieu *de l'ufage des fiefs*, ch. 56; Guiot *obfervat. fur le Droit des Patrons & des Seigneurs*, &c. ch. 3, n. 4, où il rapporte plufieurs Arrêts.

XVI.

Le Coffeigneur haut jufticier, le moyen & le bas, & le Seigneur féodataire ou di-rect, doivent ajouter au titre de Seigneur la qualification particuliere, qui leur donne lieu de le prendre.

Coquille fur la cout. de Nivernois, *du Droit* d'Aineffe, art. 1; Loifeau *des Seigneuries*, ch. 4. n. 17 & 29, Arrêts rapportés par la Roche-flavin *des Droits Seigneuriaux*, ch. 11 art. 6. 7. 8 & 13; Graverol ibid.; Cambolas, liv. 3 ch. 33; & liv. 4. ch. 44. Catelan liv. 3 ch. 1; Vedel ibid. Par l'Arrêt du 17 de Janvier 1639 que j'ai cité fur l'art. 14, il fut jugé que le poffeffeur d'un arriere-fief ne pouvoit prendre que la qualité de *fieur* de .... Mais ordinairement le Seigneur de qui l'arriere-fief releve affure, par l'Acte d'érection le Droit de prendre la qualité de *Seigneur*.

XVII.

Les vaffaux & poffédans biens ne peu-vent avoir des crenaux & meurtrieres aux murs de leurs maifons.

Arrêt du 16 de mai 1665 entre le Seigneur & la Com-munauté de Puiloubier rapporté par Boniface tom. 1, liv. 3 tit. 1, ch. 3; Acte de Notorieté donné par Mrs les Gens du Roi rapporté dans le recueil imprimé, n. 128 : Decormis, tom. 1, col. 904. Boiffieu *de l'ufage des fiefs*, ch. 44 rapporte un femblable Arrêt du Parlement de Paris du 22 de Février 1639.

C 3

Arrêt du Parlement de Toulouse du 10 d'Août 1715 qui jugea que l'on ne pouvoit pas avec le secours de la prescription acquérir le Droit d'avoir des crenaux dans la terre d'un Seigneur.

Arrêt du même Parlement rapporté par Albert let. v. ch. 3. qui jugea qu'un vassal ne pouvoit pas faire bâtir des tours, qui montent plus haut que le toit de la maison.

XVIII.

Chacun peut bâtir des Colombiers même à pieds sans la permission du Seigneur haut justicier, qui n'a ni titre ni possession dérivant d'une prohibition à laquelle on ait acquiescé.

Plusieurs coutumes ont mis au rang des dépendances de la haute justice le Droit exclusif d'avoir des Colombiers à pied ; & Boissieu ch. 43 observe que dans les remontrances qui furent présentées au Roi par la Noblesse aux Etats de Blois, le 3 de Janvier 1577, art. 43 , elle demanda qu'il fut deffendu meme aux Gentils-hommes de faire des Colombiers en pied dans les terres des hauts justiciers sans leur permission.

Il y a d'autres coutumes , qui permettent indistinctement à tous particuliers d'avoir des Colombiers ou volieres sur des piliers ou solives. L'on entend par Colombier à pied celui qui a des boulins ou paniers à tenir pigeons jusques au Rez de chaussée.

En Dauphiné il n'y a que les Gentils-hommes qui puissent bâtir des Colombiers soit à pied soit sur piliers Boissieu *loc. cit.* en Languedoc le Seigneur ne peut interdire cette liberté aux vassaux & emphitéotes, s'il n'a un titre ou une possession. Arrêts rapportés par Mr. de la Roche-flavin *des Droits Seigneuriaux,* ch. 22 , art. 1 & 2 Geraud trait. *des Droits Seign.* liv. 2 , ch. 7. n. 18. Mr. d'Olive liv. 2. ch. 2.

Tel est aussi l'usage observé en Provence ; & je suis surpris que par un Arrêt du 17 de Mars 1686, rapporté par Decormis , tom. 1er , col. 903 on eut fait dépendre la décision de l'usage des fiefs voisins ; tandis qu'il avoit été jugé recemment (en 1685) par un Arrêt confirmé par un Arrêt du Conseil que le Seigneur , qui n'avoit ni titre ni possession, ne pouvoit empêcher qu'on ne bâtit des Colombiers. Paſtour dans ſon traité *Juris-feudalis*, lib. tit. 6 rapporte un Arrêt conforme du 30 d'Octobre 1631, enfin la queſtion a été ſolemnellement jugée par l'Arrêt, dont je vais rapporter la teneur.

Arrêt du grand Conſeil, qui maintient les habitans du Païs de Provence dans le Droit d'avoir & tenir des Colombiers & Pigeonniers, du 30. Janvier 1736, Extrait des Régiſtres du Grand Conſeil.

LOUIS PAR LA GRACE DE DIEU, ROI DE FRANCE ET DE NAVARRE, Comte de Provence, Forcalquier & Terres adjacentes : à tous ceux qui ces préſentes Lettres verront, SALUT. Sçavoir faiſons comme par Arrêt ce jourd'hui donné en notre Grand-Conſeil entre notre bien aimé Vachon de Belmont, Chevalier de l'Ordre de Saint Jean de Jeruſalem, Receveur & Procureur Général dudit Ordre au Grand Prieuré de Saint Gilles, ayant répris l'inſtance au lieu & place de feu Frere Joſeph de Forbin d'Oppede ci-devant Chevalier dudit Ordre, & Receveur & Procureur Général dudit Ordre audit Grand Prieuré de Saint Gille, par Acte reçû au Greffe de notre Conſeil le 15. Janvier 1735. Demandeur ſuivant l'exploit du 19. Septembre 1733, fait en vertu des Lettres Patentes d'évocation générale accordées par Nous à l'Ordre de Malthe à notre Conſeil, & requerant que le Deffendeur ci après nommé ſoit condamné à faire démolir dans le tems qui lui ſera preſcrit par notre Conſeil, un Colombier à pied rond en forme de tour, que ledit Deffendeur a fait conſtruire dans un petit terrain ſitué dans le Village de Lardiers, dont la Seigneurie appartient audit Ordre de Saint Jean de Jeruſalem à cauſe de la Commanderie de Saint Jean d'Avignon, lequel Colombier a été bâti & conſtruit ſans aucun titre, ledit ſieur Deffendeur n'ayant ni Fief, ni Seigneurie, ni juſtice dans ladite Paroiſſe de Lardiers, & dont la Seigneurie appartient au Demandeur, & que faute par ledit Deffendeur de faire démolir ledit Colombier à pied dans le tems qui lui ſera preſcrit, il ſera permis au Demandeur audit nom de le faire démolir aux frais & dépens dudit Deffendeur, dont exécutoire ſera délivré au Demandeur avec dommages & intérêts & dépens d'une part, & Mre. François Eymar Ecuyer, Seigneur de Bignoſc notre Conſeiller, Lieutenant Général au Siége & Sénéchauſſée de Forcalquier Deffendeur d'autre part, & entre ledit Mre. François Eymar, Demandeur en Requête par lui preſentée à notre Conſeil le 17. Mai 1735, tendante à ce qu'il plaiſe à notre Conſeil, ſans avoir égard à la demande du ſieur Commandeur ez noms & qualités qu'il procéde , ordonner que les Arrêts tant du Parlement d'Aix que de notre Conseil d'Etat , concernant la faculté qui appartient de tous les tems en Provence d'avoir des Pigeonniers seront executés , ce faisant débouter ledit sieur de Belmont de sa demande à fin de démolition de celui que le Demandeur a en sa Bastide de Lardiers , & condamner le sieur Commandeur de Belmont aux dépens d'une part , & ledit sieur Commandeur de Belmont ez noms & qualités qu'il procéde dessendeur d'autre part ; & entre les Procureurs des Gens de trois Etats de Provence , Demandeurs en Requête par eux présentée à notre Conseil le 20. Mai 1735 , tendante à ce qu'il plaise à notre Conseil les recevoir parties intervenantes en la cause & instance pendante à notre Conseil entre Frere de Vachon de Belmont , Chevalier de l'Ordre de Saint Jean de Jerufalem , Receveur & Procureur Général dudit Ordre au Grand Prieuré de Saint Gilles d'une part , & ledit sieur François Eymar Lieutenant Général de Forcalquier d'autre part , sur une demande formée contre ledit sieur Eymar , à ce qu'il soit ordonné que le Pigeonnier qu'il a fait construire au Lieu de Lardiers sera démoli , donner acte aux Demandeurs de ce que pour moyens d'intervention , ils employent le contenu en leur Requête , faisant Droit sur ladite intervention , ordonner que l'Arrêt de notre Conseil d'Etat du 30. Août 1685 , & Lettres Patentes expediées en conséquence au mois de Septembre de la même année , confirmatifs des dispositions de l'Arrêt du Parlement d'Aix du 16. Mars 1685 , seront executés selon leur forme & teneur , ce faisant , que les particuliers continueront de joüir du Droit d'avoir des pigeonniers , & en cas de contestation condamner les contestans aux dépens , sauf & sans préjudice aux Demandeurs de prendre par la suite d'autres conclusions s'ils le jugent à propos d'une part , & ledit sieur Commandeur de Vachon de Belmont , Demandeur en Requête par lui présentée à notre Conseil le 12e. jour de Janvier 1736 , tendante à ce qu'il plaise à notre Conseil lui donner acte de la représentation qu'il fait du Contrat de vente faite par le sieur Eymar au sieur Laugier le 24. Janvier 1735 , des biens à lui appartenans à Lardiers , & notamment d'un pigeonnier , ce qui prouve que le sieur Eymar n'a plus aucun Droit ni qualité , & attendu l'acte passé par le sieur Laugier le 25 Août dernier , par lequel il a reconnu que le pigeonnier en question avoit été construit contre les régles & l'usage & la justice de la demande du Demandeur , & ne tenir ledit pigeonnier en question en la forme qu'il est , qu'en conséquence de la permission

de l'Ordre & du sieur Commandeur d'Avignon, aux charges
& conditions portées par ledit Acte ; & en conséquence desdits actes donner pareillement acte au Demandeur de sa Déclaration, qu'il n'y a plus d'instance subsistante pour raison du
pigeonnier en question, sans préjudice d'autres Droits & actions du Demandeur, & en cas de contestations condamner
les contestans aux dépens, sauf à prendre telles autres conclusions qu'il appartiendra d'une part, & ledit Sr. Eymar Deffendeur d'autre part ; & encore entre ledit sieur Eymar Demandeur en Requête par lui présentée à notre Conseil le 21 Janvier 1736. tendante à ce qu'il plaise à notre Conseil, sans
avoir égard à la Requête dudit sieur Commandeur de Belmont du 11 dudit mois de Janvier ni à l'Acte extorqué du sieur
Laugier, ordonner que les parties plaideront la cause étant au
rolle, & y adjuger au Demandeur les fins & conclusions qu'il
y a prises avec dépens d'une part, & ledit sieur Commandeur
de Vachon de Belmont Deffendeur d'autre part ; & encore entre les Procureurs des Gens des trois Etats du Païs de Provence, Demandeurs en Requête par eux presentée à notre
Conseil le 21. Janvier 1736. à ce qu'il plaise à notre Conseil en plaidant par les parties la cause d'entre les parties,
ordonner qu'elles plaideront pareillement sur la présente Requête, ce faisant déclarer l'acte que le sieur Commandeur d'A-
vignon s'est fait passer par François Laugier le 15°. jour d'Août
1735. nul, en conséquence sans y avoir égard adjuger aux
Demandeurs les conclusions par eux prises par leur Requête
d'intervention du 16°. jour de Mai dernier, & condamner frere
Joseph de Vachon de Belmont, Receveur & Procureur Général
de l'Ordre de Malthe au Grand Prieuré de Saint Gilles, en
tous les dépens des Demandeurs, même en ceux qu'ils ont été
& seront obligés de faire contre ledit sieur Eymar, & en
tous ceux de la présente demande d'une part, & ledit sieur
Commandeur de Vachon de Belmont & led. sieur Eymar
Deffendeurs d'autre part, sans que les qualités puissent nuire
ni préjudicier : après que de Laverdy Avocat dudit sieur Commandeur de Vachon de Belmont assisté de Cochin son Procureur, a été oüi & conclu en ses demande & Requête,
que Aubry Avocat dudit sieur Eymar & des Procureurs des
Gens des trois Etats de Provence, assisté de Brunet & Boisseau
leurs Procureurs, a été aussi oüi & conclu en leur intervention
& Requêtes, & que Bignon pour notre Procureur Général
a pareillement été oüi : ICELUI NOTRE DIT GRAND CON-
SEIL, a reçû les Procureurs des trois Etats de Provence

parties intervenantes , faifant droit fur leur intervention fans avoir égard audit acte du 25 Août 1735. en ce qui concerne les Droits & priviléges defdits trois Etats de Provence , ordonne que les Arrêts de notre Confeil d'Etat & Lettres Patentes feront executez , en conféquence a maintenu & gardé les habitans defdits trois Etats de Provence dans le Droit d'avoir des Colombiers & Pigeonniers conformément aufdits Arrêts & Lettres Patentes , dépens compenfez , & la partie de Laverdy fournira le préfent Arrêt. Si donnons en Mandement au premier des Huiffiers de notredit Confeil , en ce qui eft exécutoire en notre Cour & fuite , & hors d'icelle au premier defdits Huiffiers ou autre notre Huiffier ou Sergent fur ce requis , qu'à la Requête dudit Eymar & defdits Pro- cureurs des trois Etats de Provence , le préfent Arrêt il mette à exécution nonobftant oppofitions ou apellations quelconques , & outre faire pour l'entiere exécution des préfentes , tous ex- ploits , fignifications , commandemens , conftraintes & autres actes de juftice requis & néceffaires ; de ce faire te donnons pouvoir fans pour ce demander Placet , Vifa ni Pareatis. Donné en notre grand Confeil , à Paris le 30 jour de Janvier l'an de grace 1736 , & de notre Regne le 21°.

TITRE III.

De l'adminiftration de la Juftice.

I.

LEs Seigneurs ne peuvent pas exercer eux-mêmes les fonctions de Juge dans l'étendue de leur Juftice ; ils doivent y éta- blir des Officiers qui l'adminiftrent en leur nom.

» Anciennement, dit St. Julien dans fes mélanges hiftor.
» les Gentils-hommes adminiftroient en tout & par tout la
» Juftice. Depuis les Jurifdictions furent diftinguées , & le

» pouvoir de chaque Gentil-homme fut borné dans l'enclos de
» ses limites. Ils avoient sous leur protection les simples particu-
» liers, les vèuves, les orphelins & les autres personnes faciles à
» opprimer. A eux appartenoit de vuider & décider les différents
» de partie à partie entre leurs hommes, sans que le Roi ni ses
» Officiers s'en mêlassent. Les Parlemens n'étoient pas encore
» établis; les Senechaux ou Baillifs Royaux qui devoient être Gen-
» tils-hommes, n'avoient d'autre exercice de Jurisdiction que de
» connoître si les Prevôts & les Juges Châtelains aux terres
» du Domaine du Roi comme Seigneur & non comme Sou-
» verain, avoient bien ou mal Jugé. Les Barons & Seigneurs
» ne permettoient pas que les appellations de leurs Juges Cha-
» telains & moins celles de leurs Baillifs ou Juges d'ap-
» peaux fussent rélevées en quelque sorte que ce fût devant
» le Baillif Royal, qui alors n'avoit ni Lieutenant Général ni
» Particulier. Mais ils commettoient celui qui leur plaisoit,
» ou faute d'y commettre, celui des Avocats le plus Ancien
» en Réception & premier en ordre tenoit le Siége ; &
» comme le Roi rendoit lui-même la Justice à ses Barons,
» autant en faisoit le Duc en son Duché, le Comte en sa
» Comté, le Baron en sa Baronie, & le Seigneur en sa
» Seigneurie ; sans que le Roi ni ses Officiers en ses Jurisdic-
» tions ordinaires y eussent que voir ni que connoître. «

Un Edit de 1366 donné par la Reine Jeanne Comtesse
de Provence, & imprimé dans le recueil des statuts, prouve qu'anciennement les Seigneurs y administroient eux-mêmes
la Justice.

Arrêt du 21 de Mai 1643, qui cassa un Décret, par lequel le Comte de Grignan avoit ordonné que sans s'arrêter
à une récusation proposée contre le Juge de Grignan, il seroit procédé devant lui. Le même arrêt fit des défenses à
tous les Seigneurs d'exercer la fonction de Juges dans leurs
terres.

II

Le Roi ne peut pas faire exercer la Justice dans les terres des Seigneurs, même pour
les cas Royaux, dont la connoissance est interdite à leurs Officiers.

Loiseau *Trait. des Offices*, ch. 1 n. 50 & 55 ; Peleus,
quest. liv. 3, ch. 4 ; Chopin, *Trait. du Domaine*, *lib.* 3,
Tit. de Tabellione. Ce qui doit s'entendre même du cas, où
il y a eu une reserve dans la concession primitive de Justice.
Ainsi dans les exemples que j'ai cités dans les notes sur l'art.
2 du précédent titre, on voit que la Justice pour les cas
exceptés ou reservés, doit être exercée par les Officiers de
la Sénéchaussée du Ressort.

III.

Lorsqu'une Justice est saisie pour le Roi,
qui en réclame la propriété, la provision ne
doit pas être accordée au Seigneur sur lequel la saisie est faite ; & en attendant la
décision de la contestation, la justice est exercée sous le nom du Roi.

Arrêt rapporté par Bacquet *des droits de Justice*, ch. 4 ;
Berthelot, trait. *des droits du Domaine.*

IV.

Si le Roi est en pareage, pour une Justice haute, moyenne & basse, elle doit être
exercée alternativement par ses Officiers &
par ceux du Cosseigneur.

Edit de Roussillon : arrêts rapportés par Mr. d'Olive liv. 2.
ch. 23. Mais s'il est énoncé dans les hommages & denombremens que la Justice est exercée, par le Juge royal, tant
pour sa Majesté, qu'au nom du Cosseigneur, il faut s'y tenir
Ibidem. Arrêt du 21e de Mars 1633.

V.

Le droit d'instituer les Officiers de Justice
est un des fruits de la Jurisdiction. Il ap-

partient à l'ufufruitier exclufivement au propriétaire, au nom de qui cependant les pro-
vifions doivent être expediées ; au mari dans
les terres dotales de fa femme ; à l'héritier
par inventaire ; au Tuteur dans les terres de fon Pupille ; à l'acheteur avec pacte
de rachat, & celui dont la terre eft laifie
d'autorité de Juftice, n'eft pas privé de ce
droit.

Loifeau, *Trait. des Offices*, liv. 5, ch. 1.

VI.

En fe départant du droit de nommer des
Officiers de Juftice, on n'eft pas cenfé avoir
renoncé aux autres droits & avantages, qui
font une dépendance de la jurifdiction.

Arrêt du 10 de Juin 1688 cité ci-deffous, tit. des *biens
nobles*, n. 3.

VII.

Il ne doit y avoir qu'un Juge, un Lieutenant de Juge, un Greffier & un Procureur
Jurifdictionel.

Arrêt du 4 d'Octobre 1611, qui jugea que l'Archevêque
d'Arles, Seigneur de Salon n'avoit pas pû établir deux Juges,
l'un pour le civil & l'autre pour le criminel.
Arrêt du 11 de Janvier 1645, qui jugea que le Seigneur
de St. Paul n'avoit pas pû nommer un fous-Lieutenant de
Juge.
Réglement Général de 1678, tit. des *inftances criminelles*
n. 10.

Arrêt de la Cour de Parlement de Touloufe , qui fait défenfes à tous Seigneurs d'établir dans leurs Terres , pour l'adminiftration de la Juftice , d'autres Officiers qu'un feul Juge , un Lieutenant, un Procureur Jurifdictionel , un Greffier & un Baile exploitant , s'ils n'ont Titre de Sa Majefté pour nommer un plus grand nombre d'Officiers. Du 25 Janvier 1730. Extrait des Regiftres du Parlement.

Sur les Réquifitions verbalement faites par le Procureur General du Roi , contenant que quoique par les Ordonnances Royaux il foit défendu à tous les Seigneurs de Places de nommer pour l'exercice de la Juftice de leurs Terres qu'un Juge , un Lieutenant, un Procureur Jurifdictionel , un Greffier & un Baile exploitant , à l'exception des Seigneurs qui ont des Conceffions du Roi qui leur permettent d'inftituer un plus grand nombre d'Officiers de Juftice , il y eut plufieurs Seigneurs de Terres qui avoient nommé , indépendamment d'un Juge , d'un Lieutenant & d'un Procureur Jurifdictionel , les uns un Châtelain , d'autres un Viguier , & les autres un Baillif ; en forte que ce grand nombre d'Officiers étoit une occafion prochaine de plufieurs conteftations trèspréjudiciables au bien de la Juftice , & à même tems onereufes aux Parties , foit par le retardement de l'Expedition , que par l'augmentation des Epices qu'ils étoient obligez de payer ; defordres auxquels doit être rapporté l'Arrêt de Reglement que la Cour rendit le 25 du mois de Février de l'année 1679. fur les Requifitions contenant défenfes à tous Seigneurs de Places qui n'ont ni Titre général , ni Titre particulier pour décorer leurs Terres d'un Corps de Siege de Juftice , de nommer pour exercer leurs Juftices d'autres Officiers qu'un Juge , un Lieutenant & un Procureur Jurifdictionel. Cet Arrêt eut fon execution pendant plufieurs années , & les Seigneurs s'y conformerent ; mais depuis quelque tems , plufieurs Seigneurs ont nommé , par un efprit d'oftentation , des Châtelains , des Viguiers & des Baillifs, pour adminiftrer la Juftice conjointement avec le Juge & le Lieutenant par eux établis ; & comme cette multitude d'Officiers eft tout-à-fait oppofée à l'ordre général du Royaume , au bien Public , & directement contraire aux Ordonnances Royaux & aux Arrêts de la Cour ; motifs tout publics ; pour arrêter le cours de ces abus , requiert la Cour d'ordonner que fon précédent Arrêt fera executé fuivant fa forme & teneur ; & en conféquence faire très expreffes inhibitions & défenfes à tous Seigneurs d'établir pour l'adminiftration de la Justice dans leurs terres, autres Officiers qu'un seul Juge, un Lieutenant, un Procureur jurifdictionel, un Greffier & un Baile, à moins qu'ils n'ayent Titre de Sa Majefté pour nommer un plus grand nombre d'Officiers, à peine de mille livres & autre arbitraire ; & de faire pareilles défenfes à tous les Viguiers, Châtelains & Baillifs déja établis par les Seigneurs, ou qui le feront à l'avenir de s'immifcer dans l'exercice de la Juftice, fur les mêmes peines, de caffation des Procedures, & de répondre aux Parties de tous dépens, dommages & interêts ; & que l'Arrêt qui fera rendu fera executé nonobftant oppofitions quelconques, & fans y préjudicier ; & des contraventions à icelui il en fera enquis par le premier Magiftrat requis ; & que Copies d'icelui feront envoyées aux Bailliages & Sénéchauffées du Reffort de la Cour, pour y être procedé au Regiftre, afin d'en affurer l'execution.

LA COUR, ayant égard aux Requifitions du Procureur Général du Roi, a ordonné & ordonne que fon précedent Arrêt fera executé fuivant fa forme & teneur ; & en conféquence fait très-expreffes inhibitions & défenfes à tous Seigneurs d'établir pour l'adminiftration de la Juftice dans leurs Terres, autres Officiers qu'un feul Juge, un Lieutenant, un Procureur Jurifdictionel, un Greffier & un Baile exploitant, à moins qu'ils n'ayent Titre de Sa Majefté pour nommer un plus grand nombre d'Officiers, à peine de mille livres & autres arbitraire. Fait pareilles défenfes à tous les Viguiers, Châtelains & Baillifs déja établis par les Seigneurs, ou qui le feront à l'avenir, de s'immifcer dans l'exercice de la Juftice, fur les mêmes peines, de caffation des Procédures, & de répondre aux Parties de tous dépens, dommages & interêts ; & que le préfent Arrêt fera executé nonobftant oppofitions quelconques, & fans y préjudicier ; & des contraventions à icelui il en fera enquis par le premier Magiftrat requis : & que Copies du préfent Arrêt feront envoyées aux Bailliages & Senéchauffées du Reffort de la Cour, pour y être procedé au Regiftre & Publication, pour en affurer l'execution. PRONONCE' à Touloufe en Parlement, le vingt-cinquiéme Janvier mil fept cens trente. Collationné, LAVEDAN. Controllé, ROUJOUX. *Monfieur DE REQUY Rapporteur.*

VIII.

Les Juges établis par les Seigneurs sont obligés, avant que d'exercer les fonctions, de se faire recevoir au Parlement ou aux Jurisdictions Royales, dans l'étendue desquelles les Justices Seigneuriales sont situées.

Edit du mois de Mars 1693. Arrêt de Reglement du 23 de Mars 1729.

IX.

Le Lieutenant de Juge, le Greffier, le Procureur Jurisdictionel font obligés de réfider dans le district de la Justice ; & le Juge doit s'y rendre toutes les fois qu'il est nécessaire, sans pouvoir exiger des frais de voyages.

Arrêt du 4 de Decembre 1651 rapporté par Boniface, tom. 1, liv. 1, tit 4, n. 4. qui Jugea que la Justice devoit être rendue sur les lieux.

Arrêt de Réglement du 21 d'Octobre 1680.

Arrêt rendu par des Commissaires delegués le 11 d'Avril 1711 entre le Seigneur & la Communauté de Rougiers : » ordonnons que ledit de Valbelle établira, si fait n'a été, » un Lieutenant de Juge, un Greffier, un Procureur Jurif- » dictionnel & un Sergent suffisants & capables, originaires » dudit lieu ou étrangers à son choix, qui seront néanmoins » tenus d'y réfider ; & un juge qui se rendra audit lieu, » quand le cas le requerra ; à la charge toutefois de ne » prendre par ledit Juge de plus grands droits que s'il refi- » doit dans ledit lieu. «

Le Seigneur doit la Justice à ses dépens. Coquille, liv. 2 tit. 2, max. 34 ; Vedel dans ses observations sur Catelan,

liv.

liv. 3 , ch. 15. rapporte un Arrêt du 30 d'Août 1707 pour
la réfidence du Greffier.

X.

L'on ne peut diftraire la Jurifdiction du
Seigneur fur ce fondement , qu'il eft lui-
même fufpect , foit par rapport à des procès ,
foit pour toute autre raifon.

Arrêts rapportés par Mourgues fur les ftatuts , pag. 4 , &
par Boniface , tom. 1 , liv. 1 , tit. 4 , n. 12 & 13.

XI.

Les Officiers du Seigneur ne font pas fufpects dans les caufes de fes fermiers.

Arrêt du 14 de Juin 1659 rapportés par Boniface , tom. 1,
liv. 1 tit 4 , n. 8.

XII.

Quoique l'exercice de la Juftice foit divifé entre plufieurs Coffeigneurs , leurs Officiers font tous également fufpects pour connoître des caufes des uns & des autres.

Arrêt rapporté par Boniface tom. 1 liv. 1 tit. 4 n. 9. quoique l'exercice de la Juftice foit divifé , c'eft toujours un feul
& même Tribunal.

Dans la plûpart des fiefs , où il y a des Cofleigneurs Jufticiers , l'exercice eft divifé par mois , jours & heures. Il y en a
d'autres où le partage eft fait par années ; mais il y a une
autre efpèce de divifion qui eft finguliere & fujette à bien des
inconveniens. Chaque Cofleigneur a fes hommes ou Jufticia-
bles affectés. C'eft par l'habitation ou foyer que cette qualité eft Reglée. Aujourd'hui l'on eft Jufticiable d'un Cofei-
gneur , demain en changeant de Domicile on le devient d'un
autre,

D

Dans certains fiefs le Cosseigneur suit toujours ses Justiciables malgré le changement de demeure, tant qu'ils restent
dans l'étendue du fief. Par exemple, dans le Village de Thoard
Viguerie de Digne, la Justice est divisée en quatre portions,
qui peuvent être subdivisées par vente, partage ou autrement.
Il y a de plus la Jurisdiction commune qui appartient à ces
Cosseigneurs en commun, & ne peut être exercée que sur
ceux qui vont habiter à Thoard. Jamais l'homme & Justiciable de l'un des Cosseigneurs ne devient celui de l'autre.

En Languedoc le bas Justicier est obligé de plaider devant
le Juge du haut & moyen Justicier, Arrêt du 13ᵉ de Decembre 1622. rapporté par Mr. Cambolas liv. 4 ch. 44. Le
bas Justicier étoit hommager du Roi. Mr. de Catelan liv. 3.
ch. 15. dit qu'on ne peut pas être en même tems Cosseigneur
& Justiciable; & il rapporte un Arrêt du 2ᵉ Février 1658.
qui jugea que le Cosseigneur Justicier par indivis n'est pas
obligé de plaider devant le Juge de l'autre Cosseigneur pendant le tems de son exercice. On auroit donc donné une décision
contraire, si la Justice eut été divisée, ainsi que son Exercice.

XIII.

Lorsque la justice est possedée par indivis,
il ne doit y avoir qu'un Juge pour exercer
la justice totale du lieu, & il doit être commis alternativement de trois en trois ans;
les profits partagés entre les Seigneurs, &
les charges supportées également à proportion de la part qu'ils ont en la justice.

Ordonnance de Roussillon de 1564. art. 25. le Possesseur des
trois quarts d'une haute, moyenne, & basse-justice demandoit
que des douze mois de l'année, on lui en assignât neuf. Arrêt
du Parlement de Toulouse du 18ᵉ. de Juillet 1702. qui ordonna
que son Juge exerceroit pendant trois années consécutives, &
le Juge de l'autre Cosseigneur pendant la quatriéme année.
Journal du Palais de Toulouse.

XIV.

En Provence, lorſque le Juge ou autre Officier de juſtice eſt ſuſpect, il faut s'addreſſer au Seigneur pour obtenir la ſubrogation ; & le Juge ne peut ſous quelque prétexte que ce ſoit faire lui même la ſubrogation des autres Officiers, ni le greffier établir un commis.

Arrêts rapportés par Boniface, tom. 1. liv. 1. tit. 4. n. 5, qui jugerent que le plus ancien gradué ne peut remplir le tribunal.

Arrêts du 15 d'Avril 1619, du 14 d'Avril 1657, du 18 de Juin 1673, du 4 de Février 1679. Autre Arrêt du 27 de Mars 1683, qui caſſa une procédure du Juge de la Cadière, lequel avoit ſubrogé un greffier, en prenant néanmoins la précaution de déclarer que cette ſubrogation n'avoit été faite que par une abſolue néceſſité.

Semblables Arrêts du 4 de Septembre 1696 & du 28 de Janvier 1697.

En Languedoc, uſage contraire. L'ordre du tableau eſt obſervé; Arrêts rapportés dans le recueil concernant l'ordre judiciaire, tom. 1er. p. 272, & 530. & tom. 2. p. 137.

XV.

La ſubrogation doit être enregiſtrée au Greffe de la Juriſdiction, & l'Officier ſubrogé doit prêter le ſerment devant le Lieutenant de Sénéchal du reſſort ou au Parlement ; le Lieutenant de Juge, Procureur juriſdictionnel & greffier devant le Juge.

Article 10 du réglement général de 1678 ; mais ſuivant un Arrêt du 13 de Juin 1679 le Juge ſubrogé pour l'inſtruction d'un procés criminel, peut prêter le ſerment devant le

Lieutenant de Juge du lieu où le crime a été commis; la crainte des inconvéniens auxquels le retardement pourroit donner lieu, fut le motif de cette disposition.

Un Arrêt du 23 de Juin 1729 a accordé le choix de prêter le serment, ou devant le Lieutenant du ressort, ou au Parlement.

XVI.

La commission des Officiers ordinaires ou en titre doit aussi être enregistrée au Greffe de la Jurisdiction.

Arrêt de Réglement du 10 de Novembre 1708.

XVII.

Il est deffendu aux Seigneurs de donner des commissions ou lettres de subrogation générale; ils ne peuvent subroger que lorsque les Officiers ordinaires abstiennent ou font suspects.

Arrêt du 26 de Février 1619. Autre du 13 de Février 1672 rapporté dans le Journal du Palais, Autre du 24 de Novembre 1673.

XVIII.

Le Fermier n'a pas le Droit d'instituer des Officiers de justice, & ce Droit ne peut pas lui être cédé par le Seigneur à qui il est personnel. Il ne peut pas non plus sans un pouvoir spécial subroger.

Ordonnance de Blois, art. 333; Bouvot, tom. 2. pag. 750; Mr. Bouhier sur la cout. de Bourgogne, tom. 2, ch. 53, n. 89.

Sur la subrogation, Arrêt du 13 de Mars 1674 rapporté par Boniface tom. 5, liv. 3, tit. 6. ch. 2.

XIX.

Le Seigneur ne peut pas nommer pour Officiers de justice ses parents; ni son Fermier, Juge ou Procureur jurisdictionnel; & les Officiers, sans excepter le greffier ne doivent pas être parents entre eux, ni parents des Fermiers.

Ordonnance de François 1er. pour la Provence ch. 2 art. 25. » pour obvier aux fraudes & abus qui se peuvent faire » par les Amodiateurs & Assesseurs des Jurisdictions subalternes, » où plusieurs se pourroient accompagner ensemble, & l'un » seroit Juge, l'autre Procureur, & l'autre scribe, tablier ou » greffier, qui ne sont choses de tolerer & souffrir, com- » me pernicieuses à la chose publique & à la grande foule » des pauvres sujets, nous avons inhibé & deffendu, inhibons » & deffendons à tous nos Officiers, & autres Officiers des » Seigneurs & Barons justiciers, inférieurs de nos dits Païs » n'être Fermiers ni comportionnaires ès fermes des Terres » & Seigneuries, où ils exercent lesdits Offices.

Arrêt du 22. de Mars 1642. Arrêt du 23. de Novembre 1656. Arrêt du 23. de Février 1663. Arrêt du 9. de Février 1693. Arrêt du 8. de Mars 1695.

Autre Arrêt rapporté par Boniface tom. 4 liv. 1, tit. 1, ch. 16.

XX.

Les Ecclésiastiques ne peuvent pas être Juges dans les Terres des Seigneurs, non plus que les Juges Royaux.

Arrêt du 22 de Mars 1643, qui ordonne à un Chanoine de l'Eglise Collégiale de Grignan de rendre ses lettres de Juge d'Appeau.

D 3

Arrêt du 27 d'Octobre 1662 , au sujet des Juges Royaux. Mourgues sur les Statuts , pag. 16.

Semblables Arrêts du Parlement de Toulouse rapportés par Vedel liv. 3 ch. 26 & Rodier dans le recueil judiciaire tom. 1er. p. 210.

XXI.

S'il n'y a personne dans le district de la Jurisdiction qui puisse exercer les fonctions de Greffier , le Seigneur est obligé d'en nommer un du lieu plus prochain.

Arrêt du 18 de Janvier 1645 , & 17 Août 1665.

XXII.

L'auditoire ou tribunal de justice doit être situé hors du Château & son enclos.

Arrêt du 4 de Mars 1646 & 2 de Juin 1673. Réglement général de 1678 , tit. *des instances-criminelles* , art. 11. Arrêt rendu le 11 d'Avril 1711 par des Commissaires délégués entre le Seigneur & la Communauté de Rougiers. » Ordonnons » que ledit de Valbelle donnera un auditoire convenable pour » l'exercice de la justice , autre que la Maison Seigneuriale par » lui habitée.

XXIII.

Les prisons doivent être sûres & disposées , en sorte que la santé des prisonniers ne puisse en souffrir des incommodités ; & elles ne doivent pas être plus basses que le raiz de chaussée.

Ordonnance d'Orleans art. 55. Ordonnance de 1670 , tit. 13. art. 1.

XXIV.

Les Seigneurs doivent donner une attention particuliere à la punition des crimes ;
& s'ils favorifent l'impunité ou l'évafion des
prifonniers, le fief eft confifqué au profit
du Roi.

Arrêt du 5 de Mai 1581, qui enjoint au Seigneur de Varages
de faire les pourfuites fur un crime d'incendie fous peine de
privation du fief.

Le fief de la M. a été confifqué en dernier lieu au profit
du Roi ; le Seigneur ayant été convaincu d'avoir fait évader
des prifons moyennant une certaine fomme un de fes Vaffaux
coupable de plufieurs crimes de viol.

XXV.

Le Lieutenant de Juge, quoique gradué,
ne peut pas remplir la place du Juge re-
cufé ; à moins que le Seigneur ne l'ait fu-
brogé pour en faire les fonctions.

Arrêt du 17 de Novembre 1699.

XXVI.

Il ne peut en cette qualité de Lieutenant
de Juge procéder au recolement & confron-
tation des Témoins dans les procédures criminelles, mais feulement informer, décreter
& interroger.

Arrêts du 13 de Mars 1604, 16 de Février 1619, 21 d'Août
1694.

D 4

XXVII.

Le Juge a seul le Droit de juger les causes appointées, & le Lieutenant de Juge ne le peut pas même avec l'assistance des gradués.

Arrêt du 26 de Juin 1710.

XXVIII.

Dans les procédures criminelles les poursuites sont faites au nom du Procureur jurisdictionnel. Mais si l'accusé appelle de la Sentence, le Seigneur a la liberté de prendre le fait & cause du Procureur jurisdictionnel. En ce cas il est partie civile, & obtient les dépens, si l'accusé succombe. Lorsqu'il ne veut pas deffendre sur l'appel, il est seulement obligé de faire conduire à ses dépens le prisonnier, & de remettre au Greffe du Parlement tous les Actes & pièces du Procès.

Loiseau trait. *des Seigneuries*, ch. 12, n. 75. Chopin cout. d'Anjou liv. 1, art. 74, n. 6. Coquille dans ses réponses ch. 6.

XXIX.

En premiere instance on ne doit pas adjuger des dépens, lorsque le Procureur jurisdictionnel est la seule partie.

Arrêts du 23 de Février 1670 & 22 de Novembre 1681.

XXX.

Lorſque le Procureur juriſdictionnel a à ſe deffendre ſur une intimation, ou lorſqu'il revendique la Juriſdiction, le Seigneur doit prendre ſon fait & cauſe.

Arrêt de Réglement du 7 de Février 1735.

XXXI.

Le Seigneur ne peut pas nommer pour Procureur juriſdictionnel ſon Fermier.

Arrêt du 14 de Mars 1665 rapporté par Boniface tom. 1, liv. 1, tit. 4, n. 22.

XXXII.

Le Procureur juriſdictionnel ne peut pas exercer en même tems les fonctions de Sergent ni celles de Concierge.

Arrêt du 6. de Septembre 1667.

XXXIII.

L'on ne peut pas évoquer à un autre Parlement du chef du Seigneur prenant le fait & cauſe de ſon Procureur juriſdictionnel.

Arrêt du 3 de Février 1657 rapporté par Boniface tom. 1, liv. 1, tit. 35, n. 2.

XXXIV.

Le Concierge, qui pourſuit ſon remboursement pour le pain fourni dans les prisons Royaux, & pour le Droit de geole, n'a action que contre le Seigneur lui-même, & non pas contre le Procureur jurisdictionnel.

Arrêt du 14. de Mai 1679.

XXXV.

L'amende prononcée par le premier Juge en faveur du Procureur jurisdictionnel est partagée entre le Roi & le Seigneur, lorsque l'accusé succombe en cause d'appel.

Lettres patentes de François I. pour la Provence du 24 de Février 1539. un de nos Statuts adjugeoit la moitié de l'amende à la Cour des premieres appellations, & l'autre moitié aux Officiers, dont la Sentence étoit attaquée.

XXXVI.

S'il n'y a point eu d'appel de la Sentence rendue par les Officiers du Seigneur, & que l'exécution en soit ordonnée par forme *de visa*, l'amende n'est pas partagée ; elle appartient entièrement au Seigneur.

Ainsi jugé par Mr. Lebret Intendant le 6 de Novembre 1688, en faveur du Seigneur de Bargemon & des Sindics de la Noblesse contre le Fermier du Domaine.

XXXVII.

Lorsque les Biens dn condamné ne suffisent pas pour l'entier payement de l'amende, le Roi & le Seigneur vont en concours ;

mais le Seigneur préleve les dépens, dont il a obtenu l'adjudication en la caufe d'appel, ayant pris le fait & caufe de fon Procureur jurifdictionnel.

Arrêt du 26. d'Avril 1670, rapporté par Boniface tom. 4 liv. 1. tit. 1. Déclaration du 13. de Juillet 1700.

Le Seigneur eſt regardé en ce cas comme partie civile ; & c'eſt une maxime que l'adjudication des intérêts civils & les créances antérieures à l'hypothéque de l'amende prononcée en faveur du Roi, ont la préférence. *leg. in ſumma ff. de Jure fiſci.*

XXXVIII.

L'amende & les dommages & intérêts adjugés à la partie vont avant l'amende adjugée au Roi.

Automne ſur la loi 27. ff. *de jure fiſci.* Rebuffe *in prœ. conſtitut. gloſ.* 5, n. 1119.

XXXIX.

L'hypothéque pour l'amende naît du jour de la condamnation & non pas de celui du délit, à l'exception néanmoins du cas où il s'agit des crimes qui ne ſont pas même éteints par la mort de l'accufé, tels que ceux de Leze-Majeſté divine & humaine, d'héréfie, de duel, de péculat.

Le Jugement de condamnation ſur ces crimes eſt déclara-toire, comme dit Coquille queſt. 14.

X L.

C'eſt à la condamnation prononcée par

la Sentence confirmée par l'Arrêt qu'il faut remonter par rapport à l'hypothéque.

Dumoulin dans ses notes sur les Conseils d'Alexandre, liv. 3 consf. 7. coquille, quest. 14. Le-grand sur la cout. de Troyes, art. 120, glos. 2, n. 10 & 11.

L'amende appartient au Fermier du tems de la condamnation. Mornac sur la loi 5 *cod. de modo mulctarum.* Ferrieres quest. 535 de Gui-pape.

Mainard liv. 6. ch. 36 dit que si le Fermier du tems du délit a fait les frais, les amendes doivent lui appartenir.

XLI.

Les lettres de graces obtenues par un accusé le déchargent des amendes adjugées au Roi & au Seigneur haut-Justicier ; soit qu'il s'agisse d'une restitution de justice, ou d'une restitution de grace.

Bacquet trait. *des Droits de justice* ch. 16 n. 6. La restitution de justice est celle qui est accordée pour un crime commis involontairement ou en se deffendant. La restitution de grace est l'abolition d'un crime réel & volontaire.

XLII.

Dans le cas de la restitution de grace ; si le Roi ou le Seigneur haut-Justicier ont été payés de l'amende, l'accusé ne peut pas en demander la restitution.

Arrêt du 30 de Septembre 1660 rapporté par Boniface tom. 2, part. 3, liv. 1, tit. 16 ch. 11, & qui déchargea l'accusé de l'amende, attendu qu'elle n'avoit pas été payée. Il étoit convenu qu'il n'y auroit pas eu lieu à la répétition, si le payement en eut été fait.

XLIII.

Le Seigneur n'eſt pas recevable à s'oppoſer à l'enterinement des lettres de grace.

Arrêt du 1 de Mai 1577 rapporté dans le ſecond vol. des œuvres de Duperier, pag. 497. Autre Arrêt du 16 de Février 1620 rapporté ibid. pag. 450.

XLIV.

Les alimens ou pain fourni par le Seigneur haut-Juſticier à l'accuſé, qui a obtenu des lettres de grace, doivent lui être rembourſés.

Arrêt du 16 de Juillet 1710 en faveur du fermier de l'Abbaye de Lerins, lequel fut debouté par le même Arrêt de ſa demande en rembourſement des frais de l'envoi de la procédure au Greffe du Parlement & des épices ou honoraires payés aux Aſſeſſeurs qui avoient aſſiſté au Jugement.

XLV.

Le Seigneur haut-Juſticier n'eſt pas obligé de fournir le pain au priſonnier, lorſqu'il a une partie civile.

Arrêt du 13 de Juin 1731 en faveur de Mr. l'Evêque de Marſeille Seigneur de Malemort. Autre Arrêt du 25 du même mois & même année en faveur du Seigneur de St. Ceſaire.

XLVI.

Les Juges des Seigneurs connoiſſent des cauſes civiles & criminelles des Nobles domiciliés dans le diſtrict de leur Juriſdiction.

Déclaration du 24 de Février 1537 interpretative de l'édit de Cremieu. Arrêt du 30 de Juin 1665 rapporté par Boniface tom. 1 , ſit. 4 liv. 1 , n. 20.

XLVII.

Les Nobles Domiciliés dans l'étendue d'une Juriſdiction Royale ayant à plaider contre quelqu'un qui eſt domicilié dans le diſtrict d'une Juſtice Seigneuriale , doivent ſe pourvoir à cette même Juſtice.

Arrêt du 14 de Mai 1728 rapporté par Bonnet dans le recueil *de la compétence des Juges* pag. 47. Autre Arrêt du 14 de Mars 1746 conforme aux concluſions que je portai pour Meſſieurs les Gens du Roi. Rendu en faveur du ſieur Danjou de Pertuis.

Par un Arrêt du Parlement de Paris du 15 de Novembre 1544 rapporté par Neron après la déclaration du Roi ſur l'Edit de Cremieu , il a été jugé que le Noble habitant dans la Terre d'un Seigneur peut valablement plaider devant le Sénéchal ; ſi le Seigneur ne vient le revendiquer.

Arrêt du Parlement de Toulouſe du 5ᵉ de Mars 1693 rapporté par Mr. de Catelan liv. 3. ch. 26 qui jugeo que le Noble habitant dans la Juſtice d'un Seigneur doit plaider devant le Juge Banneret.

XLVIII.

Le Vaſſal aſſigné devant le Sénéchal peut demander ſon renvoi devant le Juge du Seigneur quoique le Seigneur ne l'ait pas revendiqué.

Telle eſt la maxime obſervée en Provence & Vedel, liv. 3 , ch. 16 rapoate un Arrêt du Parlement de Toulouſe du 16 d'Avril 1715 qui eſt conforme.

XLIX.

Les Juges des Seigneurs connoiſſent de tout ce qui conſerve le Domaine, droits ou revenus ordinaires ou caſuels de la Terre, baux, ſous-baux, circonſtances & dépendances, ſoit que l'affaire ſoit pourſuivie par le Seigneur lui-même ou ſous le nom du Procureur Juriſdictionnel.

Ordonnance de 1667, tit. 24 Art. 11. par un Arrêt du 16 de Decembre 1725 rapporté par Bonnet dans ſon recueil *de la compétence des Juges* pag. 49. il fut jugé que cet art. de l'Ordonnance n'impoſoit pas la néceſſité de ſe pourvoir devant ces Juges pour ces matieres ; & qu'en leur permettant d'en connoître, on n'avoit pas entendu exclure toute autre Juriſdiction.

Arrêt du Parlement de Touloufe du 24. de Mars 1670. raporté par Albert. let. j. ch. 15 & qui jugea qu'ils peuvent connoître de la demande en hommage.

L.

S'il ne s'agiſſoit pas de la preſtation ou quotité des droits Seigneuriaux, & que le droit fût conteſté au fonds, le Juge du Seigneur ſeroit ſuſpect.

Arrêt du Parlement de Paris, du 26 d'Août 1741 rapporté par Lacombe, Juriſp. civile pag. 366.

Boutaric trait. des Droits Seigneuriaux tit. de l'adminiſtration de la Juſtice dit que ſi la conteſtation eſt à raiſon des droits plus ou moins forts, par exemple, ſi l'emphitéote ſe plaint d'une ſurcharge, l'on peut décliner la Juriſdiction.

L I.

Les pourfuites pour un vol fait au Seigneur ne peuvent pas être faites devant fon Juge ; quoiqu'il ne fe déclare pas partie civile, & que le Procureur Jurifdictionnel foit feul accufateur.

Arrêt du 15 de Février 1687, qui caffa une procédure faite par le Juge de Rognes au fujet d'un vol de deux facs de bled fait dans le Château du Seigneur.

Il fuffifoit que le Seigneur eut un intérêt perfonnel qu'il pouvoit réalifer en caufe d'Appel en reclamant le bled volé ou des dommages & intérêts.

L I I.

Les Juges des Seigneurs connoiffent des crimes commis fur les grands chemins.

Cette competence a été long-tems conteftée ; & ce qu'il y a de certain, c'eft qu'elle étoit réfervée aux feuls Juges établis par le Souverain, avant que la Provénce eût été réunie à la Couronne.

L'on en trouve la preuve dans un Ordonnance rendue en 1308 par l'Archevêque d'Arles en qualité de Chancelier du Comte de Provence. *Licet*, y eft-il dit, *delicta in viis publicis, locis religiofis & facris, feu divino cultui deputatis, & in perfonis clericorum feu religioforum commiffa, tàm Dominus nofter comes quàm prædeceffores ejufdem ut putà ad eos feu eorum jurifdictionem jure regaliæ punire confueverint.*

L'on ne peut pas cependant conclure de-là que les Juges des Seigneurs ne peuvent connoître des crimes commis fur les grands chemins, qu'autant que les regales ont été tranfportées par le Souverain. Ce n'étoit pas en qualité de propriétaires des regales que nos anciens Comtes étoient cenfés s'être réfervé la Jurifdiction par rapport aux crimes commis fur les grands chemins. Ils l'éxerçoient également dans les

Terres,

Terres, dont ils avoient aliéné les regales. C'étoit véritablement *jure regaliæ*, mais c'est-à-dire, en vertu d'un droit de
souveraineté, qui leur reservoit aussi la connoissance des crimes commis *in locis religiosis* & de ceux qui l'étoient par
des Ecclésiastiques & des Religieux.

Arrêt pour cette compétence le 20 d'Octobre 1663. Les
Syndics de la Noblesse étoient intervenus dans le procès. Il
est rapporté par Boniface tom. 1 liv. 1. tit. 4 n. 11. Autre
Arrêt du 18 de Février 1670 rapporté par le même Auteur,
tom. 3 liv. 1 tit. 2 ch. 4.

Il y a des jugemens des Commissaires du Domaine, qui
ont jugé que la connoissance des crimes commis sur les
grands chemins étoit reservée aux Juges Royaux ; mais on ne
l'a décidé ainsi, qu'autant qu'il avoit été fait une réserve
expresse de cette Jurisdiction.

LIII.

La voirie appartient aux Seigneurs hauts-
Justiciers.

La question a été jugée ainsi par deux différents Arrêts
conformes aux conclusions, que je portai pour Mr. le Procureur général ; & j'ai trouvé dans le Journal du Palais de
Toulouse trois Arrêts semblables ; l'un du 1 de Février 1734
en faveur du Duc de Roquelaure, un autre du 19 de Janvier
1748, & le troisième en faveur du Comte de Pibrac.

LIV.

La Jurisdiction de la police appartient
aux Seigneurs hauts-Justiciers ; & les Officiers municipaux n'ont qu'une simple inspection, & le droit de dresser des procès ver-
baux, & de dénoncer aux Officiers du Seigneur les contrevenans.

Arrêt du 2 de Juin 1725 en faveur du Seigneur de Barbentane contre la Communauté. » La Cour a maintenu &

» maintient les Officiers du lieu de Barbentane dans le droit
» de connoître des affaires concernant la police, & notam-
» ment des contraventions aux Réglemens faits à ce sujet,
» & en conséquence a ordonné & ordonne que le Ré-
» glement dont il s'agit sera executé suivant sa forme
» & teneur en execution & en conformité de l'Arrêt d'ho-
» mologation, avec cette restriction néanmoins, que les
» contrevenans audit Réglement seront denoncés par les Com-
» missaires que la Communauté nomme, & à leur défaut
» par le Procureur jurisdictionnel dudit lieu au Juge de Bar-
» bentane, lequel sans frais déclarera ladite peine encourue,
» le cas écheant & appliquera le tiers des amendes audit
» Procureur jurisdictionnel & les deux autres tiers au corps
» de la Communauté.

L V.

Les Juges des Seigneurs connoissent de la
contravention à la chasse, aux criées & de
l'infraction du Terroir.

Arrêt du 11 de Mars 1614 rapporté par Boniface, tom.
1 liv. 1 tit. 4 n. 6. Aujourd'hui la question est encore moins
susceptible de doute par rapport à la chasse, les Offices de
Juges gruyers ayant été réunis aux Justices des Seigneurs.
Pour les criées & infraction du terroir Arrêt du 26 de Février 1644 rapporté par Boniface tom. 1. liv. 1. tit. 4, n. 7.

L V I.

Les Officiers des Seigneurs ne peuvent
pas exercer les charges des Communautés.

Arrêts du 18 de Décembre 1664 & du 18 de Novembre
1638 rapportés par Boniface tom. 1 liv. 6 tit. 4, n. 64
& 25.

L V I I.

Les Officiers des Seigneurs pourvûs à titre

onereux ou pour recompense de services ne peuvent pas être destitués. Les autres peuvent l'être *ad libitum.*

L'Ordonnance de Roussillon art. 27. Mais il faut avoir l'attention de ne pas donner à la destitution un motif injurieux au Juge, qui seroit fondé à s'en plaindre.

La simple énonciation des services, dispense l'Officier de les prouver ; Arrêt du mois de Décembre 1662 rapporté par M. de Catelan liv. 3. ch. 39. Mais la regle n'a pas lieu à l'égard de tous les Seigneurs. Ainsi par un Arrêt du Parlement de Toulouse du 1er de Juillet 1716 il fût jugé que malgré l'énonciation des services le successeur aux bénéfices pouvoir destituer, & par un autre Arrêt du 9e de Mai 1731. le Juge fut soumis à justifier que les services avoient été rendus au Bénéfice, & non à la personne du Bénéficier ; parce qu'il seroit d'une dangereuse conséquence de s'en tenir à la simple énonciation, & de priver par-là le successeur au Bénéfice du droit d'instituer & destituer les Juges des terres dépendantes du Bénéfice. Voyez le Journal des Audiences, tom. 2, liv. 5. ch. 32, Bacquet des *droits de Justice*, ch. 37, n. 13 ; Louët & Brodeau lettre o, ch. 2.

LVIII.

Un des Coseigneurs, même celui qui a une plus grande portion en la Justice, ne peut pas destituer le Juge & autres Officiers nommés par tous les Coseigneurs.

La Roche-Flavin *des droits Seigneuriaux*, ch. 21, art. 11.

LIX.

Les Officiers institués par L'usufruitier peuvent être destitués par le Proprietaire après la mort de l'usufruitier.

Mornac fur la loi 9 § *fi fructuarius ff locati.*

LX.

Le Coffeigneur jufticier, par indivis, n'eft pas tenu de reconnoitre pour la juftice, l'autre Coffeigneur, quoiqu'il habite dans l'étendue de la Juftice.

Arrêt du Parlement de Touloufe du 2ᵉ de Février 1658. rapporté par Mr. de Catelan. liv. 3. ch 15.

TITRE QUATRIEME.
Des Droits Honorifiques.

I

L'Eglife en accordant aux patrons & aux Seigneurs jufticiers des diftinctions, des prérogatives, a eu pour objet de s'acquitter envers ceux-là d'une jufte reconnoiffance, & d'engager ceux-ci à maintenir fes droits par une protection finguliere.

II.

Les honneurs dans l'Eglife ne font ni réels ni perfonnels, mais ils tiennent de la réalité & de la perfonnalité, étant dus à la perfonne à raifon de la Seigneurie. Ils tiennent de la perfonnalité en ce qu'ils ne peuvent être cedés à perfonne, fans que la Seigneurie foit

tranſportée ; & le Seigneur ne peut pas ſubſ-
tituer un tiers pour les recevoir.

Loiſeau *des Seigneuries*, ch. 11, n. 49 & ſuiv ; d'Hericourt
loix Eccléſiaſtiques, part 3, ch. 9. Mais ces honneurs, quoique non ceſſibles, ſont communicables. Voyez ci-deſſous art. 16.

III.

Il y a deux ſortes de Droits honorifiques. Les
uns ſont *vrais honneurs* ; de ce nombre ſont la
litre, les prieres nominales, le banc & la
ſepulture dans le Chœur, l'eau bénite avec
diſtinction & l'encens. Les autres Droits conſiſtent en préſéances, à l'offrande, à la paix ;
à la diſtribution du pain béni & des cierges
& aux proceſſions, & à avoir un banc dans
la nef de l'Egliſe.

Cette diſtinction eſt très eſſentielle, comme on le verra dans
quelques-uns des articles ſuivants. *Majores honores ſunt*, dit de
Roye *de jurib. honor. lib. 1°. cap. 1°*, en parlant des patrons,
*præſentatio idonei clerici, alimenta ex bonis eccleſiæ, litra, pro-
ceſſionalis receptio, thus, preces, ſepultura & ſedes in choro.
Minores ſunt panis benedictus, oſculum pacis, aqua benedicta, ſedes in honoratiore loco navis Eccleſiæ.* Cet Auteur place, comme l'on voit, l'eau bénite dans le rang des moindres honneurs
ou des préſéances, & je l'ai compriſe parmi les vrais honneurs ;
mais j'ai ajouté, *avec diſtinction*, parce qu'elle ne doit être
donnée ainſi qu'aux patrons & hauts-juſticiers. C'eſt la ſeule
des préſéances, dont le réfus peut donner lieu à la complainte ;
voye qui n'eſt ouverte que pour les vrais honneurs.

Il peut y avoir d'autres Droits honorifiques autoriſés par l'u-
ſage. Ainſi par un Arrêt du Parlement de Toulouſe du 11 de
Juillet 1743. rapporté dans le Recueil judiciaire il fut ordonné,
que » *ſuivant l'uſage* lors du décès du Seigneur de St. Martin,
» comme auſſi lors du décès de ſon épouſe & pendant quarante

» jours les cloches de l'Eglise Paroissiale sonneroient aux heu-
» res ordinaires, & qu'il seroit exposé un drap mortuaire
» sur un buste dans cette même Eglise ; sauf les jours de la
» Semaine Sainte prohibés par l'Eglise, même le jour de Pâques ;
» sauf au Curé & aux Paroissiens de se servir du drap mortuaire
» pendant les quarante jours pour les usages ordinaires de la
» Paroisse, si mieux le Seigneur n'aimoit fournir un drap mortuaire à ses frais & dépens.

En Languedoc les Seigneurs ont droit d'exiger que les Consuls assistent au convoi funébre, en chaperon. Arrêts rapportés
par Mr. de la Roche-flavin, ch. 11. art. 18 & ch. 13. art. 4.

» La Cour ordonne que les Consuls seront tenus d'assister
» en chaperon aux convois funébres du Seigneur, son Epouse,
» & sa famille, ainsi qu'aux services, qui se feront dans l'E-
» glise,; & d'aller prendre en chaperon le deüil & de l'accompagner au sortir de l'Eglise. Arrêt obtenu par le Marquis
d'Aramon le 27 de Janvier 1756.

I V.

Les vrais honneurs ne sont acquis *par Droit* qu'aux patrons & aux Seigneurs hauts-justiciers. Si des moyens & bas-justiciers en joüissent, ce n'est que par tolérance, & en vertu d'une possession paisible & immémoriale.

Loiseau, trait. *des Seignenries*, ch. 11, n. 30. retraint le
moyen & bas-justicier à la préséance sur tous ceux qui sont
soumis à leur justice : & Guiot dans ses observations sur les
Droits des patrons, &c. pag. 46, dit que si l'on conserve la
possession des moyens & bas-justiciers, ce n'est jamais vis-à-vis
du patron & du haut-justicier.

En Provence il y a des moyens & bas-justiciers qui jouissent
de quelques Droits honorifiques. J'avois cité dans la premiere
édition l'Arrêt du 27 d'Août 1611 rendu entre la Duchesse
de Mercœur & l'Abbé de Mont-majour moyen & bas-justicier.
Mais il n'y fut question que de certains honneurs qui ne sont
que de simples préséances.

L'Arrêt du 19 de Février 1717 que j'avois aussi cité, maintint les Consuls de Pelissanne, moyens & bas-justiciers non

feulement dans la préféance fur les Officiers établis par le haut justicier, & dans le droit d'avoir un banc distingué dans l'Eglife ; mais encore dans le droit de recevoir l'eau bénite avec distinction. Ce succès leur infpira l'idée de demander l'encens. Le procès fut évoqué au grand Conseil, où il intervint le 19 de Février 1740, un Arrêt qui condamna cette prétention, avec la claufe, *fans préjudice néanmoins de l'Arrêt du Parlement de Provence du 19 de Février 1727.*

D'héricourt, part. 2, ch. 9, n. 12 dit qu'il faut que la poffeffion du moyen & bas-justicier foit immémoriale, & fon droit est retraint à ce qu'il a poffedé, fuivant la regle *tantùm præfcriptum quantùm poffeffum.*

Mr. Cambolas liv. 3. ch. 33. rapporte un Arrêt du 15 de Juillet 1603, qui jugea que le bas-justicier avoit droit de banc dans l'Eglife, en lieu le plus éminent, & avant celui des Consuls, & au liv. 2. ch. 23. il en rapporte un qui jugea que le bas-justicier avoit pû prefcrire par une poffeffion immémoriale le Droit de placer une litre au deffous de celle du haut-justicier Il peut auffi, même fans poffeffion, placer une bande d'étoffe noire de dix ou douze pas de longueur & que l'on ôte après l'année. Arrêt du 12. d'Août 1591. Mr. de la Roche-flavin ch. 23. art. 2.

V.

Le moyen & bas-justicier n'a pas le Droit prohibitif des honneurs dans l'Eglife.

La raifon est qu'il n'en jouit lui-même que par tolérance ; & il peut feulement maintenir fa préféance. Il y a un Arrêt remarquable du Parlement de Touloufe du 19 de Juillet 1739 rapporté dans le journal du Palais. a Comteffe d'Afpin, Dame de Cabanac, n'y poffédoit que baffe-juftice. Elle difoit que dans le Bigorre les Seigneurs n ont que la baffe-juftice ; la haute & la moyenne appartenant au Roi, & qu'ainfi fe trouvant avoir elle feule la juftice, elle devoit jouir des honneurs exclufivement à tout autre. L'Arrêt décida pour la négative.

VI.

Le Seigneur direct du Sol où l'Eglife a

été bâtie n'y a pas les honneurs , s'il ne participe pas à la Justice. Ils ne sont pas non plus accordés aux hommagers , mais ils ont droit aux simples préséances.

Loiseau *des Seigneuries* , ch. 11 , n. 34 , dit que la consécration de l'Eglise amortit la directe ; ce qui n'est vrai , du moins en Provence , que par rapport aux Eglises cathédrales & paroissiales ; les autres Eglises & chapelles étant soumises au payement du Droit d'indemnité. C'est le défaut de participation à la Justice du lieu où l'Eglise est située , qui est la véritable & seule cause de la privation des vrais honneurs.

L'Arrêt du 19 de Février 1727 que j'ai cité sur l'art. 3 , jugea la question concernant le Seigneur d'un fief avec justice situé dans la Paroisse. Les Consuls de Pelissane joignoient à leur qualité de moyens & bas Justiciers celle de Seigneurs haut-justiciers du fief de Cabardel situé dans la Paroisse de Pelissane. Il fut jugé que s'agissant d'une Justice & d'un fief séparés du fief & Justice de Pelissane , les Consuls ne dévoient pas avoir les honneurs dans l'Eglise paroissiale.

Semblable Arrêt du 17 de Mars 1735 en faveur du Seigneur d'Aiguines contre le sieur Pelissier Seigneur haut-justicier du fief de Chantereine démembré de celui d'Aiguines.

Mr. de Catelan , liv. 3 , ch. 1 rapporte un Arrêt du Parlement de Toulouse rendu en faveur du Seigneur justicier du Sol où l'Eglise est bâtie , contre le Seigneur justicier d'une partie de la paroisse. Il fut jugé que celui ci n'avoit pas le droit de placer un banc dans le chœur. On lui accorda seulement le droit d'en placer un dans la nef & les préséances après toutefois le Seigneur Justicier du Sol de la Paroisse , sa femme & ses enfants.

La Jurisprudence de ce même Parlement à l'égard des Préséances accordées à ces Seigneurs qui ne participent pas aux vrais honneurs , est constante & conforme à celle qui est attestée par Maréchal , d'Hericourt , Guiot & autres Auteurs qui ont traité des droits honorifiques , je me borne à indiquer les Arrêts rapportés par Mrs Cambolas liv. 3. ch. 33. liv. 4 ch. 15 ; d'Olive , liv. 1 ch. 29 ; Vedel sur Catelan que j'ai déja cité , liv. 3 ch. 1 , & dans le Journal du Palais de Toulouse sous la datte du 10 de Mars 1730. Tous ces Arrêts sont pour l'hommager du Roi ou du Seigneur ; n'y ayant aucune différence à faire à cet égard ; la personne de l'hommager étant regardée comme attachée au Seigneur de qui il releve. Ce fut sur ce fondement que par un Arrêt du 14 d'Août 1719, que j'ai vû dans des collections Mss. Il fut jugé que l'hommager avoit la préféance sur les Consuls, quoiqu'il n'eût jamais joüi de ce droit, non plus que ses Auteurs ; la prescription ne pouvant pas avoir lieu contre le Seigneur haut-justicier, on décida qu'elle ne pouvoit pas non plus être opposée à l'hommager qui relevoit de lui. Cependant l'Arrêt rapporté par Mr. Cambolas ordonna la preuve de la possession, & la préféance fut accordée provisoirement à l'hommager.

Dans ce même Journal du Palais de Toulouse, est rapporté un Arrêt du 16e. d'Avril 1723. qui accorda au Juge du Seigneur, la préféance sur les Consuls quoiqu'ils fussent hommagers du Roi. Mais l'on excepta le cas où le Seigneur feroit présent, parce qu'alors l'hommager est censé ne faire qu'un Corps avec lui.

Par un Arrêt du 22 de Juin 1735 rapporté dans le recueil Judiciaire, pag. 337, il fut jugé que le Seigneur d'une partie de la Paroisse, mais qui n'avoit aucune portion de la Justice ni de la directe du lieu où l'Eglise étoit située, pouvoit avoir un banc *avec accoudoir* dans la nef sans armoiries ni marque Seigneuriale.

VII.

Dans les lieux où le Roi est Seigneur Féodal & justicier, l'hommager n'a pas sur le Juge la préféance qui lui est accordée sur les Juges des Seigneurs.

D'Olive, liv. 1 ch. 29, où il dit que la raison de cette différence est que les hommagers n'ayant la préféance qu'à cause de leur union & attachement à la personne du Seigneur de qui ils relevent, & le Roi ne se trouvant jamais dans les fiefs où la justice lui appartient, il faut que le Juge tienne sa place, & qu'après lui viennent les hommagers.

VIII.

Les Droits Honorifiques confistent à la recommandation aux prieres de la Meffe paroiffiale, à recevoir avec diftinction l'encens, l'eau benite, le pain beni, à avoir un banc diftingué dans le Chœur ou dans la Nef, la fepulture au Chœur, la litre ou ceinture funebre & le premier rang ou préféance à la paix, à l'Offrande & aux Proceffions.

IX.

Le patron parfait, qui a conftruit, fondé & doté l'Eglife, a le premier les honneurs, & après lui le Seigneur haut-jufticier, qui a la préférence vis-à-vis du patron imparfait.

Loifeau des Seigneuries, ch. 11 n 7. Lacombe Jurifp. canon. part. 1 pag. 181.

X.

Le Seigneur haut-jufticier d'un fief ne peut pas prétendre les honneurs dans l'Eglife fituée hors du diftrict de ce même fief quoiqu'elle en foit la Paroiffe.

Arrêt du 19 de Février 1729 cité ci-deffus n°. 6 les Confuls de Peliffanne à leur qualité de Seigneurs moyens & bas jufticiers joignoient celle des Seigneur haut-jufticier du fief de Cabardel fitué dans la même Paroiffe.

Autre Arrêt du 17 Mars 1735 en faveur du Seigneur d'Aiguines contre le sieur Pelissier Seigneur haut-justicier du fief de Chante-reine démembré de celui d'Aiguines.

XI.

Entre plusieurs Seigneurs hauts-justiciers, celui qui l'est du sol où l'Eglise a été bâtie, joüit des honneurs exclusivement aux autres.

Arrêt du Parlement de Toulouse rapporté par Mr. de Catelan liv. 3 ch. 1.

XII.

S'ils sont tous également haut-justiciers du Sol de l'Eglise, ils participent tous aux honneurs; mais celui qui a la plus grande portion les reçoit le premier; & si les portions sont égales, la préséance est donnée au possesseur de celle qui échut en partage à l'aîné.

D'Hericourt loix eccles. part. 2 ch. 9 n. 12. Le Cosseigneur qui a la plus grande portion doit toujours précéder les autres. Arrêt rapporté par Mr. de la Roche-Flavin ch. 21 art. 1er.

XIII.

L'acquereur de la portion de l'aîné doit ceder aux puinés ou à leurs descendants toujours dans le cas où les portions sont égales.

Arrêt du Parlement de Paris rapporté dans le second vol.

du trait. des *Droits Honorifiques* par Marechal n. 9. ; Decormis tom. 1 col. 911.

XIV.

Le Seigneur dominant haut-justicier n'a pas les droits honorifiques dans l'Eglise située dans la justice de son Vassal.

Arrêt rapporté dans le journal des audiences , dernier édit. tom. 5 liv. 9 ch. 10.

XV.

La femme & les enfans du Seigneur haut-justicier participent aux honneurs ; & s'il y a plusieurs Seigneurs , ces mêmes honneurs doivent être déferés à chaque famille sans interruption , c'est-à-dire à la femme & aux enfants immédiatement après leur mari & pere.

La question concernant la préséance entre la femme , les enfants de l'un des Seigneurs & les autres Cosseigneurs est assez problêmatique. Marechal trait. des *Droits Honorifiques* la décide en faveur de la femme & des enfans. Danti dans ses Observations sur ce traité embrasse l'opinion contraire ; & parmi les Arrêts recueillis dans le second vol. de ce même traité de Maréchal l'on en trouve quelques-uns , qui ont jugé que les enfans doivent suivre immédiatement leur pere ; & d'autres qui ont adjugé la préséance aux Cosseigneurs.

Ce qui me détermine à donner la préférence aux premiers , est cette considération que la famille entiere est censée posseder la Seigneurie ; & s'il falloit admettre la préséance en faveur des Cosseigneurs par raport aux processions , il y auroit même raison de décider à l'égard de l'encens, de l'eau-bénite , &c. de sorte qu'après avoir deferé ces honneurs à un Seigneur , il faudroit passer vers les bancs des autres , & revenir ensuite dans le même ordre à chaque banc pour rendre ces mêmes honneurs à la famille.

L'auteur des droits eccléfiastiques part. 2. ch. 9 décide que les femmes des Seigneurs doivent dans les proceffions marcher immédiatement après leurs maris.

Les Arrêts rapportés par Mrs. Mainard liv. 2. ch. 19. Cambolas liv. 3. ch. 33. & de Catelan liv. 3 ch. 1er. font autant de garans de la décifion, que j'ai donnée pour regle. Il y a un autre Arrêt du 17e de Juin 1714. rapporté dans le Journal du Palais de Toulouse, & qui jugea que la Dame de Borifta recevroit le pain béni immédiatement après fon mari qui en qualité de Confeiller au Parlement le recevoit d'abord après le Seigneur & avant les Confuls.

Mr. Furgole improuvoit cette jurifprudence., & donnoit la préférence à l'Arrêt rapporté par Mr de la Roche-Flavin ch. 21. art. 11 & qui jugea que le Coffeigneur qui avoit la plus grande portion de la Seigneurie précéderoit les autres Coffeigneurs, mais que ceux-ci devoient venir immédiatement après lui.

La note de Mr. Furgole eft conçue en ces termes. » L'Arrêt
» de la Roche eft jufte. La femme, & les enfans du Seigneur
» ne joüiffent des droits honorifiques, que par participation, &
» les Seigneurs en joüiffent *jure proprio.* Suivant Ferriere trait.
» du droit de Patronage, part. 3. ch. 1 n. 90. Les enfans du Sei-
» gneur doivent bien joüir des honneurs, précéder les perfonnes
» qui font inférieures à leur pere; mais ils ne doivent pas pré-
» ceder ceux qui ne font pas inférieurs, & qui ont un droit
» de même efpèce. Voyez l'Arrêt du 22 de Juin 1641 rapporté
» par Brodeau fur Louet lettre f, fom. 31, n. 2. Simon *du droit*
» *de patronage*, tit. 16 où il cite Chenu, Bafnage fur l'art. 142
» de la cout. de Normandie rapporte un Arrêt du 24 de Mars
» 1665, qui adjuge la préféance à celui qui poffedoit le fief
» dominant auquel le patronage étoit attaché fur celui qui
» poffedoit d'autres fiefs fervants. Mais celui-ci eft preféré à la
» femme & aux enfans de celui qui avoit la préférence. Idem Fit-
» leau tom. 2. part 3, tit. 11 ch. 34. Suivant Balde fur la loi.
» *Fortinæ 8 ff de Senat. quod quifquis habet vi fuâ, tenacius in-*
» *haret;* où comme dit Barthole fur la loi, *quod principi 56 ff.*
» *de leg.* 2°. *fortior eft dignitas quam quifquis habet perfe, quam*
» *illa quam quifquis habet per alium.*

XVI.

Les Seigneurs hauts-jufticiers ont droit de placer un banc à doffier & avec accou-

doir dans le chœur ; pourvû qu'il ne nuise pas
au Service Divin.

Tel est le droit commun attesté par Maréchal & tous les
Auteurs qui ont écrit sur cette matiere.

Cependant par un Arrêt du 20 de Mai 1727 rendu entre
Mr Le-blanc , Conseiller au Parlement de Provence , Seigneur
de Ventabren & le Curé du même lieu , il fut ordonné que
le banc ne pourroit être placé que hors du Presbitere.

Cet Arrêt fut convenu entre les parties ; la possession étoit
contre le Seigneur. Mais il auroit pû soutenir que le droit de
placer le banc dans le chœur est imprescriptible. Guiot , *matier.
feod.* tom. 7 pag. 280.

Le banc ne peut pas être placé dans le Presbitere & pourpris de l'Autel appellé *sancta sanctorum.* Le Seigneur a aussi le
droit d'en mettre un dans la Nef à l'endroit le plus honorable.
Ferriere du *droit de patronage* part. 3. ch. 5 n. 16. Marechal des
Droits Honorif. tom. 2 pag. 255 n. 50.

XVII.

Le banc doit être placé après celui du
clergé & celui du Patron, s'il y en a un ,
& si le chœur peut les contenir tous ; mais
s'il ne peut y en être placé qu'un , ce doit
être celui du Patron , & le Seigneur haut-
justicier aura dans la Nef une place distin-
guée.

Droit commun. La droite ou le côté de l'Epitre est le lieu
le plus honorable. Mornac sur la loi *fundus* 30 *ff famil. ercise* ;
d'Hericour , pag. 496 , *max.* 12 Ferriere *du droit de Patronage*
part. 3 , ch. 5 n. 9 & 10 ; Basnage sur l'art 142 de la cout. de
Normandie.

XVIII.

Le Seigneur ne peut pas se placer dans le
banc des Consuls.

Arrêt du Parlement de Toulouse du 30 d'Août 1707 rapporté par Vedel, liv. 3 ch. 1.

XIX.

Le Curés ne peuvent sous prétexte d'incommodité pour le Service Divin faire ôter de leur propre autorité le banc du haut-justicier.

Arrêt du Parlement de Paris du 13 de Juin 1743 rapporté par Guiot, *Matier. feod.* tom. 7 pag. 279.

XX.

Le droit de banc dans le chœur acquis au Patron & au Seigneur haut-justicier ne peut l'être par d'autres personnes à la faveur d'une possession même immémoriale.

Loiseau des *Seigneuries* ch. 11 n. 67.

XXI.

Le haut-justicier peut empêcher que les Marguilliers & particuliers n'aient des bancs à queuë ou fermés avec accoudoir, dossier & agenouilloir.

Cela a été ainsi jugé en faveur du Seigneur de Volonne par un Arrêt, dont je n'ai pû recouvrer la datte.

Le Marquis de Calvisson Seigneur de Masillargues obtint au Parlement de Toulouse sur soit montré à Mr. le Procureur Général un Arrêt, qui fit défenses aux habitans d'avoir dans l'église des bancs avec dossier, accoudoir & agenouilloir. Le sieur Thoras Capitaine dans le Regiment de Limousin, Chevalier de l'Ordre de St. Louis, se pourvût en opposition envers cet Arrêt, & demanda d'être maintenu en la poſſeſſion & jouiſſancé du banc, que lui & ſes predéceſſeurs avoient eu dans l'Egliſe de Maſillargues avec un doſſier & accoudoir, ſans néanmoins aucune marque Seigneuriale ; & ſubſidiairement d'être reçu à prouver par témoins que depuis 1688 que cette Egliſe fut bâtie, les habitans avoient eu des bancs avec doſſier, agenouilloir & accoudoir, ſans aucun trouble de la part des Seigneurs. Par Arrêt du 5 de Juin 1737 le ſieur Thoras fut deboulé de ſon oppoſition & du ſurplus de ſa requête ; & il fut ordonné que l'Arrêt ſortiroit ſon plein & entier effet.

Dans les différents Arrêts rendus par le même Parlement, & contenant un réglement ſur les droits honorifiques, on trouve la diſpoſition ſuivante. » la Cour fait inhibitions & deffen- » ſes aux Marguilliers & habitans de placer des bancs à mar- » que Seigneuriale dans les Egliſes, & en conſequence ordon- » ne qu'ils ſeront tenus d'abbatre dans huitaine les doſſiers, » accoudoirs & agenouilloirs de ceux qu'ils y ont ; autrement » & faute de ce faire, permet au Seigneur de les faire ab- » batre aux frais & depens deſdits Marguilliers & habitans.

XXII.

S'il y a pluſieurs Seigneurs hauts-juſticiers, & que le Chœur ne puiſſe contenir qu'un ſeul de leurs bancs, le Poſſeſſeur de la plus grande portion ou de la portion de l'ainé y placera le ſien ; les autres ſeront dans la nef.

Guiot. *matier. féod.* tom. 7 pag. 288 prétend que quoique le Chœur puiſſe contenir pluſieurs des bancs des hauts-juſticiers, on ne doit y en placer qu'un ſeul ou au plus deux, quand il n'y a point de patron ; mais notre uſage eſt contraire.

XXIII.

Le Droit de ſepulture au Chœur n'appartient qu'au patron & au Seigneur haut-juſticier ; mais à la faveur d'une poſſeſſion

immémoriale

immémoriale on peut participer à cet honneur.

Guiot. *matier. féod.* tom. 7 pag. 331.

Mais on ne pourroit pas acquerir le droit d'y avoir des tombeaux ou monumens relevés avec épitaphes & Statues ; on peut seulement y avoir des tombes plattes. Guiot rapporte un Arrêt du Parlement de Paris du 31 de Mai 1726, qui maintint un Seigneur de fief dans sa possession immémoriale d'avoir dans le Chœur une tombe platte, sur laquelle ses Armes étoient gravées.

XXIV.

Le Seigneur haut-justicier a seul Droit de litre ou ceinture funébre tant au dehors qu'au dedans de l'Eglise. Le Patron ne l'a pas au dehors ; mais dans l'Eglise ; sa litre est placée au dessus de celle du haut-justicier.

Maréchal, qui étoit extrêmement prévenu par son propre intérêt en faveur des Patrons, établit, ch. 5, que le Patron a droit de litre tant au dehors qu'au dedans. Mais cette opinion qui n'a pas été suivie a été solidement réfutée par Guiot, *matier. féod.* tom. 7 pag. 164.

XXV.

La litre peinte au dehors de l'Eglise peut être conduite tout au tour, sans que la ligne soit interrompue à la partie du mur qui sert de cloture à un jardin ou cour.

Ainsi jugé par l'Arrêt du Parlement de Paris du 13 de Mars 1743 rapporté par Guiot. *ibid.* tom. 7. pag. 160.

XXVI.

L'usufruitier & la douairiere n'ont pas le

droit de faire peindre leurs litres, ni l'engagifte du Domaine; quoiqu'il ait acquis la haute-juftice.

Abregé des Mémoires du Clergé, tit. 2. ch. 7. art. 13. Guiot, tom. 7. page 283.

XXVII.

S'il y a plufieurs Seigneurs hauts-Jufticiers, ils ne doivent pas multiplier les litres; ce qui cauferoit une difformité dans l'Eglife. Il faut qu'entre eux tous ils n'aient qu'une ceinture de deuil tirée tout au tour de l'Eglife, foit dedans, foit dehors; & elle fera divifée à proportion de la part de chacun, en laiffant un certain efpace.

Maréchal ch. 5. La-peyrere lettre l. n. 94. *ubi* Arrêt du Parlement de Bordeaux du 17 de Juillet 1645. Guiot tom. 7 pag. 228.

Cependant il y a un Arrêt du Parlement de Touloufe rapporté par Mr. d'Olive liv. 2. ch. 11. & qui jugea entre deux Seigneurs Jufticiers, que l'hommager devoit mettre fa littre au deffous de celle du Seigneur à qui il devoit l'hommage.

XXVIII.

L'acquereur de la Seigneurie peut faire ôter la litre de l'ancien Seigneur; à moins qu'il n'y ait ftipulation de la laiffer fubfifter dans le contrat de vente.

Guiot *matier. féod.* tom. 7. pag. 233.

XXIX.

Les Seigneurs hauts-jufticiers leurs femmes,

& enfans, doivent être recommandés aux prières publiques, au prône, soit qu'ils soient présents ou absents.

Droit commun. Arrêt du 26 de Mars 1647 en faveur du Seigneur de Tartonne rapporté par Boniface tom. 1. liv. 3 tit. 2. ch. 1; du 6 de Juin 1663 en faveur du Seigneur d'Escragnolles; du 29 de Juin 1669 pour le Seigneur de Puiloubier; du 5 de Février 1711 pour le Seigneur de St. Laurent; du du 20 de mai 1727 pour le Seigneur de Ventabren.

XXX.

En Provence & en Languedoc on n'est pas en usage d'énoncer, en faisant cette recommandation, le nom & la qualité du Seigneur haut-Justicier. On ne fait mention que de la qualité qui oblige à déferer cet honneur.

Maréchal, trait. *des droits honorif. ch.* 8. Simon trait. *du patronage*, ch. 11. Mr. de Clugny dans le traité imprimé à la suite de celui de Maréchal décident que l'on doit exprimer les noms & qualités.

Les Arrêts du Parlement de Toulouse ont toujours jugé qu'il suffisoit de recommander le Seigneur en cette qualité, ainsi que toute sa famille, sans exprimer leur nom. Cela est clairement énoncé dans un Arrêt du 11 de Juillet 1743 rapporté dans le recueil judiciaire, tom. 1 pag. 539, on y lit ces expressions, *sans le désigner par son nom*. Ainsi quand on lit dans d'autres Arrêts que le Curé recommandera aux prônes & prières publiques un tel *en qualité & sous le titre de Seigneur*, il ne faut pas croire que par-là on ait entendu imposer l'obligation de désigner le Seigneur par son nom.

Il est à propos de prévenir l'équivoque que l'on pourroit faire, voyant l'Arrêt rapporté dans ce même vol. 1. du recueil judiciaire, pag. 529, & qui enjoignit au Curé d'exprimer le nom. Cet Arrêt fut rendu en faveur d'un patron Abbé-lay dans le pays de Bigorre qui se trouve dans le ressort du Parlement de Tou loufe, & où l'ufage à cet égard eft différent de celui du Languedoc. On verra dans les notes fur l'art. fuivant une autre différence.

XXXI.

L'encens doit être donné au Seigneur haut-Jufticier, comme il l'eft au Clergé, par le Curé ou autre Prêtre, Diacre, Soudiacre ou Clerc révêtu d'un furplis.

Arrêt du 5 de Février 1711 entre le Seigneur & le Curé de St. Laurent. Autre Arrêt du 20 de Mai 1717, entre Mr. Leblanc & le Curé de Ventabren.

Il n'eft qu'un feul des Arrêts du Parlement de Touloufe fur les Droits honorifiques, où il foit fait mention de l'encens. C'eft celui qui fut obtenu par le Patron Abbé-lay, dont il a été queftion dans les notes fur l'art. précédent. Il fut ordonné qu'il feroit encenfé par l'officiant, lorfqu'il encenferoit l'Autel, *par trois coups d'encenfoir*, & fa femme & fes enfans par un feul coup. Tel eft fans doute l'ufage en Bigorre. Mais en Languedoc on ne donne pas l'encens au Seigneur. On me l'a affuré; & j'ai vérifié en effet dans plufieurs Arrêts contenant un Reglement qu'il n'y étoit pas abfolument fait mention de l'encens.

XXXII.

La femme du Seigneur reçoit auffi l'encens féparément après fon mari; & leurs enfans en quelque nombre qu'ils foient, ne reçoivent entre eux tous qu'un feul coup d'encenfoir.

Arrêt du Parlement de Paris du 26 de Juin 1696. Journal des Audiences.

XXXIII.

L'eau bénite doit être donnée par afperfion; à moins qu'il n'y ait une poffeffion en faveur du Seigneur pour la préſentation du goupillon.

Arrêt du 11. de Mars 1737 confirmatif de la Sentence qui avoit ſoumis le Seigneur de Cabriés à prouver qu'il étoit en poſſeſſion de recevoir l'eau bénite par préſentation du goupillon. Semblable Arrêt entre le Seigneur & la Communauté de Simiane Léſ-Aix.

Tel eſt auſſi l'uſage obſervé en Languedoc. Mr. Furgole fait mention d'un Arrêt du 13 de Février 1709 ; & tous les Arrêts que j'ai déja cités ſont conçus ainſi : » la Cour ordonne que le Curé & autres Prêtres deſſervant la Paroiſſe donneront au » Seigneur ſéparément du public & d'une maniere diſtinctive » en *ſe tournant vers lui* , l'eau bénite *par aſperſion* , & enſuite à toute ſa famille.

Sur ces mots , *en ſe tournant vers lui* , il convient de remarquer ce que dit Loiſeau *des Seigneuries.* ch. 11. n. 47. Le Seigneur ne peut pas exiger que le Curé lui donne l'eau bénite hors de ſon chemin.

L'Arrêt du Patron Abbé-lay cité ſur les précédents articles , & qu'il ne faut jamais prendre pour regle ou exemple des uſages du Languedoc, ordonna que l'eau bénite lui ſeroit donnée *par préſentation du goupillon.*

XXXIV.

Le Seigneur haut-Juſticier ne doit recevoir l'encens & l'eau bénite qu'après tout le Clergé.

Edit de 1695 art. 45. tout ſervant à l'Egliſe , à l'Office divin en habit d'Egliſe eſt reputé pour ce tems du corps du Clergé.

Il faut obſerver que l'on n'encenſe que l'Autel , lorſque le St. Sacrement eſt expoſé, & que le Curé donnant lui même l'encens à la Meſſe, n'eſt pas obligé de deſcendre des marches de l'Autel pour aller vers le Seigneur.

XXXV.

Le Seigneur va à l'Offrande immédiatement après les Prêtres & autres employés & révêtus pour le service divin ; & il doit ainsi que sa famille, recevoir aussi après le Clergé & avant tout autre, le patron excepté, le pain béni & les cierges pour les processions & autres Cérémonies.

Il y a un Arrêt remarquable du Parlement de Toulouse rendu en Janvier 1743, un Marguillier distribua les cierges sans en présenter un au Seigneur, Procès à ce sujet. Le Marguillier disoit pour sa défense que le Seigneur n'étoit pas de la Confrairie du St. Sacrement, & que si l'on avoit présenté des cierges à ses Auteurs, c'étoit parce qu'ils avoient été du nombre des Confreres, qui fournissoient les cierges à leurs dépens. L'Arrêt condamna ce Marguillier à se transporter au château, & là en présence des Consuls & de quatre principaux Habitans demander pardon au Seigneur.

XXXVI.

Le Juge laïc à droit de connoître des contestations concernant les Droits honnorifiques, à l'exclusion du Juge d'Eglise.

Arrêt du 22 de Juin 1647 rapporté par Boniface tom. 1. liv. 3. tit. 1. ch. 4.

XXXVII.

Le Curé est obligé, ainsi que les Vassaux, de respecter le Seigneur.

Arrêt du 21 de Juin 1647. rapporté par Boniface tom. 1, liv. 1, tit. 1, ch. 4; Arrêt du 5 de Février 1711 qui ordonne que *ledit-De-pisany Seigneur de St. Laurent & Geofroi Curé se rendront les honneurs réciproques qui leur sont dûs.*

XXXVIII.

Le Seigneur ne peut faire avancer ou rétarder l'heure marquée par les Statuts des Diocèses & les rituels pour le Service divin.

Edit de Charles IX de 1571. Maréchal ch. 8.

XXXIX.

Ceux à qui les vrais honneurs sont dûs (le patron & le haut-Justicier) peuvent en cas de trouble ou réfus se pourvoir par complainte.

D'Héricour, part. 3, ch. 9, max. 20. de Roye *de jurib. honor. lib. 2 cap.* 13.

XL.

Quant aux simples préséances, ceux à qui elles sont duës peuvent se pourvoir par action simple contre les Contendants, & contre ceux qui les déférent, comme les Marguilliers, qui font la distribution du pain béni, ainsi que pour le pas à l'Offrande & à la Procession.

Maréchal ch. 12; Guiot, tom. 7. ch. 6. n. 4.

XLI.

Les Conſuls ne peuvent faire battre le Tambour même le jour de la Fête du Village, ſans en avoir demandé la permiſſion au Seigneur.

Arrêts en faveur du Seigneur de Jouques & du Viguier de St. Paul, cités par Boniface tom. 4. liv. 1. tit. 7. *ubi*. Arrêt contraire du Parlement de Grenoble, en la cauſe evoquée entre le Seigneur & la Communauté de Viens. Mrs. les Gens du Roi en écartant le prejugé que fourniſſoit l'Arrêt obtenu par le Viguier de St. Paul dirent, que s'agiſſant d'un fait de Police, le Viguier d'une Ville royale avoit droit de ſtatuer, ainſi qu'il lui paroiſſoit convenable. Mais dans les Terres Seigneuriales, les Seigneurs ou leurs Officiers ont auſſi l'inſpection de la Police.

Loiſeau trait. *des Seigneuries* ch. 11. n. 12. dit que ce n'eſt qu'aux Seigneurs hauts-Juſticiers à donner la permiſſion de faire la Fête du Village, d'en faire le cri & ſémonce ; permettant de lever les quilles & autres Cérémonies qui en dépendent.

J'avois tellement crû qu'on ne pouvoit pas méconnoitre cette regle ou maxime, que je ne m'étois pas attaché à en donner bien des garans, dans l'édition, qui a pour titre, *Juriſprudence obſervée en Provence ſur les matiéres féodales*. Il s'y étoit même gliſſé une faute ou mépriſe. Je citois un Arrêt rendu en faveur du Seigneur de Reillane, qui eſt rapporté par Boniface, dans le chap. qui ſuit celui où l'on trouve les Arrêts, dont je viens de faire mention, & cet Arrêt obtenu par le Seigneur de Reillane portoit ſur toute autre queſtion.

Depuis, j'ai vû une conſultation de deux Avocats, où l'on répandoit au moins des doutes ſur cette même maxime. Ainſi je crois devoir en donner d'autres preuves.

Brillon dans ſon Dictionnaire des Arrêts ſous le mot *Seigneur* n°. 40 fait mention d'un Arrêt du Parlement de Tournay du 3 de Décembre 1695 rendu en faveur de Mr. de Montmorenci, & par lequel il fut jugé, que c'étoit au Seigneur du Village, y ayant les Droits honorifiques de permettre de danſer aux jours de Fête, & de la dédicace, à l'excluſion de tous les autres Seigneurs, ayant des fiefs dans le Village,

Mr. Julien dans ses collect. Mss. sous le mot *feudum* ch. 2.
s'énonce ainsi *festum oppidi sine licentiâ Domini non potest celebrari.*

Enfin la question fut jugée par un Arrêt du 10 de Juin 1724,
Mr. de Villeneuve d'Ansouis rapporteur; en faveur de Mr. de
Gaufridi Baron de Trets. La Communauté, prétendoit être
autorisée par l'usage à faire la *Bravade*, la veille & jour de la
Fête de St. Jean, sans être assujettis à obtenir la permission
du Seigneur, qui demanda qu'il fut enjoint aux Consuls de
s'adresser à lui où à ses Officiers, en son absence, pour avoir
cette permission; ce qui fut ainsi ordonné par l'Arrêt. Mr. de
Gaufridi réclama ce droit comme une dépendance de la haute-
justice.

XLII.

Les réjoüissances publiques, même celles
que l'on a accoûtumé de faire le jour de la
Fête du Patron, sont interdites dans le cours
de l'année du decès du Seigneur, ou de son
deüil pour sa femme, son Pere ou sa Mere.

Arrêt du 26 de Février 1737, qui casse une Délibération prise par la Communauté de Pontevés, portant que la Fête du
Patron seroit célébrée avec les réjoüissances ordinaires.

XLIII.

Le Juge & en son absence le Lieutenant
de Juge précédent les Consuls.

Arrêts du 22 de Juin 1618, contre la Communauté de Noves
rapporté par Boniface tom. 3. ch. 10; du 13 de Mars 1713,
en faveur de l'Abbesse de Ste Claire de Sisteron, Dame de
Souribe; du 7 de Juillet 1714 en faveur des Officiers de justice du lien de Biot. Autre Arrêt du 11 de Juin 1718, rendu
en faveur du Juge de St Tropés, & qui ordonna qu'il se pla-
ceroit dans l'Eglise à la tête des Consuls dans le banc où ils
siégeoient. Autre Arrêt du 10 de Juin 1731, qui ordonne que
le Juge de Soliers & à son défaut le Lieutenant de juge pré-
cédera les Consuls à toutes les Assemblées & Cérémonies publiques.

Même usage en Languedoc. Voici comment sont conçus les Arrêts obtenus par les Seigneurs. » La Cour ordonne que les » Officiers du Seigneur joüiront du droit de précéder les Con- » suls & tous autres particuliers dans l'Eglise, aux processions, » convois funébres, & dans toutes les Assemblées générales » & particulières, du droit d'y présider & d'aller les premiers » à l'Offrande immédiatement après le Seigneur & sa Famille ; » d'allumer les feux de joye, lorsqu'il en sera fait, soit pour » les festivités ou autrement.

XLIV.

En Languedoc à chaque mutation des Consuls la Communauté doit présenter au Seigneur ou à celui qui a charge de lui, la liste consulaire pour choisir un sujet de cha— que rang.

Arrêts rapportés par Mr. de la Roche-flavin ch. 21. art. 3. autre Arrêt du 13 de Septembre 1677, rapporté par Geraud. liv. 3. ch. 2. n. 11.

Arrêt du 12 de Décembre 1725 rapporté dans le Journal du Palais de Toulouse. On y en cite plusieurs autres & un du Conseil du 20 de Février 1722 en faveur de Mr. le Ma- réchal Duc de Belle-ile pour les Terres dépendantes de l'échan- ge, qu'il avoit fait avec le Roi. Il fut ordonné qu'il joüiroit de la nomination des Consuls de la même maniere dont en joüis- sent les autres Seigneurs hauts-justiciers de la Province de Lan- guedoc ; & qu'à cet effet les Communautés seroient tenues de lui présenter la liste consulaire, ou à ceux qu'il auroit chargés de ses pouvoirs, pour être choisis par eux ou par lui.

Mr. Cambolas liv. 3. ch. 5. rapporte un Arrêt du 15 de Mars 1599, qui jugea qu'entre deux Seigneurs justiciers par égales por- tions, la liste consulaire devoit être présentée premièrement au plus qualifié. C'étoit un Conseiller au Parlement de Toulouse, l'autre étoit un simple Bourgeois.

XLV.

Les Consuls doivent visiter le Seigneur le jour de leur élection.

Arrêt du 30 d'Avril 1682, en faveur du Seigneur de Reillanne.

Idem. en Languedoc. » Comme aussi ordonne qu'après la no-
» mination des Consuls faite suivant l'usage ils seront tenus de
» faire une visite en chaperon au Seigneur & en son absence à
» ses Officiers. Arrêts cités.

En Provence ils ne sont pas obligés de visiter les Officiers,
quand le Seigneur est absent, ni de prêter le serment entre
ses mains ou de ses Officiers, comme ils y sont soumis en
Languedoc. Je me rappelle même d'avoir vû un Arrêt du Parlement de Provence, qui malgré la possession du Seigneur
affranchit les Consuls de cette obligation.

XLVI.

Ils sont obligés d'aller révêtus du chaperon
chez le Juge, ou en cas d'absence, chez le
Lieutenant de Juge le jour où l'on doit procéder à cette même élection, pour le conduire à l'Hôtel de Ville, & de le reconduire
chez lui. A l'égard des autres Conseils ou
Assemblées, ils doivent le faire avertir la
veille par le valet de Ville, & lui mander
à l'heure assignée le Greffier qui doit l'accompagner.

Arrêts du 12 de Juillet 1718 pour St. Tropés ; du 15 de
Mars 1731, pour Eygalieres ; du 10 de Juin 1731 pour So-
liers ; du 22 d'Avril 1732 pour Eyragues ; du 22 de Juin 1733
pour la Garde. Celui-ci ordonna que pour les Assemblées &
Conseils ordinaires un Conseiller de Ville seroit mandé vers le
Juge ou Lieutenant de Juge.

XLVII.

Toutes les Délibérations prises par la Communauté, & auxquelles le Seigneur n'a au-

cun intérêt personnel, doivent être auto-
risées, par le Juge ou Lieutenant de Juge
à peine de nullité; & s'il s'agit d'une Délibération concernant des prétentions ou
contestations que l'on a à démêler avec le
Seigneur, on doit se pourvoir au Parlement
pour obtenir la subrogation d'un Juge ou la
délégation d'un Juge-Royal.

Parmi les différents Arrêts qui ont été rendus sur cette matière tant par le Parlement de Provence, que par la Cour des
Aides, & dont quelques uns sont rapportés par Boniface &
dans le recueil imprimé par les soins des Sindics de la Noblesse, il y en a un qui est remarquable.

Les possédans Biens au Terroir du Tholonet s'étant as-
semblés pour procéder à une imposition, le Juge qui auto-
risoit ce Conseil rompit la séance & se rétira; parce qu'on ré-
fusa d'y admettre l'envoyé ou préposé du Seigneur, & renvoya
à une nouvelle assemblée qui seroit tenue trois jours après.
Mais sous prétexte qu'il s'agissoit d'une affaire qui exigeoit cé-
lérité, on délibera & par Arrêt du 14 d'Avril 1716 la Délibération fut cassée.

Pour le Languedoc mêmes Arrêts déja cités. » Ordonne que
» lesdits Consuls seront tenus de communiquer par écrit auxdits
» Officiers un jour avant les assemblées de la Communauté les
» points sur lesquels il conviendra de délibérer; leur faisant
» inhibitions & défenses d'en convoquer aucune, soit générale
» ou particulière, sans y appeller les Officiers du Seigneur pour
» y présider, à peine de nullité des Délibérations 500 liv. d'a-
» mende & d'en être enquis; Sauf à l'égard des assemblées qui
» seront convoquées, pour y traiter des contestations entre le
» Seigneur & la Communauté, auquel cas lesdits Consuls se-
» ront tenus d'y appeller un de nos Magistrats ou gradué pour
» y présider, & néanmoins d'en avertir les Officiers du Seigneur
» un jour à l'avance sous les mêmes peines. »

Dans un de ces Arrêts obtenu par le Seigneur de Dieu-pantale
le 30 de Juillet 1751, & rapporté dans le recueil judiciaire,

Il est ajouté : » & au cas où le Juge ne soit pas résident
» audit lieu de Dieu-pantale , les Consuls seront tenus de lui
» communiquer les points & l'avertir un jour à l'avance par
» une lettre qui sera remise au domicile qui sera élu par le Juge. »

XLVIII.

Dans les lieux où l'usage est de convoquer les assemblées par le son d'une des cloches de la Paroisse , le Curé ne doit y mettre
aucun obstacle , & l'on n'est pas obligé de
lui demander la permission de sonner la cloche.

L'Arrêt du Parlement de Toulouse du 30 de Juillet 1751 &
un autre du 16 d'Avril 1742 , obtenu par le Commandeur de
Canhac. » Inhibitions & défenses au Curé d'empêcher de
» sonner les cloches pour convoquer les assemblées de la Com-
» munauté ; lesquelles cloches les Consuls pourront faire sonner
» sans en demander la permission au Curé ; *à la charge néan-*
» *moins de ne tenir les assemblées qu'avant ou après les Offices*
» *divins.*

XLIX.

Les Officiers du Seigneur précédent dans
toutes les assemblées le Curé , qui ne peut
pas exiger une distinction pour la convocation.

Mêmes Arrêts du Parlement de Toulouse. » Ordonne que
» dans toutes les assemblées de la Communauté , soit générales
» ou particulières , dans qu'elles occasions qu'elles soient con-
» voquées , & dans quels lieux quelles se tiennent , les Officiers
» du Seigneur y présideront à l'exclusion des Curés , lesquels
» les Consuls n'avertiront pour assister auxdites assemblées qu'en
» la manière qu'on a accoûtumé d'avertir les autres habitans.
En Provence les Curés ne peuvent pas assister aux assemblées de
la Communauté ; parce qu'on présume que leur autorité pourroit
y gêner les suffrages. Il y a plusieurs Arrêts qui l'ont jugé ainsi.
On n'appelle pas non plus à ces assemblées le Procureur ju-

rifdictionnel ; & en Languedoc il doit y être appellé. Mêmes
Arrêts. » Enjoint aux Consuls d'appeller à toutes les assem-
» blées générales & particulières de la Communauté les Pro-
» cureurs jurisdictionnels du Seigneur , qui y assisteront de mê-
» me que les autres habitans qui ont droit d'assister auxdites
» assemblées.

L.

Le Seigneur ne peut assister lui même aux
Délibérations de la Communauté ; mais il a
droit d'y faire assister en son nom un préposé , lequel est néanmoins exclu du Conseil , où il s'agit de l'élection du nouvel état.

Cette exclusion fut reconnue nécessaire dans une cause , où
je portai la parole pour Mrs. les Gens du Roi. Il s'agissoit de
l'appel de l'élection du nouvel état de la Communauté de
Volx. Il y avoit plusieurs moyens de cassation ; mais quand
même il n'y auroit eu que celui qui étoit fondé sur l'assistance
ou présence du préposé , cette élection n'en auroit pas moins
été cassée.

L I.

Le préposé doit être informé de la convocation du conseil par un billet signé par le
Consul ou le Greffier , lequel billet doit être
visé par le Seigneur ou le préposé lui-même.

Arrêt du 10 de Décembre 1750 obtenu par Mr de la Mol-
le Conseiller honoraire au Parlement , Seigneur d'Artigues.
Semblables Arrêts pour les Seigneurs de la Palud & de Clumans.

L I I.

En Provence les Consuls ne peuvent obtenir la permission de porter le chaperon , qu'a-

près avoir demandé le consentement du Seigneur ; en Languedoc ce consentement est aussi nécessaire. Mais le Seigneur ne peut pas leur assigner la couleur rouge, sans la permission du Roi, & le moyen & bas justicier n'a pas le droit d'exiger que l'on demande son consentement.

L'usage observé en Provence est que les Consuls présentent une requête au Parlement ; qui ordonne qu'elle sera communiquée au Seigneur, dont le consentement est nécessaire & qui désigne la couleur, telle qu'il la veut ; sans aucune distinction de la rouge, avec les autres.

Quant aux usages du Languedoc, que j'ai résumés dans la regle, ils sont attestés par Mr. Mainard liv. 9. ch. 10 Mr. de la Roche-flavin ch. 21. art. 6. Mr. Cambolas liv. 3. ch. 33. Il a même été jugé par des Arrêts rapportés par Mr. de la Roche-Flavin. ch. 21 art. 10 & 13. que les lettres patentes du Roi obtenues par les Consuls sans le consentement du Seigneur étoient inutiles.

LIII.

Les vassaux ne peuvent intenter l'action de complainte, appellée, en Provence, *statut de querelle* contre le Seigneur.

Arrêt du 21.ᵉ d'Avril 1644. rapporté par Boniface tom. 3. liv. 1ᵉʳ. tit. 2. ch. 6, il y en a un autre rendu en 1534. & rapporté parmi ceux qui avoient été recueillis par M. le Président de Coriolis, imprimés dans le 2ᵉ vol. des œuvres de Duperier.

Cette regle est fondée sur cette raison, que l'interdit *uti possidetis*, annonce *vim expulsivam vel turbativam, dolum, malitiam & fraudem.*

Loiseau dans son trait. des Offices liv. 5 ch. 5 n. 62 examinant si l'on peut intenter cette action contre le Roi, son Pere, le Patron ou Seigneur & autres personnes, à qui l'on doit du respect, decide qu'on ne le peut pas directement, & qu'il faut

se pourvoir par requête , *& triſlitiam rei mitigare* ce qui au
fond opere le même effet. Menoch. *de recuperan poſſeſſ. remed.*
1 n. 75. Chopin ſur la cout. de Paris liv. 3 tit. 1 n. 8 & Mr. le
préſident Bouhier ſur la cout. de Bourgogne tom. 1 ch. 40 n.
148 établiſſent que l'action de complainte doit être accordée
au vaſſal ; & cette opinion paroit avoir des fondemens au moins
auſſi ſolides que l'autre , dont Loiſel a formé dans ſes inſtitutes
coutumieres une regle conçue en ces termes : *entre le Roi ,*
le Seigneur & le vaſſal n'y a point de nouvelleté.

LIV.

Les Vaſſaux ne peuvent pas être établis
ſequeſtres des biens ſaiſis au Seigneur juſticier. Les emphiteotes peuvent l'être des biens
ſaiſis au Seigneur direct.

Arrêt du Parlement de Toulouſe du 26ᵉ. de Juin 1666. rapporté par Gerund liv. 3. ch. 2.

LV.

Les Seigneurs juſticiers & féodataires ne
peuvent prendre la qualité de Marquis , Comtes , Barons & Vicomtes , s'ils n'ont des lettres patentes enregiſtrées par le Parlement.

Cette regle , dont l'ordre public reclame l'exécution , n'eſt
pas obſervée comme elle devroit l'être. Le nombre des Marquis ,
Comtes & Barons ſans titre eſt prodigieux. L'on voit même uſur-
per des titres plus brillants , qui forment quelquefois un con-
traſte ſingulier avec l'état de la fortune de ceux qui s'en déco-
rent.

Le Roi Henri 3 par un édit du 17 d'août 1579 avoit ordonné que la Baronie ſeroit compoſée de trois Châtelainies au moins
qui ſeroient unies enſemble pour être tenuës d'un ſeul hommage au Roi ; que le Comté auroit deux Baronies & trois Châtelainies au moins , ou une Baronie & ſix chatelainies ; enfin que
le Marquiſat ſeroit compoſé de trois Baronies & autant de Cha-

telainies

telainies au moins, ou de deux Baronies & fix Chatelainies.

En Savoie, il y a un Edit de 1576, par lequel il eft ordonné que nul ne fera décoré du titre de Marquis, s'il n'a 5000 écus de rente; & de celui de Comte, s'il n'a 3000 écus.

Par un Arrêt de Réglement du 13 d'Août 1663 rapporté dans le journal des audiences le Parlement de Paris fit deffenfes à tous propriétaires de terres de fe dire Barons, Comtes ou Marquis & d'en prendre les couronnes à leurs armes, finon en vertu de lettres patentes du Roi bien & duëment vérifiées en la cour à peine de 1500 livres d'amende payable, favoir le tiers au Dénonciateur, un autre tiers à l'Hôpital général, & l'autre tiers aux pauvres des lieux.

Le Parlement de Provence a fait deux Réglemens femblables, l'un du 18 de Novembre 1687, & l'autre du 7 de Décembre 1723. L'on annexa à celui-ci qui fut rendu public par l'impreffion, le rôle des Princes, Ducs, Marquis, Comtes, Vicomtes & Barons, dont les lettres ont été enregiftrées. Mais ces Réglemens font reftés prefque fans exécution.

Je dis, *prefque fans exécution*, parce qu'il eft un cas où l'on la reclame avec fuccès. C'eft lorfqu'il s'agit de l'intérêt d'un tiers. On en a vû un Exemple, il n'y a pas long-tems. Le Seigneur du Bar prenoit la qualité de Comte, & il fut traité comme tel dans la taxe des dépens d'un procès qu'il gagna contre la Communauté du Bar. Elle appella de la taxe en ce chef. La caufe fut plaidée folemnellement; & par Arrêt prononcé par feu Mr. de la Tour premier Préfident la taxe fut réformée & réduite à celle de fimple Gentil-homme.

Mais ce n'eft pas le feul intérêt du tiers qui a été l'objet des réglemens dont il s'agit. Ils ont trait à une police générale, à un ordre qu'il convient de maintenir; & relativement à cet objet il femble que l'on ne devroit pas permettre que jufques dans les procès pourfuivis devant les Tribunaux, d'où ces mêmes réglemens font émanés, on s'arrogeât des qualités qu'on n'a pas droit de prendre. c'eft une témérité que la juftice elle même eft intéreffée à reprimer. Il ne faut pas s'attendre en cette matiere à avoir des Dénonciateurs; mais quand l'ufurpateur fe dénonce lui-même par un orgueil deplacé, pourquoi afer d'indulgence?

LVI.

Le Seigneur, qui ne poffede que des directes sans participer à la justice, n'a pas droit d'exiger du respect de la part de ses emphitéotes.

Arrêt du 5 de Novembre 1644 rapporté par Boniface tom. 4 liv. 3, tit 2 ch. 7.

LVII.

Le Seigneur a droit d'empecher le changement du tableau de dédicace de l'Eglise Parroissiale, & qu'un particulier ne s'y fasse représenter avec des marques de dignité.

Arrêt rendu en faveur de l'Abbé de Montmajour Seigneur de Correns en Juin 1665 & rapporté par Decormis tom. 1 col. 1097. Cet auteur qui avoit plaidé pour l'Abbé de Montmajour, convenoit que le particulier, qui avoit fait don du nouveau tableau, auroit pû, en conservant l'ancienne représentation, y mettre son nom ou ses armes, mais non pas son portrait en long & à plein avec carreau & rideau de velours cramoisi.

TITRE CINQUIEME.

Des Régales.

I.

LEs Régales consistent à certains Droits d'honneur, de prééminence & de profit qui dérivant de la puissance publique, appartiennent à l'état ou à celui qui le gouverne.

Paſtour *de feudis lib. 1. tit. 3.* Dunod trait. *des Preſcriptions* part. 3. ch. 11.

II.

Quelque étendue que puiſſe être la conceſſion des Régales faite par le Souverain à des Seigneurs féodataires & juſticiers, elle eſt toujours rétrainte aux ſeules Régales mineures; les majeures ſont inaliénables, comme faiſant partie du Domaine de la Couronne.

Paſtour *ibid.* Dumoulin cout. de Paris §. 1. gloſ. 5 n. 56.

III.

Les Régales majeures ſont le pouvoir de faire des loix, lever des troupes, faire la paix & la guerre, exercer la juriſdiction en dernier Reſſort, créer des dignités, des Ordres de Chevalerie, des Magiſtrats & Officiers publics, le droit de faire battre monnoye, de ſuccéder aux Aubains, de les naturaliſer, de légitimer les Bâtards, d'annoblir, d'amortir les héritages tenus par gens de Main-morte, d'impoſer des tributs, accorder des Sauve-gardes, permettre l'établiſſement des Corps & Communautés, des Foires & Marchés; la propriété des mines de ſubſtance métallique, la juriſdiction & police des rivages de la mer, fleuves & rivières navigables.

Sixtinus *de regalibus*; Montanus *de regalibus.*
Dunod trait. *des Préscriptions* part. 2. ch. 11. Boiffieu *de l'u-
fage des fiefs*, ch. 60.

IV.

Les Régales mineures font les chemins publics, les Rivieres, les Iles, les Biens va-cans, la proprieté des chofes dont le public a l'ufage, & qui n'appartiennent à aucun maitre particulier, la pêche, la chaffe, les falines, les tréfors, les confifcations, le droit de fuccéder aux Bâtards, le péage, les épaves, le droit de Bris & Varech, la jurifdiction, le droit d'avoir Château avec crénaux, forterelfes, &c.

Paftour *de feudis lib.* 1 tit. 4.

V.

On ne peut pas acquerir par la feule poffef-fion, même immémoriale, les Régales mineures.

Quelques Auteurs & entre autres Dunod & Paftour ont crû que les Régales mineures pouvoient être prefcrites ; mais cette opinion a été conftamment condamnée par les Jugements des Commiffaires du Domaine.

V I.

Le concours de la haute-juftice & de la directe univerfelle dans un terroir circonf-crit & limité fupplée au défaut d'une con-ceffion expreffe des Régales mineures.

Extrait sur les anciens Régistres déposés au Greffe du Terrier des Domaines du Roi en Provence.

» Les Commissaires des Domaines du Roi en Provence. En-
» tre Dame Françoise De la-tour de la Charce Gouvernet Da-
» me de Rognes, Demanderesse en Requête à fins d'opposition
» du 14 Novembre 1687, d'une part.

» Et le Procureur du Roi en notre commission, poursuite &
» diligence de Me. Louis Simon Fermier des Domaines de Sa
» Majesté en Provence, Défendeur d'autre.

» Vû le Jugement par nous rendu par défaut le 15 Septembre
» 1687, sur la demande dudit Procureur du Roi contre ladite
» Dame de Rognes, par lequel nous avons déclaré que les Ré-
» gales dudit lieu appartiennent à Sa Majesté, & en conséquence
» ordonné que les Possesseurs des maisons & héritages sis dans les-
» dites Régales, en feront chacun leur Déclaration au Terrier aux
» termes & en la maniere portée par l'Ordonnance générale du
» 14 Août 1683, ladite Dame condamnée à la restitution des
» lods reçûs depuis vingt-neuf années pour les mutations des-
» dites maisons & héritages arrivées pendant ledit tems ; ex-
» ploit de signification d'icelui fait audit Garnier Procureur de
» ladite Dame du 4 Octobre suivant ; Requête à nous présentée
» par ladite Dame de Rognes le 14 Novembre audit an ten-
» dante à ce qu'il nous plût la recevoir opposante à l'exécution
» dudit Jugement, la décharger des condamnations portées
» par icelui, & la maintenir en la possession & joüissance des
» Droits de Régales dudit lieu à l'exception des Régales con-
» cernant les appellations des jugemens rendus par les Officiers
» dudit lieu, & au moyen de ce que les Possesseurs des maisons
» & héritages attenant les murailles dudit lieu feront déchargés
» de faire la Déclaration mentionnée audit jugement, ladite
» Requête signée de *Julianis & Garnier* ; notre Ordonnance au
» bas dudit jour 14 Novembre portant Acte de l'opposition,
» & pour y faire droit, qu'elle fera signifiée audit Fermier des
» Domaines & communiquée audit Procureur du Roi, pour
» leurs réponses reçües, être ordonné ce que de raison ; ex-
» ploit de signification du 20 dudit mois ; réponses du Procureur
» du Roi du 4 Mars 1688 ; inventaires, piéces & productions
» desdites parties ; contrat d'échange fait entre Charles II
» Comte de Provence, & Ricaud de Camus de la haute jurif-
» diction du lieu de Rognes du 3 Juillet 1305 ; donation d'une
» partie de ladite Terre faite par Dame Marie Sauve à Noble
» Jacques d'Agoult du 3 Février 1489 ; dénombrement de la

» dite Terre du 27 Juillet 1560 ; extrait de la transaction
» passée entre Honoré d'Agoult Seigneur de Rognes, & la Com-
» munauté dudit lieu du 14 Décembre 1540 ; extrait tiré des
» Archives des Régistres *sclapony & leopardus* ; oüi le rapport
» & tout consideré.

» Nous Commissaires susdits ayant aucunement égard à l'op-
» position de la Dame de Rognes, attendu qu'elle a la directe
» universelle & la haute justice dans ledit lieu de Rognes & son
» Terroir, declarons les maisons & héritages en question être
» mouvans de la directe de ladite Dame ; en conséquence or-
» donnons qu'en payant par elle audit Fermier de sa Majesté la
» somme de huit livres treize sols pour les dépens liquidés par
» notre jugement du 15 Septembre 1687, elle demeurera de-
» chargée, ensemble les possesseurs desdites maisons & herita-
» ges du surplus de la condamnation portée par ledit jugement.
» Fait à Aix le quatre Janvier mil six cent quatre vingt neuf.
» signé, *Lebret*, *Fulconis & Joannis.*

La maxime a aussi été attestée par un Acte de Notorieté donné par Mrs. les gens du Roi le 1er de Février 1755 ; & Duperier
tom. 2 pag 7 n. 14 la retrace après du Moulin en ces termes.
*Les droits de régale qui peuvent être en commerce & être possedés
par un simple Seigneur, sont ompris dans l'investiture ou don que
le Roi fait d'une Terre ou Seigneurie & de toute sorte de droits
en termes généraux.*

Mais malgré ces décisions, qui doivent sans contredit prevaloir
à l'opinion particuliere de Pastour, qui dans son traité *juris
feudalis* lib. 1 tit. 3 dit que la concession doit être expresse, le
Fermier du *Domaine* renouvelle souvent la même contestation. Il
y a même, à ce qu'on m'a dit, un Arrêt du Conseil rendu en 1745
qui a jugé la question en sa faveur contre le Seigneur de Claret.

Il est essentiel d'observer que la haute justice & la directe
universelle réunies ne peuvent faire présumer, ou pour dire
mieux, n'entrainent la concession des Regales, qu'autant que
par l'inféodation elles n'ont pas été séparées. Car si le Souverain
avoit retenu, par exemple, la haute justice, & n'avoit trans-
porté que la directe universelle, nul doute que cette directe
n'eut pas attiré les Régales. Elles seroient restées au Souverain,
qui n'en auroit pas fait le transport. Si dans la suite il avoit aliené la haute justice en faveur de ce même acquereur de la directe & de ses successeurs, il est évident que les Regales ne seroient pas comprises dans cette alienation, si elles n'y étoient
pas énoncées expressément.

Je ne dissimulerai pas que cette opinion, qui m'a toujours par

tu devoir être à l'abri de contradictions , en a cependant éprouvé dans un procès entre les Seigneurs & la Communauté de Vence Il étoit prouvé & convenu que la haute justice n'avoit été acquise que long-tems après la directe cedée à deux différents Seigneurs. Il étoit prouvé de plus par un ancien titre qu'en 1335
tems où l'alienation avoit deja été faite , la Cour Royale possedoit à Vence *merum imperium & regalia*. Il seroit inutile de
rappeller les autres titres & raisons que la Communauté fit valoir. Elle succomba. Mais l'Arrêt qui fut rendu en Juin 1762 a
été attaqué au Conseil ; *& adhuc sub judice lis est*.

VII.

Quoique nos Rois ayent une autorité souveraine sur les mers , qui bordent leurs états,
les Seigneurs & les particuliers même peuvent
y avoir des droits utiles , qui font partie des
regales mineures.

Mr. d'Olive liv. 1 ch. 3. rapporte un Arrêt du Parlement
de Toulouse du 14 d'Août 1628. qui jugea qu'en vertu d'un
ancien titre , le Seigneur de Perignan avoit droit d'exiger la 12^e
partie du poisson , que ses vassaux pêchoient dans la mer.

Au chap. suivant il fait mention d'un autre Arrêt du 15 de
Juin. 1643 qui maintient l'Evêque d'Agde dans le droit d'exiger une redevance , en vertu d'un ancien titre , pour la pêche
qui se fait sur la côte de la mer avec une Barque à laquelle est
attachée une corde , que les pêcheurs qui restent à la rive , tiennent par le bout.

Arrêt du Conseil du 26 de Décembre 1739 , qui ordonne l'e-
xecution de celui du 21 d'Avril précédent concernant la vérification des droits maritimes qui se perçoivent sur les quais , ports ,
havres , rades , rives & rivages de la mer dans l'étenduë du Royaume , ensemble du droit de pares , pecheries & autres , & qui
prescrit ce que les Seigneurs & proprietaires de ces droits doivent observer sur le fait de verification de leurs titres.

Arrêt du Parlement de Bordeaux rapporté par Bacquet trait.
des droits de justice , par lequel Mr le Duc d'Epernon fut maintenu dans le droit de prendre l'ambre gris que la mer jette sur
ses bords. L'Ordonnance de la marine autorise les Seigneurs

voisins de la mer, & qui ont une concession expresse ou des dénombremens fournis à la Chambre des comptes avant 1544 à exiger des droits utiles pour la pêche.

Quant au Terrain des bords de la mer, lequel fait partie des Régales comme celui des places publiques & remparts jusqu'à une certaine distance, il y a un Arrêt du Parlement de Provence d'autant plus remarquable, qu'on ne trouve aucune autre décsion sur cette matiere.

L'Abbé de St. Victor possede les Régales dans le terroir de Six-fours en vertu du transport fait à l'Abbaye par la Reine Jeanne Comtesse de Provence le 20 de Décembre 1364. Il vendit en 1630 à Michel Tortel la partie de ces Régales qui se trouvoit enclavée entre les Caps de Mouisseque, Raisson & Bregaillon au quartier de la Seyne, où il n'y avoit alors qu'un hameau, & où a été formé ensuite un Bourg très-considérable. L'Abbé de St. Victor reserva le mole qui s'allongeoit dans la mer, & dix pans de largeur le long de ce mole pour le rendre plus spaceux.

Les successeurs de Tortel firent divers comblemens dans ces mêmes régales. On pretendit qu'ils les avoient faits au-delà des bornes du rivage de la mer & empieté sur les Terres voisines ; & ils se plaignirent à leur tour que les possesseurs des fonds voisins avoient empieté sur les Régales. Dans le procès formé à ce sujet intervint l'Arrêt, dont voici la teneur. » La Cour » sans s'arrêter aux avancemens & jets faits dans la mer par » aucuns desdits particuliers & tenanciers des biens proche d'i- » celle, déclare les terrains, bourbiers, graviers & marais » étant le long du rivage de la mer, puis le cap de Bregaillon » jusques au cap de Mouisseque *& jusques où le plus haut flot de* » *la mer peut arriver de present*, ensemble les places à bâtir bail- » lées par l'Abbé de St. Victor, ou ayant droit & cause de lui, » être de la Régale dont est question, remise par ledit sieur » Abbé par acte du 5 de Septembre 1630 à Michel Tortel » & par ledit Tortel a Lidoire Hou & par ledit Hou » ausdits Daniel & Vidal, & tout le reste des terrains où » ledit flot ne peut arriver être & appartenir ausdits particuliers ; » & à ces fins qu'aux dépens desdits Daniel & Vidal bornes & » limites seront posées en présence du Commissaire rapporteur de » l'Arrêt, pour les separations des terres des particuliers des- » dites régales ; & pour le regard du mole, déclare lesdits Con- » suls de Six-fours n'avoir pû empêcher le comblement dont est » question, commencé proche d'icelui par Laurens & Joseph » Daniel & autres ayant droit & cause d'iceux, de continuer ledit » comblement, & faire bâtir maison audit endroit, &c. «

Cet Arrêt fut exécuté , & des Experts fixerent l'emplacement de ces Régales dans l'enceinte de 50 Termes. Ainſi ces regales & le rivage de la mer commencent où le plus haut flot de la mer peut atteindre en hiver ; ce qui eſt conforme à la deciſion du § 3 inſtit. *De rerum diviſione. Eſt autem littus maris quatenus hybernus fluctus maximus excurrit.* Il eſt vrai que l'Ordonnance de la marine publiée en 1681 fixe le Rivage à l'endroit où le grand flot de Mars peut s'étendre. Mais il eſt très vraiſemblable qu'en donnant cette regle l'on n'eut égard qu'à ce qui arrive ſur les bords de l'Océan , qui occupe la plus grande partie des côtes du Royaume de France. Dans la Mediterranée le plus grand flot eſt celui que pouſſent les vents en hiver. Les Romains n'avoient eu en vuë que la Mediterranée , lorſqu'ils avoient fixé le rivage à l'endroit , où le plus grand flot peut atteindre en hiver. Il eſt certain que dans le mois de Mars le plus haut flot reſte au deſſous de ce même endroit.

Cet Arrêt a auſſi jugé que les terrains , boubiers , graviers & marais qui ſont dans l'enceinte du rivage de la mer ſont partie des regales ; que le poſſeſſeur peut y faire des comblemens , & que les endroits où il y a aſſez d'eau pour la navigation , ne ſont pas compris dans les regales ; la denomination de terrains , bourbiers , graviers & marais le deſigne aſſez.

La reſerve d'aggrandir le mole eſt une ſuite du droit de faire des comblemens. Un mole eſt une jettée dans la mer. *adverſus eum qui molem in mare projecit , utile interdictum competit ei cui res fortè nocitura ſit. leg.* 2 § 8 *ff ne quid in loc. public.* Il y a pluſieurs eſpèces de moles. Les uns ſont faits pour arriver à une quantité d'eau ſuffiſante pour les embarquemens & debarquemens ; les autres pour la pêche, il y en a d'autres qui garantiſſent les ports de l'impetuoſité des Vagues. L'on en conſtruit auſſi pour la deffenſe des côtes ou des fortifications des places.

VIII.

Le droit d'avoir des Salines compris auſſi parmi les regales mineures , ne donne pas celui de vendre le ſel qui s'y fabrique, aux particuliers. Le débit eſt reſervé au Roi.

Il y a certains pays ou contrées , qui ont des privileges particuliers. Le sel y est marchand , mais il n'est pas permis de le transporter ailleurs. Les habitans d'Arles ont le Franc-salé.

I X.

Le droit du Roi sur les mines d'or & d'Argent a été reduit à un dixieme. les autres mines appartiennent aux propriétaires des fonds où on les trouve.

Ordonnance d'Henri III. du mois de Novembre 1593. Ordonnance d'Henri IV. du mois de Juin 1601.

En Provence nous avons un exemple d'une mine de Jay , dont le Seigneur haut-justicier perçoit le 10ᵉ. Decormis tom. 1 col. 775.

Par Arrêt du conseil du 28ᵉ de Septembre 1762 il a été jugé contre le sieur Peistonel Seigneur de Fuveau , qu'il n'avoit aucun droit de dixieme à prétendre sur les mines de charbon de pierre ou de terre.

X.

Le Sol des chemins appellés Royaux , des ruës , halles , places publiques , des remparts , les remparts eux-mêmes appartiennent au Roi ou au Seigneur Justicier , qui a les regales mineures.

Pastour *de feudis* lib. 1. tit. 4. Cela est exactement vrai en Provence Ainsi il ne faut pas s'arrêter à ce que disent Loiseau trait. *des Seigneuries* ch. 9 , & Le-grand sur la cout. de Troyes. Ces Auteurs soutiennent que le Roi n'a que la garde principale & super-Intendance des chemins Royaux , & non la propriété qui ne peut appartenir à personne , s'agissant d'une chose dont l'usage est commun. C'est précisément par cette raison que la propriété en appartient au Roi ; les choses communes qui n'ont point de Maitre particulier , faisant veritablement partie des regales mineures.

Catelan liv. 3 ch. 40 rapporte un Arrêt conforme à cette opinion de Loiïleau, & dans le Journal du Palais de Toulouse on trouve un Arrêt du 16°. de Fevrier 1715. qui jugea, qu'une place publique d'une Ville n'appartenoit pas au Roi Seigneur haut-jufticier, mais à la Ville. Cependant le Seigneur jufticier peut empêcher qu'on ne falle des ouvertures aux remparts. Arrêt du 23°. de Mars 1715. rapporté dans le même journal.

Arrêt du confeil du 24 de Septembre 1678, qui declare que les places qui ont fervi aux murailles, remparts, fofiés, fortifications & clotures des Villes du Royaume appartiennent à fa Majefté. Arrêt du 26 d'Avril 1681 pour les places des anciennes & nouvelles fortifications de la Ville de Paris; & dans le préambule d'un édit du mois de Décembre 1681 le Roi s'explique ainfi. » Encore qu'il ne puiffe être contefté que les places des » remparts, murs, foffés, contrefcarpes & dehors de toutes les » Villes de notre Royaume nous appartiennent, &c.

Déclaration du mois de Février 1696 & édit du mois d'Avril 1713, qui confirment les proprietaires & poffeffeurs des places qui ont fervi aux foffés, remparts & fortifications des Villes dans la propriété de ces places & édifices qui y ont été conftruits en payant une finance.

X I.

Les Communautés chargées de la conftruction & réparation des chemins, ruës, places, remparts peuvent bien les changer à leur gré pour la commodité du public; mais l'ancien terrain ou fol ne ceffe pas d'appartenir au Roi.

L'on en a des exemples dans la Ville d'Aix Les maifons qui ont été bâties fur le terrain qu'occupoient les Remparts avant les différents aggrandiffemens qui ont été faits, font foumifes à la directe du Roi.

X I I.

Le terrain voifin des remparts jufqu'à l'étendue de trois cannes en dehors & de deux cannes en dedans, l'épaiffeur des murailles non comprise, fait aussi partie des Régales.

Extrait du livre Terrier du Greffe des Domaines du Roi, tit. *des Régales.*

XIII.

Les caves, avancemens & auvans bâtis sous ou dans les rües, & la faculté de dériver l'eau des rivieres, ruisseaux & sources étant aux chemins publics ou fonds appartenans au Roi, rélevent de la directe de Sa Majesté.

L'on verra dans les titres que je vais rapporter, que les Commissaires du Domaine avoient décidé que les bancs, étaux, saillies & avancemens faits dans les rües ne devoient être soumis ni à la mouvance ni à aucune redevance envers le Roi. Mais cette décision ne fut pas adoptée par le conseil, parce que l'on trouva à la Chambre des comptes & au bureau des Tresoriers généraux de France plusieurs nouveaux baux & permissions accordées pour avancer les caves sous les rües, & faire d'autres ouvrages dans les chemins publics, comme acqueducs & canaux pour la derivation des eaux & les arrosages des terres. Tout cela a été declaré faire partie des regales, & à été compris dans l'abonnement fait par un Arrêt du conseil du 19 de Juin 1691, & pour raison duquel les Etats payent annuellement au Roi la somme de 25000 liv.

Jugement de Mrs les Commissaires du Domaine du 25 d'Octobre 1668.

» Nous Commissaires ayant aucunement égard à la requête
» des Procureurs des gens de trois états du 5 de Juin dernier,
» avons declaré & declarons les regales portées par nos juge-
» mens des 30 de Janvier & 6 de Février dernier être celles de
» droit conformément à l'usage de cette Province, & avoir
» esdites Ordonnances entendu parler des fleuves navigables,
» ruisseaux, fontaines étant & appartenant au Roi ès chemins
» publics & aux fonds de sa Majesté, & qu'il sera conformé-
» ment à ce que dessus pourvû aux parties sur les cas particu-
» liers, ainsi qu'il appartiendra. Fait à Lambesc le 25 d'Octobre
» 1668. Signés, Oppede, Guidy. «

Il y eut de nouvelles contestations avec le Fermier du Domaine, ce jugement n'ayant pas statué sur la propriété des Ruës. Les Procureurs des Pays présenterent une requête, où après avoir observé que suivant Loiseau & d'Argentré sur la cout. de Bretagne tit. *des droits du Prince* art. 56 & des appropriances art. 306 ch. 23 n. 2 les Ruës & les places publiques des villes ne sont pas vraies Régales, mais seulement sous la protection & tuition du Roi, ils ajoutoient que cela étoit exactement vrai en Provence, où les pavés des Ruës sont faits aux dépens des Communautés, & les chemins publics sont reparés aux dépens de la Province. Le Roi ne contribuant pas à leur entretien ne doit prétendre aucuns émolumens. Loiseau ch. 3 n. 86.

Par la même raison il ne peut rien prétendre pour raison des saillies, auvans, étaux, caves sous les Ruës. La jurisdiction de la voirie ne s'y exerce que pour l'utilité & pour la commodité publique. Le Roi n'a jamais rien prétendu pour la permission d'avoir ces avancemens ni pour la possession des halles, places publiques, poissonneries. Il est permis aux communautés de les changer. Le cours d'Aix a été fait au moyen de la taxe des maisons. Ainsi il ne faut pas prendre pour Regle l'arrêt rapporté par Bacquet *des droits de Justice* ch. 30 n. 15 au sujet des halles de Paris. Elles avoient été bâties par Philippe-Auguste en 1182; mais quand elles n'ont pas été bâties par le Roi, elles ne sont assujetties à aucune redevance en faveur de Sa Majesté.

Quelquefois les particuliers ont demandé au Roi la permission de traverser les Ruës & les chemins & ils ont été assujettis à une cense ou redevance. Ils doivent l'acquitter; mais regulierement il n'est rien dû au Roi pour ces permissions; & les voyers n'ont inspection que pour examiner si ces sortes d'ouvrages peuvent nuire au public.

La Reine Jeanne donna à la Communauté d'Aix les fossés de la Ville, parce qu'elle avoit fait rebâtir les murailles à ses dépens. Crinias Medecin fit construire celles de Marseille; & celles du nouvel aggrandissement ont été faites aux dépens de la Ville.

Ordonnance générale de Mrs. les Commissaires du Domaine sur divers chefs de demande de l'adjudicataire dudit Domaine.

» Sur la requête à nous présentée par les Procureurs des » gens des trois états de ce pays de Provence de la part de l'as » semblée générale des Communautés seante en ce lieu de » Lambesc sur divers chefs concernant la confection du papier

» terrier en ce pays, & diverses pourfuites qui font faites par
» l'adjudicataire du Domaine du Roi, nous Commiffaires avons
» ordonné que conformément à notre précédente ordonnance
» du 14 Décembre dernier ledit adjudicataire fera obligé de
» donner fes demandes libellées, en faire la preuve fuivant le
» droit commun & du franc alleu dont jouït la province; autre-
» ment il en fera debouté avec depens; fauf les exceptions des
» lieux, auxquels le Roi poffede la directe univerfelle, & au
» fait des biens relevans de Sa Majefté ou domaines engagés;
» que les executions en fuite de nos jugemens feront par lui
» faites fuivant les ordonnances du Roi, formes & ufages de
» la Province en la levée des deniers de fa majefté, & ne fera
» établie aucune garnifon par ledit adjudicataire du Domaine
» ni par fes commis dans les Communautés & aux maifons des
» particuliers que par nos ordonnances. Que ledit adjudicataire
» ne pourra rien prétendre des bancs, étaux, faillies & auvans
» devant les maifons & dans les Ruës, places, ni troubler les
» poffeffeurs d'iceux comme n'étant point en cette Province de
» la qualité ni au cas portés par les ordonnances du Roi. Que
» notre ordonnance du 25 Octobre 1668 concernant les eaux fera
» executée fuivant fa forme & teneur; fauf titre, poffeffion ou pref-
» cription au contraire; qu'il ne fera fait aucune recherche pour rai-
» fon des alienations faites par les Comtes de Provence trente an-
» nées avant l'union de la Comté à la Couronne, conformément
» à l'Arrêt du Parlement rendu fur la verification des lettres pa-
» tentes du Roi en faveur de la Nobleffe du mois de Juin 1668.
» Que les Communautés qui poffedent des biens non Nobles mou-
» vans de la directe de quelque Seigneur particulier, ne pour-
» ront être recherchés pour aucun droit d'indemnité en faveur
» de Sa Majefté. Que les Communautés qui tiennent de leurs
» Seigneurs des biens Nobles faifant partie du fief, moyennant
» une penfion refervée audit Seigneur, ne pourront pareille-
» ment être recherchés par ledit adjudicataire, fors en cas de
» fraude faite au fief dominant. Que le droit d'indemnité tenant
» lieu de lods pour les gens de main-morte ne pourra être payé,
» favoir, ledit droit entier que de 20 en 20 ans, & le demi-lods
» de 10 en 10 ans. Que les vieux & nouveaux adjudicataires
» du Domaine feront enregiftrer, fi fait n'a été, leurs baux au
» greffe de notre commiffion, & les procurations par eux faites
» à leurs commis fur les lieux. Et pour ce qui regarde le rem-
» bourfement de la finance en faveur des Communautés qui ont
» été ou feront depoffedées des biens & droits dont elles étoient
» engagiftes, nous avons renvoyé lefdits Procureurs du pays

» & lesdites Communautés au Roi pour y être pourvû. Fait à
» Lambesc le 11 Janvier 1670 , signés , *Oppede* , *Guidy* . «

La disposition concernant les avancemens dans les Ruës fut réformée. L'on en trouve la preuve dans l'abonnement fait par l'Arrêt du Conseil du 19 de Juin 1691. Il y est dit que les Droits de Régale compris dans cet abonnement consistent aux caves , avancemens & auvans bâtis sous ou dans les ruës , & aux plantemens d'arbres dans les lices, fossés & le long des grands chemins , la faculté de se servir de l'eau des rivieres pour arroser les Prés , Terres & Jardins.

TITRE SIXIEME.

Du Droit de Péage.

I.

LE Péage est un Droit que le Seigneur , à qui il est acquis , prend sur les bestiaux ou sur les marchandises qui passent , soit par terre, soit par eau dans sa terre.

II.

Pour pouvoir joüir du Droit de Péage établi 100 ans avant 1669 ou depuis , il faut rapporter un titre primordial ou concession expresse. A l'égard de ceux dont l'établissement rémonte à un tems plus réculé , les Actes probatoires d'une possession non interrompue suffisent.

Ordonnance de 1669 , tit. *des droits de péage* , *travers* & autres art. 1. & 2.

III.

Les concessions de péage doivent être con-firmées à chaque avenement à la Couronne.

Arrêts du Conseil des 29 d'Août 1724 & 20 d'Avril 1725.

IV.

Le péage étant un droit purement Royal, il n'y a pas d'autres titres à admettre que ceux qui sont émanés du Souverain lui-même.

Ainsi les Seigneurs ne peuvent pas l'établir par des baux à fief, conventions ou autres titres particuliers. La Roche-flavin pag. 557. En Provence il y a un statut rapporté par Mourguet pag. 367, & qui le décide expressément.

V.

Le Droit de Péage doit être perçû sur les lieux pour lesquels il est accordé.

Déclaration du 31 de Janvier 1663.

VI.

Les propriétaires du droit de péage sont chargés de l'entrétien & réparation des che-mins.

Edit du mois de Septembre 1535, les deniers du péage du Roi & des Seigneurs seront employés aux réparations des ponts, chaussées passages, & chemins des lieux & districts, auxquels lesdits péages sont cueillis & levés, afin qu'on puisse y passer sans danger ni incommodité; lesquelles réparations seront faites par ordre des Baillifs, Sénéchaux & autres Juges ressortissants au Parlement, ou leurs Lieutenants; appellés les Avocats ou
Procureurs

Procureurs du Roi, les poffeffeurs defdits péages & gens experts qu'il commettront.

Déclaration du 31 de Janvier 1663. Dans le Réglement fait en 1687, pour les réparations des ponts & chemins de Provence, il y a un article conçu en ces termes; *s'il y a des ponts à conftruire & des ponts & chemins à réparer dans un terroir, où il fe leve des droits de péage, ce fera aux frais des propriétaires defdits péages, même des Fermiers du Roi, fous fon bon plaifir, exigeant des péages, fans que la Province y foit en rien contribuable ni les Villes & Vigueries fuivant les Ordonnances & Réglement du Roi du mois de Janvier 1663, ni que la Province, Communautés ou Vigueries en puiffent faire aucune avance en cas de refus ou de négligence du péager.*

VII.

Les habitans du voifinage peuvent contraindre le Seigneur péager à entretenir & réparer les chemins.

Ordonnances d'Orléans art. 107. En Provence les Procureurs du Pays ont le droit, en cas de négligence de la part des Seigneurs péagers, de faire les réparations aux dépens de ces mêmes péagers. Il a été rendu à ce fujet plufieurs Ordonnances par Mr. l'Intendant, & entre autres une du 4 de Mai 1724 conçue en ces termes: *nous enjoignons à tous les Seigneurs péagers de cette Province de faire procéder dans la quinzaine à compter du jour de la fignification de notre Ordonnance, aux réparations à faire aux chemins, qui traverfent les terroirs de leurs fiefs; finon & à faute de ce faire publier & adjuger lefdites réparations fur les devis qui feront dreffés par Valon Architecte de la Province, & de faire faifir les rentes & révénus defdits Seigneurs pour le prix defdites réparations, fi mieux n'aiment lefdits péagers abandonner leurs droits de péage à ladite Province; ce qu'ils feront obligés de déclarer dans la huitaine du jour de la fignification qui leur fera faite du devis.*

VIII.

Les propriétaires des Droits de péage doivent faire afficher. fur un pilier ou autre en-

H

droit éminent le tableau ou pancarte contenant le tarif des Droits, & préposer une personne, qui en exigeant les droits instruise les passants ; & faute par eux de satisfaire à cette obligation, les passants sont dispensés du payement de ces mêmes droits.

Arrêt de Réglement du 5 Septembre 1661. L'Ordonnance de 1669 tit. *des Droits de péage* art. 7. prescrit la nécessité de la pancarte.

IX.

La privation du droit de péage est la peine du propriétaire convaincu de surexactions. Les Fermiers ou préposés qui ont commis ces surexactions, doivent être punis corporellement.

Telle est la disposition de l'art. 138 de l'Ordonnance d'Orleans, mais elle n'est pas suivie à la rigueur. Il y a un Arrêt du 10 de Décembre 1678, par lequel M^e. Beraud Procureur du Roi en la justice de la Ville des Mées, & propriétaire du droit de péage fut déclaré atteint & convaincu du crime de surexaction, & condamné à une amende de 300 liv. envers le Roi, à une autre de 600 liv. envers la Communauté qui l'avoit accusé, & à la restitution des sommes qu'il avoit surexigées, modérées à 300 liv. & appliquées à l'Hôpital St. Jacques de la Ville d'Aix.

Ce crime est puni plus séverement par la loi unique, *cod. de superexactionibus*, & par la loi derniere *cod. vectigalia nova institui non posse*. L'Empereur Constantin s'explique en ces termes dans celle-ci : *Rei tanti criminis perpetuo exilio puniantur.*

X.

Les Voituriers, leurs garçons & compagnons & autres, de qui le péager a surexigé, font Témoins légitimes dans l'information.

Art. 5. de la Déclaration du 8. de Février 1666.

XI.

La peine de ceux qui fraudent le droit de péage, eſt la confiſcation non ſeulement des marchandiſes ſujettes au paiement de ce droit, mais encore de celles qui en étoient exemtes.

Lebret trait. *de la Souveraineté.* liv. 2 ch. 16.

XII.

Il n'eſt pas permis de faire arrêter & ſaiſir les chevaux, équipages, bateaux & nacelles, faute de payement du droit du péage. L'on peut ſeulement ſaiſir les meubles, marchandiſes & denrées juſques & à concurrence de ce qui eſt légitimement dû.

Ordonnance de 1669 tit. 29. art. 3. Cette diſpoſition de l'Ordonnance n'eſt pas contradictoire avec la régle rétracée à l'article précédent, & qui autoriſe la confiſcation. Là il s'agit d'une fraude conſommée ; ici d'un ſimple refus de payer ſous quelque prétexte. La fraude doit toujours être punie par la confiſcation. Voyez l'art. 3 de l'Arrêt du Conſeil du 28 de Juin 1718 rapporté par Galon dans ſon commentaire ſur ce même art. 3 du tit. 29, & Vaucelles *des péages*, part. 4. pag. 56.

XIII.

Le péage n'eſt pas dû pour les marchandiſes & denrées, que l'on fait tranſporter pour ſon propre uſage, mais ſeulement pour ce qui

eſt porté *négotiationis cauſâ* ; & le propriétaire
en eſt crû, lorſqu'il affirme avec ſerment
qu'elles étoient deſtinées à ſon uſage.

Gui-Pape & Ferrieres queſt. 4 ; Vaucelles *des péages* part. 4.
pag. 43. Cet Auteur part. 3 traite de l'exemtion des péages, &
diſtribue les exemts en neuf claſſes. Il y établit auſſi que ceux
qui ont acheté des exemts & leurs Fermiers ne joüiſſent pas
de l'exemtion : *mutata perſonâ, mutatur conditio bonorum,*
leg. 9 §. 1. *ff. de acquir. hæred.* Il obſerve part. 4. pag. 44 que
l'exemtion accosdée à certaines perſonnes ne s'entend pas des
choſes qu'elles achétent pour vendre.

XIV.

Le Droit de Pontonnage ne peut plus être
exigé, lorſque le pont eſt détruit ; mais ſeulement après qu'il a été rétabli.

Vaucelles part. 4 pag. 53 ; Ranchin tit. *vectigal.* art. 1. & 5.
Le péage dû à raiſon d'un bac eſt auſſi appellé pontonnage. Geraud des *Droits Seigneuriaux* liv. 2. ch. 7.

XV.

Les blés, grains, farines, légumes ſont
exemts dans toute l'étendue du Royaume des
droits de péage, paſſage, pontonnage, travers
& de tous autres Droits, tant par eau, que
par terre ; ſoit que ces droits appartiennent
à des Villes & Communautés, ou à des Seigneurs Eccléſiaſtiques ou laïques, ou autres
perſonnes.

Arrêt du Conſeil du 10 de Décembre 1739.

XVI.

La largeur des chemins, autres que les voisinaux & les simples sentiers, doit être au moins de seize pans aux endroits, où l'on peut leur donner cette largeur; & elle doit être doublée, s'il est possible dans les contours.

Art. 31. du Réglement de 1687 fait pour la Provence & autorisé par Arrêt du Conseil du 15 de Février 1689.

XVII.

Les propriétaires des Terres voisines des chemins sont obligés d'entre tenir les fossés qui les bordent, d'en détourner les eaux, & d'ôter les pierres mouvantes qui sont à leur frontiere.

Art. 7. du même Réglement. Ordonnance de Mr. l'Intendant du 30 de Juin 1705.

XVIII.

Il est permis aux ouvriers chargés des réparations des ponts & chemins de prendre dans les champs voisins les pierres & graviers qui leur sont nécessaires, sans que les propriétaires en puissent rien prétendre, lorsque ces pierres & graviers leur sont inutiles.

Ordonnance de Mr. l'Intendant du 5. de Juillet 1700.

XIX.

Le Droit de pulvérage que l'on exige dans

plusieurs fiefs de Provence, ne doit pas être confondu avec le droit de péage, ni compris parmi les régales.

Il est acquis aux Seigneurs comme un Droit de fief indépendant de tout titre & imprescriptible par le seul défaut d'exaction. Arrêt du 11. de Décembre 1684 rapporté par Boniface tom. 4 liv. 3. tit. 7. ch. 3. Arrêt rendu en 1750 en faveur du Seigneur de Pontis, dont le péage avoit été supprimé par Arrêt du Conseil, & à qui l'on avoit réfusé depuis, le payement du droit de pulvérage.

On m'a dit que ceux contre qui cet Arrêt fut rendu se sont pourvus au Conseil en cassation. Comme c'est une affaire qui intéresse tous les Seigneurs féodataires de la Province, leurs Syndics ne devroient pas rester dans l'inaction. Le Droit de pulvérage qui tire son nom *à pulvere*, a été accordé ou confirmé comme une espèce de dédommagement par un Statut rapporté par Mourgues pag 368.

L'on a douté si sous le mot *avers* employé dans ce Statut on ne devoit comprendre que les seuls troupeaux de brebis & moutons. Le Seigneur de Montpezat ayant fait saisir des Bœufs appartenans à des particuliers de la Ville de Digne qui alloient les vendre à la foire de Barjolx, il fut délibéré dans l'Assemblée générale des Communautés tenue en 1691 d'intervenir pour l'intérêt général de la Province dans le Procès, auquel cette saisie donna lieu. J'ignore quel fut le jugement.

TITRE SEPTIEME.

Des Rivieres, Iles & Attérissemens.

I.

LEs Rivieres navigables portant bâteau de leurs fonds sans artifice & ouvrage des mains font partie du Domaine de la Couronne.

Ordonnance de 1669 tit. *de la police & conſervation des forêts,*
aux & rivieres, art. 41.

II.

Les Iles, Iſlots, attérriſſemens de ces Rivieres,
le Droit d'y prohiber la pêche & la conſ-
truction des Moulins, d'en dériver les eaux,
le péage, paſſage, droits des bacs, bateaux,
appartiennent auſſi au Roi ; mais les Seigneurs & même les particuliers peuvent les
poſſéder en vertu des titres de conceſſion
ou d'une poſſeſſion légitime.

Même art. de l'Ordonnance de 1669. Déclaration du mois
d'Avril 1683 ; autre du mois de Décembre 1693.

Edit du Roi ; portant que les tâxes, qui ont été faites ſur les
propriétaires des iſles peages, Moulins, bais ſitués ſur les riviéres
du Rhône, Garonne, & Aude ne pourront nuire, ni préjudicier à
la diſpoſition du droit écrit, ſuivant lequel le Languedoc eſt re-
gi, ni aux titres de propriété, & de poſſeſſion des particuliers,
qui jouiſſent deſd. biens & droits.

Donné à Verſailles au mois de Septembre 1697.

Louis par la Grace de Dieu, Roi de France & de Navarre, à
tous préſens, & avenir Salut. Ayant par notre édit du mois
d'Avril 1668 ordonné que les poſſeſſeurs, & detempteurs des
Illes, & cremens, qui ſe ſont formés ſur les fleuves, & rivieres navigables, des Batimens, & Edifices, qui s'y ſont faits,
& des peages, ponts, paſſages, bacs, bateaux, moulins, pe-
ches & autres droits, qui s'y perçoivent, qui juſtifieront une
poſſeſſion centenaire y ſeroient maintenús, en nous payant par
chacun an par forme de ſurcens, & rédevance fonciere le
vingtieme du revenu annuel deſd. biens, & droits ; & à l'é-
gard de ceux, qui ne pourroient juſtifier une poſſeſſion centenaire, qu'il en ſeroient privés, & leſd. biens réunis à notre
Domaine. Nous aurions ſur les rencontrances, qui nous furent
faites par quelques proprietaires deſd. biens, qui pretendirent
que la propriété leur en ayant été legitimement acquiſe par
les formes preſcrites par nos Ordonnances, ils ne devoient

pas être sujets au payement de lad. redevance, confirmé par noître déclaration du mois d'Avril 1683 ; en la propriété, possession & Jouissance, des Isles, Islots, atterrissemens, accroissemens, droits de pêche, peages, bacs, Bateaux, ponts, moulins & autres édifices, & droits sur les rivieres navigables, tous les propriétaires, qui rapporteront des titres de propriété, authentiques, faits avec les Rois, nos prédécesseurs en bonne forme, auparavant l'année 1566, & à l'égard des possesseurs desd. isles, islots, fonds, édifices, & droits susd. sur lesd. rivieres, depuis les lieux où elles sont navigables, sans ecluses ni artifices, qui rapporteront seulement des actes authentiques de possession, commencée sans vice auparavant lad. année 1566, & continuée sans trouble ; nous les aurions pareillement confirmés en leur possession, sans qu'à l'avenir ils puissent être troublés, en payant annuellement par forme de redevance fonciere le vingtieme du revenu annuel des Isles, islots, & autres droits, & choses susd, suivant la liquidation, qui en seroit faite, & ce outre les droits Seigneuriaux, rentes & redevances, dont ils se trouveroient chargés, tant envers nous, qu'envers les Seigneurs particuliers ; & nous aurions reüni à notre Domaine les susd. Isles, & droits, dont ces dezempteurs ne rapporteroient titres valables de propriété, ou de possession avant lad. année 1566. Mais ayant consideré depuis, qu'en execution de cette déclaration plusieurs particuliers pourroient être depossedés des isles, qu'ils ont pris soin de former, avec une grande depense, & dont ils ont joui, sur la foi de leurs titres ; nous aurions par nos Edits du mois d'Avril 1686 ; & Août 1689, confirmé tous les possesseurs, & détempteurs, à quelque titre & qualité que ce soit, des Isles & crémens situés sur les rivieres navigables du Rhône, Garonne, & autres de notre Province de Languedoc, en la possession desdites Isles, & crémens qui se sont formés, & de ceux, qui pourroient s'y former à l'avenir : soit par alluvion, ou par industrie, dépense ou autrement en quelque sorte, & manière que ce soit, nonobstant les Arrêts, & Jugemens, qui pourroient avoir été rendus, & exécutés ; à la charge de nous payer dans deux mois pour droit de confirmation les sommes, auxquelles ils seroient taxés en notre Conseil, & de payer encore à l'avenir par forme d'albergue annuelle, & de champart la quinziéme portion des fruits, qui seroient récueillis dans ces Isles nobles, & crémens, & la vingt-deuxiéme dans les Isles rurales & crémens, après la dime payée aux endroits, ou elle est due, & de nous rendre la foi & hommage à nous dus par les Isles possédées noble-

ment, & les Droits Seigneuriaux pour celles qui étoient tenues en roture, suivant la coutume des lieux & par notre
Edit du mois de Décembre 1693 ; nous aurions ordonné, que
tous les détempteurs propriétaires, & possesseurs des Isles Islots,
Attérriffemens, accroiffemens, alluvions, droits de pêche, péages, passages, ponts, moulins, bacs, coches, bateaux, édifices,
& droits sur les rivieres navigables de notre Royaume, qui
rapporteront des titres de propriété, ou de possession avant le
premier Avril 1566, seront maintenus, & conservés a perpetuité
ensemble dans les crémens futurs, en nous payant une année
de revenu, ou le vingtieme de la valeur présente defdits Biens,
droits & édifices à notre choix suivant les Roles, qui en seroient arrêtés en notre Conseil, avec les deux sols pour livre,
& annuellement une rédévance Seigneuriale de cinq sols par
arpent des Isles, & autres semblables Biens, & droits par
forme de surcens, outre, & par dessus les censives, & autres
rentes, & droits, dont ils peuvent être chargés envers nous
ou envers d'autres Seigneurs, & pareillement nous avons maintenu, & confirmé ceux qui jouissent desd. Biens & droits, &
qui n'ont aucun titre de propriété, ou de possession, avant
ledit jour premier d'Avril 1566, en nous payant deux années
de revenu, ou le dixiéme de la valeur présente desd. Biens,
& droits, aussi à notre choix, & annuellement une pareille
rédévance de cinq sols, laquelle rédévance a été depuis mo-
dérée, & réduite par notre Déclaration du mois de Mai 1694.
Nous avons encore maintenu par notre dite Déclaration du mois
de Décembre 1693, les Seigneurs particuliers, dans la perception des censives, & des rentes Seigneuriales & foncieres
qu'ils ont coutume de prendre sur aucun desdits Biens & droits
en vertu de leurs aveux, & dénombremens, & autres titres,
en nous payant le dixiéme de la valeur en fonds desd. Droits
des censives, lods, ventes & rentes Seigneuriales, & foncieres, suivant l'évacuation, qui en seroit faite ; & à l'égard
des Eglises, & monastères de fondation royale, nous les avons
maintenus & confirmés purement & simplement, sans payer aucune chose, dans la possession, & jouissance desd. Biens &
droits, à eux donnés, & concédés par cause de fondation, &
dotation desd. Eglises, & monastères, & seulement pour ce
qui est compris dans les titres de leurs fondations, & dotations
& que pour les autres Biens, & droits qui n'y seroient pas
compris, ou qui sont sortis de leurs mains même pour les crémens, ils seroient sujets au payement du vingtieme, ou dixieme
de la valeur présente, comme les autres Possesseurs, & dé-

tempteurs, & à la rédévance annuelle de cinq fols, n'ayant
entendu néanmoins comprendre par notre dit Edit du mois de
Décembre 1693 les Poffeffeurs, & propriétaires defdites Ifles
& crémens, compris dans les roles, & états, par nous arrêtés,
en conféquence de notre dite Déclaration de 1486, & Edit
de mille fix cens quatre vingt neuf, qui jouiront de la confirmation à eux accordée, & néanmoins pour rendre leur
condition égale, à celles des autres Poffeffeurs & détempteurs
& affranchir lefdits Biens, & droits de Champart, & rédévances impofées en conféquence defdits Edits & Déclaration,
qui pourront en empêcher la culture, & le commerce, même de celles impofées par les Fermiers de nos Domaines,
en conféquence de notre Déclaration de 1683 ; fi aucuns y a,
nous les avons quittés, & déchargés en nous payant le principal dudit Droit de Champart, & rédévance au denier dix-
huit, & pareille rédévance de cinq fols, qui a été depuis mo-
dérée à un dernier par notre dite Déclaration de 1694, & depuis nous aurions encore ordonné par l'Arrêt de notre Confeil du neuviéme Novembre 1694, que notre dit Edit du mois
de Décembre 1693, feroit exécuté, & que tous les détempteurs
propriétaires, & Poffeffeurs defdits biens, & Droits fur les
rivieres navigables, tant par bateaux, que par radaux notamment fur les rivieres de Garonne & d'Aude, aux endroits, où
elles portent bateaux & radaux feroient contraints au payement des fommes, pour lefquelles ils ont été employés dans
les états des récouvremens. Mais les gens de trois états de notre Province de Languedoc, confidérant que nous avons été
obligés de nous fervir de ces moyens pour pouvoir foutenir la
dépenfe d'une fi longue guerre, & que par le traité, fait en
exécution de l'édit du mois de Décembre 1693, & de l'Arrêt
de notre Confeil rendu le 9. Novembre 1694 ; nous étions
en état de rétirer une nouvelle finance, ils nous auroient offert
dans nos plus preffans befoins la fomme de deux cens quarante
mille livres, & les deux fols pour livre aux termes, & conditions portées par leur Délibération du onziéme Janvier 1695,
& demandé en même tems, qu'attendu que les fufdits Edits,
Déclarations & Arrêts du Confeil *font contraires aux ufages*
de ladite Province, & à la difpofition du droit écrit, qui la
régit, qu'il nous plût ordonner que les taxes faites fur les propriétaires, & Poffeffeurs des Ifles, & Iflots, attérriffemens, péages, bacs, moulins, & autres édifices & droits fur lefd. rivieres du Rhône, de Garonne, & d'Aude, ne pourront nuire,
ni préjudicier à la difpofition du droit écrit, & aux ufages

de ladite Province, ni aux titres de propriété, & de poſſeſſion des particuliers. A ces cauſes déſirant favorablement traiter
nos ſujets de ladite Province de Notre certaine ſcience, pleine
puiſſance & authorité Royale ; Nous avons par ce préſent Edit
perpétuel, & irrévocable, dit, ſtatué & ordonné, diſons,
ſtatuons, & ordonnons, voulons, & Nous plait que les taxes
qui ont été faites ſur les propriétaires, & Poſſeſſeurs des Iſles,
& Iſlots, attérriſſemens, accroiſſemens, Droits de péages, paſſages, bacs, bateaux, ponts, moulins, & autres édifices, &
droits ſur leſdites rivieres du Rhône, de Garonne, & d'Aude
qui ont été, ou ſeront payés en conſéquence de nos Edits,
& Déclarations du mois d'Avril 1668, 1683, & 1686, des
mois d'Août 1689, & Décembre 1693 ; & de l'Arrêt de notre
Conſeil du 9. Novembre 1694 ; *ne pourront nuire, ni préju-*
dicier à la diſpoſition du Droit écrit, & aux uſages de notre dite
Province, ni aux titres de propriété, & de poſſeſſion des par-
ticuliers, qui jouiſſent deſdits Biens & droits qui demeureront en
leur force & vertu. Si donnons en mandement à nos amés,
& féaux Conſeillers les gens tenant notre Cour des Comptes,
Aydes & Finances à Montpellier, que ces préſentes, ils ayent
a faire régiſtrer, & le contenu en icelles garder & obſerver
ſelon leur forme & teneur, nonobſtant tous Edits, Déclarations
& autres choſes à ce contraire, auxquelles nous avons dérogé,
& dérogeons par ces préſentes : car tel eſt notre plaiſir, en
témoin de quoi Nous avons fait mettre notre ſcel à ces dites
préſentes. Donné à Verſailles au mois de Septembre l'an de
grace mil ſix cens quatre-vingt dix-ſept, & de notre Régne
le cinquante cinquiéme. *Signé* LOUIS, par leRoi Phelipeaux
viſa Boucherat, vû au Conſeil Phelipeaux.

III.

Les Poſſeſſeurs de ces Iles, attérriſſemens
& autres droits ont été confirmés dans leurs
poſſeſſions en payant au Roi le 20 de la valeur & une rédévance annuelle de 5 ſ. par
arpent des biens fonciers, & pareille rédévance ſur chaque Droit de pêche, péage, paſſage, ponts, moulins, bacs.

Mêmes Déclarations citées sur l'art. précédent.

IV.

Les Seigneurs ont été maintenus dans la perception des censives , lods, rentes Seigneuriales ou foncieres en payant le 10 de la valeur en fonds.

Déclaration du mois de Décembre 1693.

V.

Un terrain qui a été inondé , & a fait partie de la riviere navigable pendant plus de dix ans , appartient au Roi , lorsque l'eau vient à se rétirer ; quoique l'ancien propriétaire ait conservé la Motte-ferme.

Ainsi jugé par Arrêt du Conseil du 10 de Février 1718 contre les P. P. Chartreux de Villeneuve-lez-Avignon.

Je doute que cette décision pût fournir un préjugé en faveur des Seigneurs. Elle paroit diamétralement opposée à cette régle rétracée par Loisel dans ses institutions coutumieres liv. 2. tit. 2. *La riviere ôte & donne au Seigneur haut justicier , mais Motteferme demeure au Seigneur très foncier.*

VI.

Les Rivieres non navigables , ruisseaux & sources étant aux terres gastes & incultes & autres lieux publics, & les ruisseaux formés par les eaux pluviales, appartiennent aux Seigneurs hauts-justiciers.

Il y a des coutumes qui en donnent la propriété aux Seigneurs des fiefs préférablement aux Seigneurs jufticiers. Guiot dans ses differtations fur les matieres féodales tom. 5 rappelle la difpofition de ces coutumes.

Le Droit commun eft pour le Seigneur haut-jufticier ; & la queftion s'étant préfentée entre le fieur de Villeneuve & le fieur de l'Ifle de Taulanne Coffeigneur de Seranon, il fut jugé par Arrêt de la Chambre des eaux & forêts rendu en 1754 que le droit de pêche qui eft une dépendance de la propriété des rivieres, étoit attaché à la haute-juftice. Le fieur de Villeneuve prétendoit qu'étant feul Poffeffeur de la directe univerfelle, il devoit jouir feul du droit de pêche.

Arrêt du Parlement de Touloufe du 12 de Juillet 1736, qui a jugé qu'en Languedoc le Seigneur haut-jufticier eft propriétaire des petits ruiffeaux. Journal du Palais de Touloufe.

Henris tom. 2. liv. 3. queft. 5 ; Bretonnier, tom. 1. ch. 3. queft. 36 : Chorrier fur Gui-Pape, tit. *des Droits Seigneuriaux*, fect. 11. art. 18. not. 3.

VII.

Le Droit de pêche dans les rivieres navigables appartient au Roi, & dans les rivieres non navigables au Seigneur haut-jufticier du territoire où elles coulent.

Boiffieu *de l'ufage des fiefs* ch. 37. St. Yon *des eaux & forêts* liv. 1. tit. 20. art. 23 ; Ferriere fur les queft. 514 & 577 de Gui-Pape. Voyez l'Arrêt que j'ai cité fur l'art. 6, & qui jugea que la propriété des rivieres & par conféquent la pêche qui en eft un fruit, appartient au Seigneur haut-jufticier.

VIII.

L'on ne peut pas prefcrire par la poffeffion même immémoriale contre le Seigneur haut-jufticier la faculté de la pêche dans les rivieres non navigables & ruiffeaux.

Arrêt rendu en 1736 en faveur du Seigneur de Thorame-la baffe contre la Communauté du même lieu, qui oppofoit un

Arrèt contraire, rendu en 1717, & qui avoit admis la preuve de la poffeffion en faveur de la Communauté de Bras.

Le Seigneur de Thorame n'avoit pas les régales. Il étoit prouvé que la Communauté les avoit acquifes à titre d'engagement ; mais le Seigneur foutenoit qu'ayant la haute-juftice & de plus la directe univerfelle, la propriété des eaux publiques lui appartenoit.

I X.

Le Seigneur peut affermer, céder, aliéner, même fans aucun démembrement de la juftice, la faculté de pêcher. Mais fi c'eft une Communauté d'habitans qui en a acquis le droit, il faut qu'elle l'afferme.

Il n'en eft pas de la pêche comme de la chaffe, qui ne peut être affermée, ni permife à des roturiers. Si tous les habitans ufoient de la liberté de pêcher, la riviere feroit bientôt dépeuplée. L'ordonnancede 1669 tit. *des bois*, *prés*, *marais appartenants aux Communautés* impofe l'obligation d'affermer. Arrêt du Parlement de Paris du 8ᵉ. de Février 1689 rapporté dans le Journal des Audiences.

X.

Il eft deffendu de pêcher à autre heure que depuis le lever du Soleil jufqu'à fon coucher, excepté aux Arches des Ponts où l'on peut pêcher tant de nuit que de jour, de même qu'aux moulins & aux gords où fe tendent des dideaux.

Art. 14. du tit. 31. de l'Ordonnance de 1669.

X I.

Il eft auffi deffendu de pêcher durant le

tems de fraye; savoir, aux rivieres où la truite abonde, depuis le 1. de Février jusques à la Mi-mars, & aux autres, depuis le 1. d'Avril jusques au 1. de Juin à peine de 20. liv. d'amende & un mois de prison. La pêche des Saumons, Alozes & Lamproyes est exceptée.

Art. 6. & 7 du même tit. de l'Ordonnance.

XII.

C'est un délit qui mérite punition corporelle, de jetter dans la riviere de la chaux, noix vomique, coque du levant, mommie & autres drogues ou appâts.

Art. 14 du même tit. de l'Ordonnance.

XIII.

Ceux qui ont Droit de pêche doivent observer les Réglemens faits par l'Ordonnance de 1669 & les faire observer par leurs Domestiques & par les pêcheurs, auxquels ils auront affermé le droit, à peine de privation de leur droit.

Art. 19. du même tit. de l'Ordonnance. Galon observe sur cet art. que les Prélats, Ecclésiastiques, Seigneurs, Gentilshommes, Communautés & particuliers sont tenus d'observer & faire observer ces Réglemens non seulement dans les rivieres navigables & flotables, dans lesquelles ils ont droit de pêche, mais encore dans les eaux & rivieres qui leur sont particulieres, pour la conservation & augmentation du poisson.

XIV.

Il n'est pas permis de prendre des pierres & du sable dans la riviere sans le consentement du Seigneur.

Arrêts du Parlement de Dijon rapportés dans la pratique des Terriers tom. 4. pag. 484.

XV.

Les Iles qui se forment & naissent du lit même de la riviere non navigable, appartiennent au Seigneur haut-justicier. Mais le terrain que le partage de la riviere laisse entre ses deux bras, ne forme pas une Ile, & il ne cesse pas d'appartenir à l'ancien propriétaire riverain.

Droit commun. Il est de l'essence d'une Ile qu'elle naisse dans la riviere ou soit formée par un amas de gravier & matériaux entraînés par le courant des eaux. *Insula in flumine nata.*

XVI.

La propriété des Iles peut-être perduë par la prescription de 30 ou 40 ans, si pendant cet espace de tems un tiers, & même un vassal en a joüi paisiblement.

Arrêt du Parlement de Toulouse rapporté par Geraud des Droits Seigneuriaux liv. 3. ch. 2. Il en est comme des usurpations faites dans les Terres gastes, dont la propriété appartient au Seigneur. Voyez ci-dessous tit. *des Biens nobles,* art. 34.

XVII.

L'alluvion ou attérrissement qui se forme insensiblement sur les bords des rivieres non navigables, appartient, quant au domaine utile, au Possesseur des fonds contigus. Le Seigneur y acquiert seulement la justice & la directe.

Dupérier tom. 1. liv. 1. quest. 3 ; De-cormis tom. 1. col. 1195. Boniface tom. 4. pag. 167, où est rapporté un Arrêt qui jugea que l'alluvion avoit lieu même dans les champs limités.

XVIII.

L'alluvion ou attérrissement qui se forme tout à coup *vi fluminis* par un débordement, appartient au Seigneur haut-justicier.

Droit commun.

XIX.

Si le champ qui se trouve accru étoit soumis à une censive ou rédévance pour raison de chaque arpent ou autre mesure de terre, la rédévance doit être augmentée à proportion en faveur du Seigneur ; mais si elle a été imposée vaguement pour la totalité du fonds, il n'y a aucune augmentation pour raison de l'accruë.

Arrêt du Parlement de Toulouse du 14. d'Août 1597 rapporté par Maynard liv. 1. ch. 3.

I

XX.

Si le champ est soumis à un droit de tasque ou d'agrier, la partie qui est accruë par l'alluvion est aussi assujettie à cette rédévance.

Geraud trait. *des Droits Seigneuriaux* liv. 2. ch. 9.

XXI.

Si le Seigneur a un cens universel, le terrain qu'a donné l'alluvion, doit être soumis au cens réglé & fixé par la comparaison des fonds voisins.

Ainsi jugé par Arrêt rendu en 1753 en faveur du Seigneur de St. Michel contre Mr. de Beauchamps Lieutenant-général en la Sénéchaussée de Forcalquier.

XXII.

Le lit que la riviere abandonne appartient au Seigneur haut-justicier ; mais si après en avoir occupé un nouveau, elle reprend l'ancien, le propriétaire riverain qui a conservé Motte-ferme, reprend le terrain qui lui appartenoit.

Loisel instit. coutum. liv. 2. tit. 2. régle 9. la régle a été citée ci-dessus tit. *des régales.* Mr. de Boissieu *usage des fiefs* pag. 60. Boutaric dans son trait. *des Droits Seigneuriaux* ch. *des rivieres.*

XXIII.

Si la riviere passe entre les limites de deux différentes jurisdictions, chaque Seigneur est propriétaire jufqu'au milieu du courant des eaux, & l'Ifle appartient à celui du côté duquel elle s'eft formée, & de la juftice duquel elle eft plus près.

Loifel inftit. cout. liv. 2. tit. 2. régle 12.

XXIV.

Les eaux pluviales ou les ruiffeaux qu'elles forment, appartiennent au Seigneur haut-jufticier, nonobftant toute poffeffion même immémoriale.

Chorrier, Jurifprudence de Gui-pape fect. 12. art. 18. ubi Arrêt du Parlement de Grenoble du 9. de Juillet 1671. Baffet tom. 2. liv. 3. tit. 7. ch. 1. Jugement des Commiffaires délégués pour la renovation du terrier de Sa Majefté rapporté par l'Auteur de la pratique des terriers tom. 4. pag. 515.

TITRE HUITIEME.
Du Tréfor trouvé.

I.

L'On entend par tréfor un dépot d'or ou d'argent, fi ancien, qu'on n'en ait plus de mémoire.

Leg. 41 ff. de acquir. rer. Domin. leg. unic. cod. de Thefauris. Arrêt du 11 d'Août 1699 rapporté dans le Journal du Palais de Touloufe, confirmatif d'une fentence, qui avoit ordonné le partage d'un tréfor trouvé par l'acheteur du fol d'une maifon démolie, entre lui & le vendeur. Celui-ci prétendoit qu'on avoit dû le lui adjuger entièrement ; parce que *non erat fetur pecunia.* Il vouloit le prouver par le tems où les monnoies avoient été frappées. Il prouvoit de plus que la maifon qui avoit été bâtie fur le fol vendu & enfuite démolie , avoit appartenu à fes Auteurs.

Mais la démolition avoit été faite depuis le commencement du fiécle. Le Prince au coin duquel une partie de ces efpèces étoit marquée (Philippe II Roi d'Efpagne) avoit commencé à régner en 1555. L'autre Prince (Henri III. Roi de France) étoit mort en 1589 , il y avoit donc plus de cent ans.

Cet Arrêt paroît fingulier. Il jugea, qu'il s'agiffoit véritablement d'un tréfor ; pourquoi donc en ordonna-t-on le partage ? Il devoit appartenir entièrement à l'acquereur du terrein , où il l'avoit lui-même trouvé. Voyez ci-deffous. art. 11.

II.

Les bagues & pierres précieufes ne font pas mifes au rang des tréfors.

L'hommeau jurifp. franc. art. 6 ; Duval inflit. du Droit franc. liv. 2. ch. 1.

III.

La difpofition du droit romain , qui adjugeoit le tréfor à celui qui l'avoit trouvé dans fon propre fonds , & en ordonnoit le partage , lorfque tout autre que le propriétaire même du fonds en avoit été l'inventeur , eft encore fuivie dans les Provinces régies par ce même Droit.

Boutarie trait. *des Droits Seigneuriaux* , tit. *du Tréfor trouvé* ; où il rapporte l'Arrêt rendu par le Parlement de Touloufe au fujet d'un tréfor trouvé par des Maçons qui bâtiffoient le Palais de l'Archevêché. Le Fermier du Domaine en avoit réclamé une portion , & cette demande fut rejettée. l'Arrêt cité fur le 1ᵉʳ. art. fournit un autre décifion fur ce point , puifque l'on ordonna un partage , où le Seigneur jufticier n'eut rien.

Bouraric rapporte un Arrêt du 9. de Juillet 1697 conforme à cette maxime.

Voici ce qui avoit été remarqué à ce fujet par Mr. Furgole dans fes collections Mff. » Le Tréfor trouvé dans fon propre » fonds appartient entièrement au propriétaire. S'il eft trouvé » dans le fonds d'autrui fans deffein prémedité, la moitié en » appartient à l'inventeur, & l'autre moitié au propriétaire du » fonds ; ce qui a lieu, quoique le fonds appartienne au Roi; » § *Thefaurus* 4°. *inflit. de rerum divif.* Duval inflit. du Droit » François liv. 2. ch. 1. Ferriere dans fes inflit. du Droit Franc. » tit. *de la divifion des chofes*, rapporte plufieurs Arrêts con-» formes. Dans le pays coutumier on adjuge autrement le » Tréfor trouvé; car il appartient pour un tiers à l'inventeur, » pour un autre tiers au propriétaire du fonds où il a été trouvé, » & pour l'autre tiers au Roi ou au Seigneur jufticier fuivant » une Ordonnance de St. Loüis rapportée par Expilli plaid. 37. «

IV.

En Provence nous avons adopté la régle établie dans les pays coutumiers. Le Seigneur haut-jufticier a la moitié du Tréfor, s'il a été trouvé par le propriétaire, qui en a l'autre moitié; & fi la découverte a été faite par un autre, le Tréfor eft partagé par tiers entre le Seigneur haut-jufticier, le maitre du fonds eft l'inventeur.

Il m'a toujours paru étrange de rémonter en matiere de fiefs & de droits Seigneuriaux à la difpofition du Droit Romain, qui ne les connoiffoit pas abfolument. A le prendre pour régle à l'égard des Tréfors trouvés, il faudroit s'y conformer auffi par rapport à la propriété des rivieres, épaves & autres chofes que le droit des fiefs donne aux Seigneurs hauts-jufticiers. Or à cet égard la régle eft générale, & les Pays régis par le Droit Romain ont adopté la maxime établie dans les pays coutumiers.

L'Arrêt rendu le 27 de Mai 1611 entre Madame la Du-cheffe de Mercœur & l'Abbé du Mont-majour, & qui régla

les Droits du haut-juſticier & ceux du moyen & bas, déclara
appartenir à la dite Dame en qualité de haut-juſticier les confiſ-
cations , deſhérences , Biens vacants , épaves , droit de Bâtardiſe ,
& Tréſors cachés. Cet Arrêt eſt rapporté par Bomy dans ſes
mélanges ch. 6 ; Paſtour de *ſeudis* lib. 1. tit. 1.

V.

Si le Tréſor a été trouvé à deſſein & non
par hazard, l'inventeur n'a rien à y prétendre.

Leg. unic. cod de Theſauris. Lebret trait. *de la Souveraineté*
part. 2. liv. 2 déciſ. 4.

VI.

L'uſufruitier n'a aucun droit ſur le tréſor ;
& par la même raiſon le mari n'acquiert
pas la propriété de celui qui a été trouvé
dans le fonds dotal ; mais il a droit d'en
joüir comme d'un acceſſoire de la dot.

Leg. 7. §. 12 *ff. ſolut matrim.* Dumoulin ſur la cout. de Paris §. 1. gloſ. 1. n. 60

Suivant Mr. Benoit *in cap. rainutius* v°. *cœtera bona* , l'uſufruitier doit avoir l'uſufruit ſur le Tréſor trouvé. Mais cette
opinion n'eſt pas ſuivie. *Theſaurus non eſt in fructu ,* comme dit
Dumoulin.

VII.

Le Tréſor trouvé dans un chemin ou autre
lieu public appartient par égales portions ou
au Roi ou au Seigneur haut-juſticier & à
l'inventeur.

Bacquet trait. *des Droits de Juſtice* ch. 32 n. 19 ; Berthelot
des droits du Domaine ch. 34.

VIII.

Si le Tréfor eft trouvé dans une Eglife, le Seigneur jufticier n'y a aucun droit.

Les Auteurs fe réüniffent à le décider ainfi, mais ils ne font pas d'accord fur la queftion, fi l'inventeur doit en avoir une portion.

Lebret *de la Souveraineté* part. 1. liv. 5 décif. 4. Bacquet *des Droits de Juflice* ch. 32. n. 29.

IX.

L'inventeur a la moitié de celui qu! a été trouvé dans un Cimetière public, & l'Eglife l'autre moitié.

Chopin *de Domanio* lib. 2. tit. 5. n. 12.

X.

L'action criminelle peut-être intentée contre celui, qui ayant trouvé un Tréfor dans le fonds d'autrui, cache cette découverte pour fe l'approprier entièrement.

Arrêt du Parlement de Grenoble rapporté par Baffet tom. 2. liv. 7, tit. 10, ch. 1.

A plus forte raifon doit-il n'y avoir aucune part. *Qui thefaurum inventum fupprefferit in fraudem fifci, totum amittit. leg. non antelligitur, §. 11 ff de jure fifci.* Ainfi jugé pour le Tréfor trouvé au Palais de l'Archevêque de Touloufe, & dont Boutaric fait mention dans fon trait. *des Droits Seigneuriaux.*

XI.

Le Seigneur direct n'a rien à prétendre

I 4

fur le Tréfor trouvé dans le fonds emphitéotique.

* Dumoulin cout. de Paris § 55. glof. 10. n. 4.

XII.

Le Tréfor trouvé dans la terre vendue
appartient à l'acheteur & le vendeur n'y a
aucune part.

Leg. 67. ff. de rei vendicat. Mornac fur cette loi.
Cependant l'Arrêt rapporté fur l'art. 1. en adjugea la moitié
au vendeur du fol de la maifon démolie.

TITRE NEUVIEME

Des Epaves.

I.

LEs chofes mobiliaires & les bêtes, qui
ayant eu un maître, ont été égarées
font également comprifes fous le mot d'épaves.

Ubique paffim.

II.

Les pigeons, les paons, les abeilles, quoique mis au rang des animaux fauvages par
le droit romain, font au nombre des épaves.

La place, Introduction aux Droits Seigneuriaux pag. 192.
Plufieurs coutumes renferment une difpofition expreffe par
rapport aux abeilles.

III.

Les bois à bâtir, à brûler, & autres que les eaux des rivieres & ruisseaux entraînent, sont épaves, si leur maitre est inconnu ; car il est permis de les réclamer & l'on en est crû propriétaire en affirmant à serment qu'on l'est.

Ainsi jugé par Arrêt du Parlement de Toulouse rapporté par Géraud trait. *des Droits Seigneuriaux* liv. 3. ch. 5. n. 4. & par Catelan liv. 3. ch. 30.

IV.

Les épaves appartiennent au Seigneur haut-justicier du lieu où elles sont trouvées.

Bacquet trait. *des Droits de Justice* ch. 33 ; Loisel instit. cout. liv. 2. tit. 2. reg. 50 ; Mr. de Boissieu de *l'usage des fiefs* ch. 62 ; Pastour *de feudis* lib. 1.

V.

C'est à l'usufruitier & au fermier & non au propriétaire des droits de justice que les épaves appartiennent.

Taisand cout. de Bourgogne art. 2. Bouhier sur la même cout. tom. 2. n. 68. & 72.

VI.

L'épave peut être toujours réclamée tant que les formalités prescrites pour pouvoir en acquerir la propriété, n'ont pas été remplies.

Livoniere Trait. des fiefs liv. 6. ch. 5. croit qu'elle peut l'être pendant trois ans , espace de tems fixé pour la prescription des choses mobiliaires , & même tant que la chose est existante & non consommée. Cette opinion est singuliere.

V I I.

Les formalités sont la dénonciation ou publication pendant trois Dimanches consécutifs à l'issuë de la Messe paroissiale ; & après avoir attendu 40 jours à compter depuis la premiere proclamation , sans que personne ait réclamé l'épave ; le Seigneur doit en faire prononcer l'adjudication en sa faveur par son juge.

Il y a des coutumes qui ne font courir les 40 jours que depuis la derniere publication ; mais celle de Paris en fait commencer le cours depuis la premiere.

V I I I.

Si dans cet intervalle le propriétaire réclame l'épave , il doit payer la nourriture , garde & frais de justice.

Droit commun.

I X.

L'inventeur de l'épave n'y a aucune part ; & s'il ne la dénonce , il peut être condamné à une amende.

Droit commun.

X.

Lorsque les choses perdues ont causé quel-

que dommage dans les terres d'un particulier
où elles font trouvées , le propriétaire qui les
réclame ne peut pas les recouvrer fans payer
ce dommage , pourvû qu'il foit conftaté qu'il
a été caufé par les chofes perdues.

Arrêt du 4 d'Août 1678 rapporté par Mr. de Catelan liv. 3 ch 30.

XI.

Il y a des épaves fur l'eau comme fur la
terre. Les effets jettés à la mer pour caufe
de tempête ou pourfuite des pirates ou ennemis ; 2°. Les chofes qui proviennent du crû
de la mer & qui font trouvées fur le rivage,
comme font les perles , le corail , l'ambre ,
&c. 3°. L'argent & bijoux trouvés fur un ca-
davre noyé. 4°. Ses vêtemens. 5°. Les débris
d'un Navire ou batteau. 6°. Les poiffons Royaux ou à lard échoués & trouvés fur les greves.

Voyez l'Ordonnance de 1669 tit. 31 & Galon *ibid* & l'Ordonnance de la Marine tit. 7. art. 1. 2. & 3.

XII.

Les enfants expofés font une efpèce d'é-
pave onereufe ; & par l'ufage des autres Provinces les Seigneurs hauts-jufticiers font chargés de leur nourriture. En Provence cette
charge eft rejettée fur les Communautés
d'habitans.

Arrêts rapportés par Boniface tom. 2 liv. 6 ch. 1. L'usage que nous n'avons pas adopté est fondé sur cette raison : que les Seigneurs hauts-justiciers recueillent la succession des bâtards & de ceux qui meurent sans laisser des héritiers testamentaires ou légitimes : *ubi emolumentum , ibi onus esse debet.*

TITRE DIXIEME.

De la Confiscation pour Crime & pour félonie.

I.

EN Provence la confiscation n'a lieu qu'en deux cas ; pour crime de Leze-Majesté & pour félonie.

Il n'y a pas été dérogé à la disposition de la novelle 134 de l'Empereur Justinien , & l'on n'y connoit pas cette maxime , dont Loisel a formé une règle du Droit François : *qui confisque le corps confisque les Biens.*

Dans les Provinces où la confiscation pour crime a lieu , elle appartient incontestablement au Seigneur haut-justicier ; excepté pour certains cas tels que celui de Leze-Majesté , de fausse-monnoie , falsification des lettres & sceaux de la Chancelerie , d'hérésie. Mais lorsqu'elle est adjugée pour félonie , elle appartient au Seigneur féodal ou foncier , envers qui la félonie a été commise. Ferrieres sur la quest. 34. de Gui-Pape ; Despeisses *des Droits Seigneuriaux* tit. des hautes justices art. 2.

II.

La confiscation pour crime de Leze-Majesté a lieu même pour les Biens situés hors du Royaume.

Ferrieres sur la quest. 431 de Gui-pape.

III.

Ce cas excepté, les Biens situés dans un pays, où la confiscation n'a pas lieu, ne font pas confifqués; quoique le condamné foit jugé dans une Province où elle a lieu. Ces Biens appartiennent aux héritiers légitimes.

Arrêts rapportés par Mr. Maynard liv. 8 ch. 86 la Roche-flavin des *droits Seigneuriaux*, liv. 6 tit. 23 art. 1 ; Bafnage art. 143 de la cout. de Normandie.

IV.

Lorfque les biens mouvans d'un fief font confifqués au profit du Roi pour crime de de leze-Majefté, il doit ou vuider fes mains, ou donner une indemnité au Seigneur.

Boutaric trait. des *droits Seigneuriaux* tit. *de la confifcation.*

V.

Les biens confifqués au profit du Roi font affranchis de toute charge, telle que fideicommis, droit de retour, hypothéques.

Brodeau fur Louet lettre E ch. 53. Paftour liv. 7 tit. 3 ; la Roche-Flavin liv. 6 tit 23 n. 4 & Graverol.

Mais cela ne doit être entendu que du cas, où la confifcation eft prononcée pour crime de leze-Majefté au premier chef. Encore dans ce cas la femme peut demander fa dot & avantages nuptiaux. La-Roche-Flavin fous le mot *confifcation* art. 5, & fous le mot *dot* art. 16. Dans les cas ordinaires, c'eft-à-dire, lorfque le Roi a la confifcation comme Seigneur jufticier, il est tenu de payer les dettes comme tout autre Seigneur.

Il y a un Arrêt du Parlement d'Aix rendu en 1717 en faveur des créanciers du sieur B..... dont les biens furent confisqués au profit du fils du Seigneur de Beauduen qui avoit été assassiné.

VI.

Lorsque les biens du pere sont confisqués, le pecule castrense du fils n'est pas confisqué, & lorsque les biens du fils sont confisqués, ce même pecule ne l'est pas & reste au pere.

Leg. 3 § 4 ff de minor. & leg. si filius 3 cod. de bonis proscrip.

VII.

Les biens donnés ne sont pas confisqués au préjudice du droit de retour.

Mainard liv. 2 ch. 9 Papon liv. 21 tit. 1 art. 24.

VIII.

Les alienations faites par l'accusé ne préjudicient pas à la confiscation. Elles sont toujours présumées faites en fraude ; & lorsque la confiscation survient, elles sont revoquées.

Arrêt du 19 d'Août 1658 rapporté par Mr. de Catellan liv. 3 ch. 43 au sujet d'une donation faite par un accusé qui fut ensuite condamné à la mort.

Henris tom. 2 liv 4 quest. 36. Le Pretre cent. 1 ch. 85. Ricard des donations part. 1 ch. 3 sect. 4 n. 243. Lebret part. 2 liv. 3 decis. 4. Catelan liv 3 ch. 30.

I X.

Le tiers des biens confisqués est prelevé pour la femme & les enfans , & ce tiers est pris sur la totalité sans distraction des frais faits par le Seigneur pour la poursuite du crime.

Arrêts rapportés par Mr. Mainard liv. ch. 4. Mr. Cambolas liv. 1 ch. 4 ; Mr. de Catellan liv. 2 ch. 98.

Ce tiers se divise en deux portions égales , dont la femme prend une moitié , & les enfans l'autre ; & si quelqu'un des enfans meurt , la mere lui succéde en propriété avec ses autres enfans , quoiqu'elle se soit remariée ; parce qu'il s'agit d'une indemnité accordée par la loi , & non d'une liberalité qui doive être prise sur les biens du mari. L'Arrêt de 1580 le jugea ainsi.

X.

Les biens immeubles appartiennent au Seigneur haut justicier du lieu où ils sont situés ; les meubles au Seigneur justicier du lieu du Domicile ; & les dettes actives au Seigneur haut-justicier de la terre où demeurent les debiteurs. Chacun des Seigneurs est tenu des frais de justice à proportion du profit.

Arrêt du 25 de Juillet 1585 rapporté par Mr. Mainard liv. 2 ch 84.

X I.

La confiscation a lieu pour le suicide ; quoique celui qui l'a commis ne fût pas accusé.

Cette décision est contraire à celle de la loi 3 ff *de bonis eorum qui ante* &c de la loi 1 *cod. eod.* & à l'ancienne jurisprudence attestée par Mr. Mainard liv. 6 ch. 86 , & liv. 3 ch. 85 ; par Mr. de la Roche-flavin liv. 1 fous le mot *confiscation* art. 1 ; Mr. d'Olive liv. 1 ch. 40.

Mais comme suivant l'Ordonnance criminelle de 1670 tit. 22 art. 16 le procès doit être fait à la mémoire de ceux qui se font tués *tædio vitæ*, il n'est pas douteux que la confiscation ne doive avoir lieu , comme l'observent Boutaric trait. des *droits Seigneuriaux* tit. de *la confiscation*, & Ferriere fur la cout. de Paris art. 184 § 1 n. 26.

XII.

Si l'accusé meurt après l'Arrêt , mais avant l'exécution , la confiscation n'a pas lieu.

La loi 3 *cod. si reus vel accus.* la loi 10. *cod. de jure fisci.* Mr. Mainard liv. 4 ch. 52. Mr. d'Olive liv. 5 ch. 8. A plus forte raifon la confiscation n'a-t-elle pas lieu , lorfque l'accusé meurt après avoir appellé de la Sentence de condamnation ; *cum appellatio extinguat judicatum.*

Mr. Mainard liv. 8 ch. 89 rapporte un Arrêt , qui adjugea la confiscation ; quoique le prevenu fut mort avant la condamnation , mais après avoir confeffé le crime qui n'étoit pas éteint par la mort.

XIII.

La confiscation pour crime de félonie est autant un droit de fief que de justice ; dans le concours d'un Seigneur justicier & d'un Seigneur féodataire les biens feront confisqués au profit de celui envers qui le crime a été commis, à l'exclusion de l'autre.

Voyez la note fur l'art. suivant.

XIV.

XIV.

Quoique le Seigneur ou Coseigneur feodataire, envers qui la félonie a été commise participe auffi à la haute juftice, il n'y a de confifqués à fon profit que les feuls biens mouvans de fa directe.

Ainfi jugé par Arrêt rendu en 1727 en faveur des créanciers du fieur B. qui par Arrêt du mois de Mars 1726 fut condamné à la mort pour avoir fait affaffiner le fieur Gravier Coseigneur de Bauduen. Une partie des biens fitués dans le terroir de Bauduen étoit affujettie à la directe de Mr. l'Evêque de Riez ; & il fut jugé que ces mêmes biens n'étoient pas compris dans la confifcation adjugée au fils du fieur Gravier.

Il y a cependant des doutes à former fur la juftice de cette décifion. Le fieur Gravier étoit auffi Seigneur juticier, & la portion qu'il avoit en la juftice, affectoit auffi ces mêmes biens mouvans de la directe de l'autre Coseigneur. Le fieur B. n'en eut-il poffedé aucuns fous celle du fieur Gravier, il n'en auroit pas moins été coupable de félonie ; & il n'y avoit aucun préjudice pour l'autre Coseigneur dans la confifcation des biens foumis à fa directe ; puifque celui qui les eut acquis par cette voye, les auroit poffedés fous cette même mouvance.

XV.

La félonie fe reduit à deux cas ; 1°. l'injure atroce, 2°. la denegation.

Graverol fur la Roche-flavin des *droits Seigneuriaux* ch. 32 art. 1.

XVI.

Le lien de vaffellage rend le delit refpectif entre le Seigneur & le Vaffal. En cas d'excès graves ou vexations commifes par le

Seigneur envers le vassal, il perd à jamais le droit de mouvance sur les biens de celui-ci, qui est aussi affranchi de la juridiction Seigneuriale & soumis à celle du Juge Royal plus prochain pendant sa vie.

Ferrieres sur la quest. 6 de Gui-pape ; la Roche-flavin & graverol ch. 32 art. 5 ; Pastour liv. 7 tit. 4. Arrêt rapporté par Boniface tom. liv. 1 tit. 6 ch. 1, & qui condamna le Seigneur de Montpezat à être banni à perpétuité de la Ville d'Aix, de la terre de Montpezat & de la Viguerie de Moustiers ; le déclara indigne de posseder des fiefs à l'avenir, le priva de sa jurisdiction sa vie durant, & ordonna qu'elle seroit exercée par le Juge Royal de Moustiers.

Arrêt du Parlement de Toulouse rendu en 1644 & rapporté par Albert lettre S ch. 2 qui condamna le sieur de Gabriac, pour avoir donné des coups de bâton à un de ses Vassaux qui n'étoit pas Gentil-homme, à une amende de 3000 liv. ; & le Vassal fut affranchi de sa Justice. Autres Arrêts rapportés par Mr. de la Roche-Flavin ch. 32 art. 1 & 5.

XVII.

Lorsque le Vassal est offensé par le Seigneur immediat, il demeure libre à son égard, & devient sujet immediat du Seigneur dominant ; mais il ne devient pas Vassal du Roi, si le fief est tenu en franc alleu par le Seigneur felon.

Du-Moulin §. 3 glos. 4 n. 13 & n. 15.

XVIII.

L'Eglise ne perd pas la Seigneurie directe, quoique le Prélat offense les Vassaux ;

mais le Prélat perd les revenus & l'adminiftration, & le Vaffal offenfé devient libre
pendant la vie du Prélat.

Du-moulin § 40 n. 75 & fuiv.

X I X.

On met au nombre des injures atroces
qui opérent la félonie ; fi le Vaffal abufe
de la femme du Seigneur, de fa Sœur qui
refte dans fa maifon, de fa fille, de fa bel-
le-fille, petite-fille *ex filio* ; s'il a commerce criminel avec la fiancée ou la mere du
Seigneur, qui n'a pas convolé en fecondes
noces, avec la veuve du Seigneur, pourvû
que le nouveau Seigneur foit fils ou petit-fils ;
ou s'il a eu commerce avec la veuve dans
l'an du deüil, pourvû que le nouveau Seigneur foit héritier direct ou collateral du
précédent Seigneur.

Du-moulin § 43 n. 136. 141. 143 & 144. Mornac fur les loix
1 & 2 cod. *de in jus vocando.* Defpeiffes *des droits Seigneuriaux*
pag. 181.

X X.

Le Vaffal qui donne un dementi en jugement à fon Seigneur, eft privé de l'ufufruit
du fief pendant la vie du Seigneur.

Mornac fur la loi derniere ff *de inoff. teftam.* Louët & Brodeau lett. f fom. 9 Graverol fur la Roche-Flavin ch. 32 art. 1.

XXI.

Les héritiers du Seigneur qui est mort sans se plaindre de la félonie du Vassal, ne peuvent pas demander la confiscation du fief ; excepté 1°. que pour quelque conjecture on ne pût présumer que l'injure n'avoit pas été remise ; 2°. s'il avoit chargé l'héritier d'en poursuivre la vengeance. 3°. s'il avoit ignoré l'injure ; 4°. s'il a été prevenu par la mort, & qu'il n'ait pas eu le tems de s'en plaindre.

Du-moulin § 43 n. 43. 51 & 126. Mornac sur la loi 30 *cod. de inoff. testam.*

XXII.

Si le Vassal meurt avant que le Seigneur se plaigne de la félonie, elle est éteinte ; & le Seigneur ne peut plus en faire aucune poursuite.

Du-moulin § 43 n. 128.

XXIII.

Le Vassal qui denie le fief, le confisque au profit du Seigneur dominant ; mais il faut que le Déni soit formel, spécifique & absolu.

Arrêt du 24 de Novembre 1570 rapporté par Mr. Mainard liv. 6 ch. 53 ; Graverol sur la Roche-flavin ch. 9 art. 3. Du-moulin § 43 n. 8.

XXIV.

Il y a trois sortes de Déni ; 1°. de la personne & du lieu dominant ; 2°. de la personne seulement 3°. de la chose seulement, lorsqu'on soutient qu'elle est dépendante d'un autre fief.

Du-moulin § 43 n. 9. 10. 11. & 29.

XXV.

Le prodigue à qui l'administration de ses biens a été interdite, peut confisquer son fief par félonie & non pas par déni.

Du-moulin § 43 n. 91 & 93.

XXVI.

La félonie ou le déni du propriétaire ne nuit pas à l'usufruitier, dont l'usufruit subsiste nonobstant la confiscation.

Du-moulin § 43 n. 114 & 115.

XXVII.

Le Vassal qui reconnoit le fief à un autre Seigneur, ne le confisque pas ; pourvû qu'il ne dénie pas lorsque le Seigneur l'interpellera.

Du-moulin § 43. n. 165. Boiffieu de *l'usage des fiefs* ch. 9.

XXVIII.

Lorsque le Seigneur reçoit le vaſſal à faire l'hommage, il eſt cenſé avoir remis l'injure, qui pouvoit donner lieu à la confiſcation du fief, ſi l'injure lui étoit connuë ; quand même il reſerveroit le droit de confiſcation.

Du-moulin § 43 n. 130.

XXIX.

Quand le fief eſt confiſqué pour félonie ou pour déni, les bâtimens qui ont été faits, les accroiſſemens par alluvion, tout cede au fonds ; & tout ce qui a été acquis par le Vaſſal dans le deſſein de le rendre féodal, & reconnu au Seigneur eſt confiſqué, ainſi que les méliorations & réparations. Mais les choſes qui ne ſont pas unies & qui ſubſiſtent par elles mêmes, comme la juriſdiction, les meubles, ne ſont pas confiſquées.

Du-moulin § 43 n. 116.

XXX.

Les charges impoſées ſur les biens confiſqués au profit du Seigneur, fidei-commis, droit de retour, hypothéques, ſubſiſtent.

Ainſi jugé par un Arrêt rendu en 1717 après partage

en faveur des créanciers du sieur B. Il n'y a que les biens
confisqués au profit du Roi qui soient affranchis de ces charges.
Voyez les Auteurs cités ci dessus art. 3 , qui établissent cette
différence. De-cormis tom. 1 col 1066.

XXXI.

Si le condamné pour crime de félonie obtient du Roi des lettres de rémission par justice , il rentre dans tous les biens confisqués ,
même dans ceux qui avoient été aliénés par
le Seigneur après la confiscation. Si les lettres ont été accordées par grace , il ne reprend que les biens extants.

Voyez sur cette différence entre *restitutionem justitiæ & restitutionem gratiæ* l'art. 36 du tit. 2.

XXXII.

Le Seigneur en faveur de qui les biens
ont été confisqués pour crime de félonie , est
recevable à s'opposer à l'entérinement des lettres de grace.

J'ai cité sur l'art. 38 du titre de l'administration de la justice
des Arrêts , qui déclarerent le Seigneur non recevable. Mais là
il n'agissoit pas comme partie , & seulement par rapport à
l'amende prononcée en faveur de sa justice ; au lieu qu'ici il est
lui-même la partie offensée.

TITRE ONZIEME.

Du Droit de Bâtardife & des Biens vacans.

I.

LE Seigneur haut-juſticier recueille la ſucceſſion du Bâtard mort ſans Teſtament, ſans enfants & ſans femme.

Droit commun. Le Bâtard peut diſpoſer de ſes biens par Actes entre vifs ou par teſtament. S'il meurt ſans teſtament, mais laiſſant des Enfants nés de légitime mariage, ils lui ſuccédent ; au défaut d'Enfants ſa femme recueille en vertu de l'Edit du prêteur *unde vir & uxor*, à l'excluſion du Seigneur haut-juſticier.

II.

Trois conditions ſont néceſſaires pour l'exercice de ce droit. 1°. que le Bâtard ſoit né dans le diſtrict de la juſtice. 2°. qu'il y eut ſon domicile. 3°. qu'il y ſoit mort. Une de ces trois conditions manquant, le Roi exclud le Seigneur haut-juſticier.

Bacquet du *Droit de Bâtardiſe*. ch. 8. n. 5.
Boutaric trait des *Droits Seigneuriaux*, titre du *Droit de Bâtardiſe*.

III.

Dans le doute ſur le lieu de la naiſſance, on préſume que le Bâtard eſt né dans l'é-

tendue de la juſtice où il étoit domicilié, &
où il eſt mort.

Boutaric *ibid.*

I V.

Le Seigneur ne ſuccéde qu'aux Biens ſitués ou trouvés dans l'étendue de ſa Juriſdiction. Le Roi a les autres; les Seigneurs
où ſe trouvent ces biens, ne pouvant réunir
les trois conditions.

Bacquet trait. du *Droit de Bâtardiſe.* part. 1. ch. 8. n. 18,
& trait. *des Droits de juſtice.* ch. 23. n. 3.

V.

Le Roi réclamant la ſucceſſion du bâtard, qui pourroit appartenir par Droit
de deshérence au Seigneur haut-juſticier,
doit prouver la bâtardiſe.

Arrêt du 18 de Septembre 1688 rapporté par Boniface tom.
4 liv. 1. tit. 1 ch. 1. Quoique cet Arrêt ait été rendu en faveur
d'un particulier, qui comme ſe prétendant légitime ſucceſſeur,
ſoutenoit que le défunt n'étoit pas bâtard, ſa décifion peut
s'appliquer au cas poſé dans cet art.

V I.

Lorſque le Roi acquiert par droit de Bâtardiſe ou deshérence des biens ſitués dans
un fief, cette acquiſition ne les affranchit
pas des droits Seigneuriaux auſquels ils étoient
ſoumis.

Arrêt du 26 de Mai 1626 rapporté par Boniface tom. 1. liv. 3 tit. 1 ch. 3. Les biens acquis au Roi avoient été adjugés aux enchéres ; le ceſſionnaire du retrait féodal expulſa l'acquereur.

VII.

Les biens vacants par défaut d'héritiers teſtamentaires & légitimes appartiennent au Seigneur haut-juſticier par dèsherence.

Il ne faut pas confondre avec les biens vacans , dont il eſt queſtion ici , ceux d'une ſucceſſion vacante , mais où un curateur nommé en Juſtice repréſente l'héritier qui s'eſt abſtenu. Le Seigneur n'a aucun droit à ceux-là.

Il y a trois autres ſortes de Biens vacans. 1°. les terres vaines & incultes , qui n'ont jamais eu un maître. 2°. les Biens , dont la propriété à été degguerpie au Seigneur. 3°. les Biens , dont le propriétaire a abandonné la culture. Dans la ſeconde partie de cet ouvrage il ſera queſtion du déguerpiſſement & des terres vaines & incultes. Ici je ne traiterai que des biens acquis par droit de dèshérence & des Biens vacants par défaut de culture.

VIII.

Le Droit de dèshérence eſt exclus par la ſucceſſion introduite entre mari & femme par le droit Romain en défaut de parents.

Boutaric trait. *des Droits Seigneuriaux* tit *du Droit de Dèshérence* , même raiſon de décider qu'à l'égard du Droit de Bâtardiſe.

IX.

La parenté exiſte à l'effet de ſuccéder *ab inteſtat* au de-là du dixieme degré , tant que la ligne n'eſt pas éteinte.

Ceux qui ont expliqué ces expreſſions employées par l'Empereur Juftinien, *agnationis jure admitti aliquem ad hæreditatem,* *etfi decima gradu fit,* comme défignant qu'il n'y avoit plus de parenté au-delà de ce degré, ne fe font pas apperçus que le 10.e degré n'eft propofé là que par forme d'exemple & non par limitation.

Loifeau *des Seigneuries* ch. 12 n. 101 & fuiv.

X.

Si les biens de la fucceffion tombée en dèshérence font fitués ou trouvés en différentes parties, chacun des Seigneurs hauts-jufticiers recueille ceux qui font de fon diftrict, & contribue à proportion au payement des dettes.

Lebret trait. *de la Souveraineté* liv. 3 ch. 13. de Cormis tom. 1 col. 1097.

XI.

La dèshérence fuit le territoire où les fonds font fitués, & non celui du domicile du decedé. Les meubles fuivent la perfonne, & ils doivent ainfi que les dettes actives & rentes conftituées, appartenir au Seigneur du domicile.

Loifeau *des Seigneuries* ch. 12 depuis le n. 88 jufques au n. 94.

XII.

Ce n'eft pas au Seigneur haut-jufticier, mais au Seigneur foncier & direct qu'appartiennent les biens abandonnés & laiffés fans culture.

Il ne faut pas croire que la déclaration que je rapporterai fous l'art. fuivant, ait privé le Seigneur de la préférence qu'il doit avoir à l'égard de ces biens, que l'on peut regarder dans un fens comme deguerpis mais fans formalités. Tout ce qu'on peut induire de ce défaut ou omiffion de formalités, eft que les biens ne feront pas poffedés noblement & en franchife de tailles ; & le Seigneur les poffedera comme les poffederoient ceux, à qui l'adjudication en feroit faite conformément à cette déclaration.

Quant à la préférence du Seigneur foncier & direct, on peut confulter Loifeau *des Seigneuries* ch. 12 n. 122 ; Geraud *des droits Seigneuriaux* liv. 3 ch. 5 n. 10. Il y a même une décifion formelle fur cette queftion dans un Arrêt du Confeil du 4 de Décembre 1663. Il fut ordonné que dans un mois après la publication de cet Arrêt les propriétaires & autres pretendans aux biens abandonnés en reprendroient la poffeffion, autrement déchus de tous leurs droits, & leurs fonds réünis par déshérence & en roture *aux Seigneurs cenfiers & directs*, pour en paffer un mois après nouvelle inveftiture à des perfonnes contribuables ; & ce delai paffé, les fonds demeureront irrevocablement acquis aux Communautés, quittes des arrerages des rentes, pour être ces fonds baillés à des perfonnes folvables, qui en payeront la taille, &c.

XIII.

En défaut du Seigneur, tout particulier peut acquerir la propriété de ces biens, dont la culture a été abandonnée, en s'en rendant adjudicataire fous la charge d'en payer la taille & d'acquitter les redevances Seigneuriales.

Déclaration du Roi, concernant les biens abandonnés en Provence. Donnée à Paris le 6 Novembre 1717. Regiftrée en Parlement.

Louis par la Grace de Dieu, Roi de France & de Navarre, Comte de Provence, Forcalquier, & Terres adjacentes : A tous ceux qui ces préfentes Lettres verront, Salut. L'utilité que la

Province de Languedoc retire journellement de l'exécution de
nôtre Déclaration du 16. Janvier 1714. par laquelle nous avons
accordé à ceux qui se rendroient adjudicataire des Biens abandonnés, pour les mettre en culture, l'exemption des Impositions pendant cinq années, nous ayant fait écoûter favorablement les très-humbles supplications qui nous ont été faites,
par les Gens des Trois Etats de nôtre Pays de Provence, d'accorder à nos sujets de ladite Province qui desirent de s'adonner
à la culture des Biens abandonnés, les mêmes avantages, Nous
nous y sommes portez d'autant plus volontiers, que nous sommes persuadez que les Villes & Lieux, & même les Vigueries qui doivent profiter de cette grace, concourront de leur
part au succès d'une entreprise dont ils connoissent l'importance :
A ces causes, de l'Avis de nôtre très-cher & très-amé Oncle
le Duc d'Orleans, petit Fils de France, Regent, de nôtre très-
cher & très-amé Cousin le Duc de Bourbon, de nôtre très-
cher & très-amé Cousin le Prince de Conty, Princes de nôtre Sang
de nôtre très-cher & très-amé Oncle le Duc du Maine, de nôtre
très-cher & très-amé Oncle le Comte de Toulouse, Princes le-
gitimez, & autres Pairs de France, grands & notables Per-
sonnages de nôtre Royaume ; Nous avons par ces presentes signées de nôtre main, dit, declaré & ordonné, disons, declarons & ordonnons, voulons & nous plaît.

ARTICLE PREMIER.

Que ceux qui se rendront adjudicataires des Biens abandonnez, sans Actes ni formalitez de Justice, dans l'étenduë de nôtre Province de Provence, soient & demeurent déchargez comme nous les déchargeons du payement de la Taille, de la
Capitation & autres Impositions, tant ordinaires qu'extraor-
dinaires qui seront faites, pour raison desdits Biens,
pendant cinq années, à compter du jour que lesdits Biens
leur auront été adjugez. Voulons que sur les Ordonnances
du sieur Lebret Président du Parlement p'Aix, Intendant
en Provence, la Taille des Biens abandonnez ; & la Capitation soient passez en reprises aux Particuliers qui les cultive-
ront, par les Trésoriers des Villes & Lieux, aux Trésoriers
par les Receveurs des Vigueries, ausdits Receveurs, par le
Trésorier de ladite Province, & audit Trésorier, par le
garde de nôtre Tresor Royal.

ART. II.

Dechargeons pareillement les adjudicataires des Biens abandonnez pendant ledit temps de cinq années du payement de tous droits Seigneuriaux qui nous sont dûs, pour raison desdits Biens, tant du passé que de ceux qui pourront échoir pendant lesd. cinq années.

ART. III

Dechargeons en outre lesdits adjudicataires de tutelle, curatelle, sequestrations, logement de gens de guerre, collecte des Tailles, & autres charges personnelles pendant lesdites cinq années, pourvû neanmoins qu'ils n'ayent point d'autres fonds en proprieté.

ART. VI.

N'entendons comprendre dans les décharges ci-dessus, les Biens en friche des Particuliers qui n'ont pas abandonné la totalité des Biens qu'ils possedent dans un même taillable, ni même ceux qui pourront être abandonnez après la datte des présentes.

ART. V.

Voulons qu'il soit arrêté par les Maires & Consuls un état des Biens qui ont été abandonnez jusqu'à present si fait n'a été, & qu'il soit envoyé audit sieur Lebret ; que sur cet état les publications en soient faites à la Diligence des Maires & Consuls pendant trois Dimanches consécutifs, à l'issue de la Messe de Parroisse ; que les offres soient reçues par les Greffiers Consulaires, ou par le Greffier de la Viguerie, & qu'elles soient par eux envoyées au Greffe de l'Intendance, pour être lesd. Biens adjugez par ledit sieur Lebret à ceux qui se chargeront de les cultiver aux conditions ci dessus ; pour l'execution desquelles adjudications, circonstances & dépendances, Nous avons attribué audit sieur Lebret toute Cour, Jurisdiction & connoissance, & icelle interdite à toutes nos autres Cours & Juges. Si donnons en Mandement à nos amez & feaux les Gens tenans notre Cour du Parlement de Provence, que ces présentes ils ayent à faire, publier & Registrer, & le contenu en icelles, garder & executer selon leur forme & teneur : Car tel est nô-

tre plaiir ; en témoin dequoi Nous avons fait mettre nôtre ſcel
à ceſdites préſentes. Donné à Paris le 6°. jour de Novembre
l'an de grace 1717. & de nôtre Regne le troiſieme. *Signé* LOUIS :
Et plus bas ; Par le Roy , Comte de Provence , le Duc d'Orleans
Régent préſent , PHELYPEAUX, Vû au Conſeil , VILLEROY ,
Et ſcellé.

Enregiſtrée par le Parlement le   Décembre 1717. La déclaration a été copiée ſur celle du 16°. de Janvier 1714 , faite
pour le Languedoc ; ainſi il ſeroit inutile de la rapporter ici.

Un Arrê de réglement de la Cour des Aydes de Provence du 23 de Janvier 1725 contient deux diſpoſitions analogues
à cette déclaration , dont il n'y eſt pas abſolument fait mention. Elle n'avoit été adreſſée qu'au Parlement : obſervation
eſſentielle par rapport à une des diſpoſitions que je vais rapporter.

» A l'égard des cottes infructueuſes qui ſe trouveront compo-
» ſées des biens hermes & abandonnés , la Cour ordonne qu'en
» conformité de ſes Arrêts de réglement leſdits biens feront
» expoſés en vente en vertu du preſent Arrêt , ſans qu'il ſoit be-
» ſoin d'autre , devant les Officiers ordinaires des lieux ſans
» frais , pour être delivrés aux enchéres publiques à ceux qui en
» feront la condition meilleure ; eſtimation prealablement fai-
» te deſdits biens par les eſtimateurs modernes & publication de
» la vente qui doit en être faite pendant trois Dimanches conſ-
» écutifs à l'iſſuë de la Meſſe de Paroiſſe , & par affiches &
» placard ; afin que s'il eſt dû des arrérages de tailles à aucun
» Tréſorier & d'autres ſommes à des créanciers hypothécaires
» ſur le total ou partie deſdits biens , ils ayent à juſtifier de leurs
» titres , & à en remettre un état aux Conſuls dans trois mois
» à compter du jour de la derniére publication , pour leur être
» delivré , s'il y echoit , deſdits biens juſqu'à la concurrence de
» ce qui pourra leur être dû ; autrement & à faute par leſdits
» Tréſoriers & créanciers d'avoir remis l'état de leurs préten-
» tions dans ledit delai , les en a declarés & declare deffinitive-
» ment dechus , & ſera paſſé outre à la vente & délivrance deſ-
» dits biens après trois encheres , pour ſur le prix en prove-
» nant la Communauté être payée de ce qui ſera dû tant en
» principal , interêts que dépens.

» Ordonne que la procédure preſcrite ci-deſſus ſera notifiée
» dans le même delai aux Seigneurs féodataires des lieux en leur
» perſonne ou celle du greffier de leur juriſdiction , aux fins
» qu'ils ayent à former pour leurs droits Seigneuriaux telle de-
» mande qu'ils aviſeront en préférence aux arrerages de taille

» duë sur lesdits biens ; après lequel tems ils en seront définiti-
» vement déchus , & ne pourront les acquereurs & délivratai-
» res desdits biens être troublés en la possession & jouissance
» d'iceux par les Seigneurs , Trésoriers & Créanciers pour
» quelque cause & prétexte que ce soit , après que lesdites
» procédures & formalités auront été observées «.

Les dispositions concernant ces decheances absolues sont très rigoureuses , & se trouvent condamnées par une fameuse déclaration du 10 d'Août 1728 donnée en interpretation de cel- le du 16 de Janvier 1714 faite pour les biens abandonnés en Languedoc. Les propriétaires , leurs Créanciers hypothécaires & autres ayant droits sur les biens abandonnés par la seule inculture & sans acte ni formalité de justice , dont l'adjudi- cation aura été faite , pourront rentrer dans ces biens pen- dant dix ans à compter, à l'égard des majeurs , du jour que le bail aura été passé & à l'égard des mineurs depuis leur ma- jorité moyennant le remboursement.

Il semble même que la déclaration n'ayant été adressée qu'au Parlement , la competence de la Cour des Aydes se trouvoit re- trainte aux objets purement relatifs au payement des tailles. La déclaration du 10 d'Août 1728 que je viens de citer, pourroit servir à appuyer l'objection. Il y est dit à l'art. 13 que » les ac- » tions qui seront intentées pour la validité ou invalidité des » baux ; ou *pour rentrer en possession* des biens abandonnés , ne » pourront être portées que devant les Juges qui connoissent » du fait des tailles en premiere instance , & par appel à la » Cour des Aydes ; sans que les adjudicataires puissent être » traduits devant d'autres Juges sous prétexte de l'itispendan- » ce , distribution ou autrement pour quelque cause ou pré- » texte que ce soit «.

Il a donc fallu une disposition expresse & émanée de l'au- torité Souveraine pour interdire absolument aux Juges ordinai- res la connoissance de toutes les contestations , auxquelles les adjudicataires pourroient être exposés.

TITRE

TITRE DOUZIEME.

De l'hommage & serment de fidélité.

I.

EN Provence le Droit que le Seigneur a d'exiger l'hommage & le Serment de fidélité, est une dépendance de la justice, & n'affecte que ceux qui sont soumis à cette même justice.

Dupérier tom. 1. liv. 2 quest. 22 attestant cette maxime, dit qu'en bonne justice on ne peut demander ni l'hommage ni le serment de fidélité dans une Province de droit écrit, où il n'y a ni coutume ni statut, qui ait introduit un pareil droit. Il ajoute qu'il est fait mention dans les livres des fiefs, liv. 2. tit. 4, 5 & 6 du Serment de fidélité, dont les Vassaux féodataires sont chargés à cause du fief dont ils sont investis, & ceux qui sont soumis à la Jurisdiction d'autrui.

C'est de ce même droit des fiefs que l'on a emprunté la formalité de l'hommage & du Serment de fidélité qui dans l'usage ont été confondus ; quoique différents dans leur origine. Mais ce même usage a dispensé de ce devoir les possédans biens appellés en Provence Forains, & qui habitant ailleurs que dans la terre du Seigneur, ne sont pas ses justiciables. Ils ne sont regardés que comme emphitéotes & non comme Vassaux, ainsi que l'établit Dupérier.

Dumoulin sur la cout. de Paris § 3 n. 1. 2. dit que l'hommage *tripliciter accipitur ; 1°. ratione servitutis vel ipsiusmet personæ, 2°. ratione simplicis jurisdictionis ; 3°. ratione feudi.*

En Languedoc l'hommage est dû au Seigneur de fief ; quoiqu'il ne possède aucune portion de la justice. Il y a même un Arrêt du 20 de Mai 1711 rapporté dans le Journal du Palais de Toulouse, qui condamna un simple emphitéote à prêter l'hommage au Seigneur direct. Mais il faut observer que le bail emphitéotique contenoit cette stipulation : *ut debeat facere homagium ligium.*

L

II.

La poffeffion peut autorifer le Seigneur à exiger auffi des Forains ce devoir.

Arrêt du 16 de Mars 1665. rapporté par Boniface tom. 1. liv. 3. tit. 3. ch. 3. Il fut refervé au Seigneur de prouver par des hommages que les Forains y étoient foumis ainfi que les habitans. J'ai vû un Arrêt du Parlement de Grenoble rendu dans un procès évoqué , & qui condamna les Forains du lieu de Valerne à prêter l'hommage & ferment de fidélité.

III.

L'hommage & ferment de fidélité doivent être prêtés non feulement par les habitans en particulier, mais encore par l'univerfalité repréfentée par les Confuls de la Communauté.

Dupérier *loc. cit.* De-cormis dans fes confultations tom. 1ᵉ. col. 905. l'Arrêt cité fur l'art. précédent.

IV.

On ne peut s'affranchir de ce devoir par la feule poffeffion , mais feulement par la prefcription , dont le vaffal ouvre le cours par la dénégation.

Arrêts rapportés par Dupérier *loc. cit.* aux notes, & tom. 2. p. g. 476 de la nouvelle Edition.

Autre Arrêt rendu par le Parlement de Touloufe dans une caufe évoquée & cité par De-cormis tom. 1. col. 908.

V.

Les anciens hommages doivent en défaut d'un titre primordial servir de régle pour
la forme en laquelle l'hommage doit être
prêté ; & s'il n'y a ni titre ni possession cons-
tatée par d'autres hommages, il doit être
prêté en la forme la moins rude, débout
& découvert.

Dupérier & De-cormis *loc. cit.* & l'Arrêt du 16 de Mars
1665. Il est certain qu'en cette matiére comme à l'égard de
tous les autres droits Seigneuriaux, c'est au titre primordial
qu'il faut s'en tenir ; & si les anciens hommages ne lui sont
pas conformes, ils doivent subir le même sort que les dénombremens ou reconnoissances qui sont toujours rectifiées par
le titre primordial, *semper vigilat, semper clamat.*

Coquille tit. *des fiefs* art. 1. dit que la coutume de Paris forme une régle presque générale en prescrivant la nécessité de
prêter l'hommage à genoux. Dumoulin blâme cette forme, &
Mr. de Boissieu de *l'usage des fiefs* ch. 4 dit que cette sorte
de respect n'est due qu'au Souverain ; parce qu'il représente
la puissance de Dieu sur la terre. Mais il convient que s'il y a
titre ou coutume, il faut s'y tenir ; & tel est l'usage observé
en Provence.

Par Arrêt du 15 d'Avril 1711 rendu par des Commissaires délégués entre le Seigneur & la Communauté de Rougiers, il fut
ordonné » que les Consuls tant audit nom qu'en leur propre
» & les manans & habitans du même lieu prêteroient serment
» de fidélité & hommage au Seigneur & à ses Successeurs
» dans la maison Seigneuriale, *debout & tête nue, sans gands,*
» *sans manteau* & à leurs dépens à la premiere réquisition qui
» leur en seroit faite.

Par l'Arrêt du Parlement de Toulouse du 20 de Mai 1711
que j'ai rapporté sur l'art. 1. de ce titre, l'emphitéote fut dispensé de le prêter à genoux ; quoiqu'il y fut soumis par le titre
primordial, & qu'il l'eut réellement prêté en cette forme. La
stipulation fut regardée comme illicite ; mais je crois que l'on

en auroit eu une autre idée , s'il avoit été queſtion d'un Seigneur juſticier ou féodal & non d'un Seigneur direct.

Au reſte ce n'eſt que pour la forme que l'on doit en défaut de titre primordial prendre pour régle les anciens hommages. Mais ſi l'on voit que le Seigneur avoit exigé un hommage inſolite , par exemple , l'hommage lige , les Vaſſaux ſont diſpenſés d'en prêter un ſemblable , ſi le Seigneur ne juſtifie que le droit lui eſt véritablement acquis. Il s'agit alors non de la forme , mais de la ſubſtance de l'hommage.

Les Poſſeſſeurs des fiefs mouvants du Comté de Sault en Provence prêtent l'hommage lige , Sa Majeſté exceptée. Ils le prêtent à genoux devant le Lieutenant ou Juge d'Appeaux de ce Comté , tête nuë , & ayant les mains jointes , entre celles du Lieutenant , ſans ceinture ni épées. Ils donnent & reçoivent le baiſer.

V I.

L'hommage ne peut être prêté ni reçu par Procureur.

C'eſt la régle générale & le Droit commun. Dupérier tom. 1. liv. 2 queſt. 22. De-cormis tom. 1. col. 848. Mais il y a des exceptions. Ainſi les Religieuſes qui ne peuvent ſortir de leurs cloitres le prêtent par Procureur. Il y a même des Auteurs qui décident que le Seigneur peut le recevoir par Procureur ; mais ils veulent que la qualité du Procureur ſoit proportionnée à celle du Vaſſal. La-peirere dans ſes déciſions let. h , n. 33.

Il peut auſſi être rendu & reçu par Procureur , s'il y a inimitié capitale , ſi le Vaſſal eſt malade , impotent , abſent *rei publicæ cauſâ.* Voyez Dumoulin ſur la cout. de Paris , § 55. gloſ. 1. n. 6.

En Dauphiné il peut être prêté & reçu par Procureur. Boiſſieu ch. 7.

V I I.

Si le Vaſſal eſt dans un état perpétuel d'inhabileté à prêter lui-même l'hommage , tel que le furieux ou l'imbecille d'eſprit , le Seigneur doit le recevoir du tuteur ou curateur.

De-cormis tom. 2. col. 4.

VIII.

Le mari peut recevoir l'hommage & le prêter pour les fiefs & biens dotaux, sans procuration spéciale de sa femme.

D'Argentré sur la cout. de Brétagne tit. *des fiefs*, art. 339. n. 7; Chopin sur la cout. d'Anjou liv. 2. tit. 1 n. 1. Il ne faut pas prendre pour régle l'Arrêt du Parlement de Paris rapporté par Rebuffe *in proem consl. reg.* glof. 5. n. 64.

IX.

C'est le propriétaire & non l'usufruitier qui doit prêter l'hommage ; & c'est aussi le seul propriétaire qui peut l'exiger.

Droit commun, Bacquet *des Droits de justice*, ch. 11, n. 14; Dumoulin tit. 1. §. 1. glof. 1. n. 70.

X.

Les engagistes du Domaine du Roi ne peuvent pas demander la foi & hommage aux Vassaux.

Mornac sur la loi 1. ff. *de pign.* voyez l'Edit de 1695 rapporté par Bretonnier sur Henris tom. 1 Arrêt du Parlement de Toulouse du 9e. de Septembre 1710 rapporté par Mr. Furgole dans ses collections Mff. & rendu en faveur du Chapitre de St. Afrique contre le sieur d'Albis de Gissac.

XI.

L'hommage doit être prêté dans le Château ou principal manoir ; & s'il n'y en a

point, dans tel lieu qu'il plait au Seigneur
d'indiquer, pourvû qu'il soit dans le district
de sa justice ou du fief.

Droit commun; journal des Audiences tom. 5 liv. 11. ch.
11; Gui-pape quest. 123 & 164; Livoniere trait. *des fiefs* liv.
1. ch. 6; Henris tom. 1. liv. 3 quest. 9.

XII.

L'hommage doit être renouvellé à chaque mutation de Seigneur & de Vassal.

Droit commun.

XIII.

Les Vassaux sont dispensés de prêter au
Seigneur l'hommage-lige quoiqu'ils y fussent
soumis par le titre primordial, par des reconnoissances & par l'usage.

Le Vassal-lige étoit ainsi appellé parce que la condition de
son fief le lioit plus particulierement à son Seigneur, qu'il
étoit obligé de servir envers tous & contre tous sans exception
même du Souverain. Mr. le Président Bouhier sur la cout. de
Bourgogne tit. de l'hommage où il ajoute que depuis que les
guerres privées sont défendues, on ne doit plus d'hommage-
lige qu'au Roi & que ce terme de lige doit être retranché
de tous les hommages.

TITRE TREIZIEME.

De la Chasse.

I.

LA chasse est autant un droit de féodalité que de justice. Le Seigneur haut-justicier en jouit dans les district de sa jurisdiction ; quoiqu'il n'y ait ni fief ni censive ; & le Seigneur féodal ou les Seigneurs féodaux , s'il y a plusieurs fiefs dans cette même justice, en jouissent aussi chacun dans l'étendue de leur fief.

Ordonnance de 1669 tit. *des Chasses* , art. 26.

II.

Dans le même cas de la division de la justice & du fief, le Seigneur haut-justicier n'a que le droit de chasser en personne dans le fief , sans pouvoir y envoyer chasser des Domestiques ou autres personnes de sa part.

Même art. de l'Ordonnance. Voyez ci-dessous art. 4. aux notes.

III.

Le moyen & bas-justicier ainsi que le Possesseur d'un arriere-fief ont droit de chasser & de prohiber la chasse. Le Seigneur direct sans aucune participation à la justice ou au fief ne joüit pas du même avantage.

Mr. de la Roche-flavin trait. des *Droits Seigneuriaux* ch. 18. art. 3. rapporte un Arrêt du Parlement de Toulouse, qui jugea que les Seigneurs moyens & bas-justiciers & les Seigneurs directs pouvoient chasser sur leurs terres. Mais nos usages sont contraires par rapport au Seigneur, qui n'a que des directes.

L'Ordonnance de 1669 exige une participation à la justice ou à la féodalité; & la simple directe n'a rien de commun avec l'une ni l'autre.

Les moyens & bas-justiciers & les Possesseurs des arriere-fiefs ont contribué & payé leur contingent pour l'acquisition ou réunion des offices des Juges Gruyers aux Justices Seigneuriales.

Arrêt du mois d'Avril 1716 en faveur du sieur Brunet d'Estoublon.

Autre Arrêt obtenu en 1734 par le sieur Senchon Possesseur d'un arriere-fief dans le fief de Noves.

Autre Arrêt rendu en 1740 en faveur du sieur Jaufret de Baumelles.

Autre Arrêt obtenu par le sieur Pagi de Valbonne pour l'arriere-fief de Jannet situé dans la Principauté de Lambesc.

Tous les Arrêts ont jugé non seulement que les Possesseurs des arriere-fiefs avoient droit de chasser, mais encore qu'ils peuvent prohiber la chasse.

IV.

Le Seigneur haut-justicier, de qui l'arriere-fief réleve, peut seul y chasser; & ses enfants mêmes ne jouissent pas de ce droit.

Arrêt du 14 de Décembre 1710 rapporté par Bonnet lettre G, ch. 1. qui confirma la procédure criminelle faite sur la plainte du sieur Duranti de Bon-recueil contre les fils du Seigneur du fief de Suë, de qui l'arriere-fief de Bon-recueil réleve.

V.

Le privilége accordé par les Ordonnances

aux Nobles de pouvoir chasser ne peut être exercé dans les Terres des Seigneurs.

Art. 14. de l'Ordonnance de 1669.

Tel a toujours été l'usage observé en Provence Déclaration du 7 de Mars 1733 art. 2.

Par l'art. 14 du titre *des chasses* de l'Ordonnance de 1669 il est permis à *tous Seigneurs*, Gentils-hommes & Nobles de chasser noblement à force de chiens & oiseaux dans leurs forêts, buissons & garennes. Froidour dans son recueil des Ordonnances des eaux & forêts explique le mot *Seigneurs*, comme indiquant ceux qui possédent des Terres. Mais il doit être entendu aussi des Gentils-hommes & Nobles, qui n'ont ni fief ni justice, comme l'explique l'Auteur du code des chasses tom. 1er. pag. 353; & son opinion paroît d'autant moins susceptible de doute, que par une Ordonnance du mois de Septembre 1551 il étoit permis indéfiniment à tous propriétaires, sans distinguer s'ils étoient Nobles ou roturiers de chasser dans leurs bois, terres, buissons & garennes : permission revoquée par l'art. 28 du tit. *des chasses* de l'Ordonnance de 1669 à l'égard des roturiers ; & elle ne l'a pas été à l'égard des Gentils hommes & Nobles. Mais ils ne peuvent pas chasser dans leurs fonds, garennes, bois, buissons, s'il sont situés dans la Terre d'un Seigneur.

Ils le peuvent cependant suivant l'art. 119 de l'Ordonnance d'Orléans, dans le pourpris de leur maison. Par un Arrêt du Parlement de Toulouse du 1er. de Juillet 1680. rapporté par Boutaric tit. de la chasse, il fut jugé, en expliquant ce qu'on devoit entendre par *pourpris* que le Gentil-homme pourroit chasser dans toutes les Terres qui lui appartenoient & étoient contigues à sa maison jusques au chemin sans pouvoir passer outre en suivant le gibier.

V I.

Tout Coseigneur, quelque petite que puisse être la portion pour laquelle il participe à la justice, chasse & prohibe la chasse dans l'étendue de cette même justice.

Tel est l'usage de Provence, contraire à la disposition de l'art. 17 du tit. *des chasses* de l'Ordonnance de 1669.

Il y est décidé que si la justice est divisée en portions inégales, celui qui posséde la plus grande portion a seul droit de chasser; & si elles sont égales, le droit est acquis au Possesseur de la portion, qui procéde du partage de l'ainé.

Arrêt du 21 de Septembre 1663 rapporté par Boniface tom. 4. liv. 2 tit. 4. ch. 5.

Arrêt du 24 d'Octobre 1689 pour les Cosseigneurs de Pontevés.

Arrêt du 4 de Juillet 1720 pour les Cosseigneurs de Collobrieres.

Arrêt du 15 de Mai 1726 pour les Cosseigneurs de Pierrafeu.

Le Parlement de Toulouse observe exactement la disposition de l'ordonnance. Boutaric dans son traité des *Droits Seigneuriaux*, tit. de *la chasse*. rapporte un Arrêt du mois de Septembre 1699, qui maintint le Seigneur pour sept portions sur huit dans le droit de chasser seul. L'autre Seigneur demandoit l'exécution d'une transaction, par laquelle il avoit été convenu que de huit en huit ans il jouiroit de tous les droits utiles & honorifiques de la justice.

VII.

Tous les copropriétaires du fief peuvent non seulement y chasser, mais encore y faire chasser par leurs Domestiques.

L'Ordonnance de 1669, interdit au seul Seigneur haut-justicier le droit de faire chasser dans le fief mouvant de sa justice, & qui appartient à un autre Seigneur; il ne peut chasser qu'en personne.

Il n'en est pas de même du Seigneur du fief. La chasse est à son égard d'un droit utile, il peut faire chasser par ses Domestiques; & comme malgré la division du fief en plusieurs portions, c'est toujours un seul & même fief, chacun des Cosseigneurs a droit de chasser & de faire chasser dans toute l'étendue du fief.

Les Arrêts cités sur l'art. précédent reçoivent encore ici leur application.

VIII.

Les Cosseigneurs doivent déclarer annuel-

lement au Greffe de la jurifdiction quel fera
le Domeftique qui chaffera pour eux; & en
cas de révocation ou de congé, la Déclaration doit être renouvellée par celui qui le
remplace.

Telle eft la difpofition de l'Arrêt du 24. d'Octobre. 1689.
cité ci-deffus art. 6; & elle a eu pour objet de prévenir les
abus que l'on pourroit faire en transformant en chaffeur Domeftique une autre perfonne, à qui l'on auroit donné la permiffion de chaffer.

I X.

Le Seigneur Suzerain peut chaffer en perfonne dans le fief & haute juftice qui releve
de lui.

Code *des chaffes* tom. 1. pag. 460.

X.

Les Seigneurs hauts-jufticiers qui ne peuvent
par leur état, tels que les Eccléfiaftiques, les
femmes, ou par leur âge & infirmités, chaffer en perfonne, peuvent faire chaffer un
Domeftique.

Ordonnance du 3 de Mars 1604, Déclaration du 16 de
Mai 1701, jugement au Souverain de la chambre des eaux &
forêts de Touloufe le 18 d'Août 1718 entre la Dame de Ma-
laufe & le Sindic des Chanoines réguliers d'Aubrac, qui per-
mit à ces Religieux de commettre un chaffeur. Il eft rapporté
par Vedel liv. 3 pag. 325.

Jugé au même Parlement le 9 de Mai 1715 entre le Marquis de Montfrin & la Communauté de Théfiers qu'une Communauté laïque, qui avoit dans fes patrimoniaux des directes
ou des Biens nobles n'avoit pas droit de nommer un chaffeur

pout y chasser ; ce droit n'ayant été accordé par la déclaration de 1604 qu'aux Communautés ecclesiastiques.

En Provence on souffre que tous les habitans chassent dans le fief qui appartient à la Communauté, & à la Seigneurie duquel ils sont tous censés participer.

Par une Ordonnance de Loüis 11 du mois d'Octobre 1501 enregistrée au Parlement de Toulouse au mois de Janvier 1511 les habitans de la Province de Languedoc furent maintenus dans le droit de chasser, excepté dans les garennes & lieux deffendus de toute ancienneté. Ce privilége fut confirmé en 1535 par des lettres patentes.

Après la publication de l'Ordonnance de 1669 on craignit que la disposition de l'art. 28 du tit. *des chasses* ne fut envisagée comme ayant donné atteinte à ce privilége. Sur la requisition du Sindic de la Province il intervint Arrêt le 13 d'Août 1670, par lequel on renvoya à y statuer en jugement, Mr. le Procureur général oüi ; & cependant la Cour déclare n'entendre empêcher que tous les habitans de la Province de Languedoc, nobles & non nobles, & de quelque qualité & condition qu'ils soient, ne puissent chasser & prendre partout ledit pays toute manière de bêtes, oiseaux & volatilles ; comme conils, hors garennes & lieux deffendus, colombes, ramiers, grues, outardes, oyes sauvages, renards, flurques, pluviers, tourterelles, étourneaux, vanelles, calandres, Cailles, en les chassant au chien couchant, & autres gibier & oiseaux de passage quelconques ; excepté les grosses bêtes rousses & noires, conformément aux lettres patentes de 1535.

Ce privilége ne fut jamais regardé comme affectant les terres des Seigneurs ; & malgré l'Arrêt de 1670 & les lettres patentes on ne croit pas qu'il soit permis d'en user.

XI.

Les Seigneurs hauts-justiciers ou feodataires ne peuvent acquerir même par la possession immémoriale le droit de chasser sur les terres de leurs voisins.

Arrêt du Parlement de Toulouse rapporté par Graverol dans ses observations sur l'art. 3 du ch. 18 du traité de Mr. de la Roche-Flavin. Pratique des terriers tom. 4 tit de la chasse, quest. 13.

XII.

Il n'est pas permis aux Seigneurs d'affermer la Chasse ; mais les Communautés d'habitans font non-recevables à demander contre leurs Seigneurs des deffenses de passer de pareils baux.

Arrêt du 19 d'Août 1705, qui rejette la requête présentée par la Communauté de Cabasse pour obtenir de semblables inhibitions, & qui néanmoins fait deffenses aux Religieuses Bénédictines, à qui cette terre appartient, d'affermer la Chasse.

Il y a deux Arrêts plus anciens ; l'un du 23 d'Avril 1695 rendu contre le Chapitre de l'Eglise Cathédrale de Marseille, Seigneur d'Allauch, & l'autre du 24 d'Avril 1706 contre les Seigneurs de Fabregues.

Arrêt du Conseil du 30 de Septembre 1722 qui deffend à tous les Seigneurs Laïques & Ecclésiastiques du Royaume d'affermer la Chasse sur leurs terres & domaines, & à toute sorte de personnes de la prendre à ferme & redevance.

Mais on peut affermer la Chasse dans une garenne. Galon sur l'art. 27 du tit *des chasses* de l'Ordonnance de 1669.

XIII.

Les Seigneurs ne peuvent pas accorder à des roturiers la permission de chasser.

Arrêt du 17 de Juin 1687, qui deffend aux Cosseigneurs de Rustrel d'accorder de semblables permissions.

Arrêt du 6 de Juin 1693 rapporté par Bonnet let. C art. & qui confirma une procedure criminelle instruite sur la plainte du Seigneur de St. Michel contre des particuliers, à qui un Cojusticier avoit permis de chasser. Ce même Arrêt fit deffenses à tous les Seigneurs de la Province d'accorder de semblables permissions.

La Chasse est absolument deffendue aux roturiers. Ordonnance de 1669 tit. *des Chasses*, art. 28. Elle n'a fait à cet égard

que renouveller les anciennes Ordonnance de François I ,
d'Henri 3 , d'Henri 4 & de Louïs 13.

XIV.

Les transactions par lesquelles les Communautés d'habitans ont acquis le droit ou faculté de chasser, sont nulles : quelque longue & paisible qu'en ait été l'exécution.

C'est-là une suite du principe retracé dans le précédent art. Ordonnance de François I du 6 d'Août 1533.

Arrêt du parlement de Dijon , où le procès avoit été évoqué, rendu le 9 d'Août 1679 entre le Seigneur & la Communauté de Boulbon.

Arrêt du 10 de Juin 1714 entre le Seigneur & la Communauté du Puget Roustan. Cet Arrêt confirma la procedure criminelle faite à poursuite du Seigneur ; quoique l'on eut chassé sur la foi d'une transaction , par laquelle on avoit accordé aux habitans la faculté de chasser.

Arrêt du 7 d'Août 1724 entre le Seigneur & la Communauté de Trans.

Il y en a plusieurs autres pour les Seigneurs de Trez , d'Eyragues , de la Verdiere , de Grambois , de Velaux , de Mons , du Cannet , &c.

Par un Jugement de Commissaires delegués par Arrêt du Conseil & rendu le 14 d'Août 1704 la Communauté de la Verdiere fut déboutée de la Requête qu'elle avoit présentée pour être maintenue dans la faculté de chasser suivant une transaction de 1313.

Ce même jugement renferme cette clause , qui me paroit plus conforme à l'équité que la disposition de l'Arrêt , qui jugea que le Seigneur du Puget Roustan avoit pû intenter l'action criminelle ; *sans néanmoins que pour le passé le Seigneur puisse poursuivre les contrevenans.*

XV.

Le fermier judiciaire ne peut chasser ni

faire chasser sur les terres comprises dans
son bail.

Cela a été jugé ainsi par deux Arrêts du Parlement de
Paris; l'un du 14 de Février 1698 , & l'autre du 14 de Février 1718 rapportés par Ferrieres dans son Dictionnaire de
pratique sous le mot *Chasse.*

X V I.

Le Seigneur ne peut poursuivre dans la
terre d'un autre Seigneur le gibier qu'il a
fait lever dans la sienne.

Boutaric trait. des *droits Seigneuriaux* , tit. *de la Chasse.* rapporte un jugement de la table de marbre , qui ne reserve au
Seigneur que le droit d'entrer dans cette terre pour rompre
ses chiens ou reprendre son oiseau , après en avoir demandé la
permission au Seigneur , à qui il seroit obligé d'envoyer le
gibier poursuivi , s'il étoit pris avant que les chiens fussent rompus & l'oiseau réclamé.

Il y a cependant des Arrêts rapportés par Bouchel dans sa
Bibliothéque du droit François sous le mot *chasse* , & par Mr.
de la Roche-flavin ch. 28 art. 8 , qui ont jugé que l'on pouvoit suivre le gibier.

Galon sur l'art. 26 du tit. des *chasses* de l'Ordonnance de 1669
dit *qu'il est de régle qu'on ne peut suivre son gibier sur les terres
de son voisin* ,& cette opinion me paroit d'autant plus devoir être
préférée , que par-là on previent des contestations & des querelles. Admettra-t-on à la preuve de ce fait , qu'on a seulement suivi le gibier levé dans sa terre ; ou s'en rapportera-t-on à l'assertion du Chasseur ?

X V I I.

Il n'est pas permis aux particuliers de clore leur héritage , & d'empêcher par-là le
Seigneur justicier , ou féodal d'y chasser.

Arrêt du 17 de Mai 1668 rapporté par Boniface tom. 4 liv. 2 tit. 4 ch. 2 en faveur du Seigneur de Vitroles. Il fut ordonné que le fieur Barrigue, qui avoit fait clore une grande étendue de terrein y laifferoit deux portes, dont il remettroit la clef au Seigneur; afin qu'il pût y aller chaffer en tems & faifon convenable fuivant les Ordonnances.

Suivant l'Ordonnance de 1669 art. 25 du tit. *des chaffes*, on ne peut clore que les héritages qui font derriere les maifons fituées dans les Bourgs, Villages & Hameaux hors des plaines des maifons Royales.

La régle que je viens de retracer pour les terres des Seigneurs, doit être entendue du cas, où l'enceinte du terrein fermé eft confiderable & éloignée de la maifon. Il feroit trop rigoureux d'interdire aux Voffaux l'agrément & l'utilité des enclos, ou de les foumettre à fouffrir que le Seigneur y chaffat ou y fit chaffer. Papon liv. 14 tit. 1 n. 1. & 8; ferrieres fur la queft. 218 de Gui-Pape; Mr. Bénoit fur le ch. *Rainutices in 2°. & uxrem* n. 308; Loifeau des Seigneuries ch. 12 n. 131 peuvent être cités pour prouver que le Seigneur ne peut pas prohiber aux vaffaux d'avoir des enclos, où il ne lui eft pas permis de chaffer.

Mr. de la Roche-flavin ch. 28 art. 5 rapporte un Arrêt du du Parlement de Touloufe, qui eu permettant à un Seigneur de chaffer ou faire chaffer par fes domeftiques en tems non prohibé par les Ordonnances par toutes le terres & poffeffions de fes vaffaux, excepta celles qui feroient clofes de murailles, parois ou hayes vives.

Mr. le Préfident Bouhier fur la cout. de Bourgogne tom. 2 ch. 63 n. 16 attefte quetel eft l'ufage obfervé dans cette Privince; & il ajoute: *peut être feroit il jufte d'excepter le cas où un particullier voudroit faire une pareille clolure ou milieu d'une plaine & dans un lieu éloigné de fa maifon.*

Ce fut fur un femblable cas qu'intervint l'Arrêt du parlement de Touloufe raporté par Boutaric dans fon trait. des *droits Seigneuriaux* til. *de la Chaffe*, & qui rendu en faveur du Seigneur de Cugnaux, ordonna qu'un particullier, qui avoit fait clore ceffe grande étendue de terrain, laifferoit deux ouvertures ou portes, dont une clef feroit remife au Seigneur pour entrer dans cet enclos & y chaffer.

Ce même particulier avoit un autre enclos contigu à fa maifon; & le Seigneur ne prétendoit rien à l'égard de celui-là. J'ai appris cette circonftance; dont Boutaric ne fait pas mention, de Mr. le Préfident de Cauffade, qui étant alors confeiller fut le rapporteur du procès.

XVIII.

XVIII.

Le Seigneur a aussi le droit d'interdire la chasse aux petits oiseaux avec des filets.

Même Arrêt cité sur l'art. précédent. le Seigneur de Vitroles avoit demandé que le sieur de Barrigue fût condamné à arracher les arbrisseaux formant une *Thèse* destinée à la chasse des petits oiseaux. L'Arrêt lui deffendit seulement d'y mettre des filets.

Un réglement fait par le siége de la table de marbre de Paris rapporté dans la *pratique des terriers*, tom. 4, tit. de *la Chasse*, quest. 13 deffend de chasser & prendre aux filets, à la glu, pipée, ou autrement les menus oiseaux de chant & plaisir sans permission des Seigneurs hauts-justiciers ou feodataires.

Cette disposition paroît rigoureuse. Gravetol sur l'art. 3 du ch. 18 du trait. de Mr de la Roche flavin rapporte un Arrêt du Parlement de Toulouse, qui laissa à des habitans la liberté de chasser aux Cailles avec la tirasse.

XIX.

Le droit qu'a le Seigneur d'empêcher qu'on ne forme des clotures ou des garennes closes, est sujet à la prescription de 30 ans.

Dans la cause du Seigneur de Vitroles, dont on a parlé ci dessus, on ne disputoit pas que cette exception ne fut légitime. Par Arrêt du 16 de Mars 1665 entre le Seigneur & la Communauté de Puiloubier rapporté par Boniface tom. 1 liv. 3 tit. 3 ch. 3, il fut ordonné que le Seigneur vérifieroit qu'il étoit en droit, possession, & coutume de prohiber aux habitans & possedans biens de faire des garennes closes & basse cours dans leurs maisons, & par l'Arrêt définitif qui intevint au Parlement de Grenoble le 6 de Septembre 1669, il fut fait deffenses aux habitans & possedans biens de faire des garennes sans la permission du Seigneur ; sauf à eux de faire joignant leurs maisons & bastides des basse-cours & garennes, ou pour dire mieux des

M

clapiers d'une étendue proportionnée auxdites maisons, sans préjudice du droit de chasse du Seigneur & de celui de pâturage ; & comme il y avoit un habitant, qui possedoit depuis plus de 30 ans un enclos, il lui fut permis de le rétablir.

XX.

Les Seigneurs ne peuvent interdire aux habitans & possedans biens la liberté de construire des pigeonniers, qu'autant qu'ils ont titre ou possession derivant d'une prohibition, à laquelle on ait acquiescé.

Il y a un Arrêt du 17 de Mars 1686, rapporté par De-cormis tom. 1 col. 903, & qui fit dépendre la décision de l'usage observé dans les fiefs voisins.

Arrêt du 30 d'Octobre 1611 rapporté par Pastour *tract. de feudis lib.* 1 tit. 6, & qui fut rendu contre le Seigneur de Rognes, qui n'avoit ni titre ni possession. Autre Arrêt du 16 de Mars 1685 confirmé par un Arrêt du conseil du 30 d'Août même année, rappellées l'un & l'autre dans l'Arrêt du Conseil rendu le 30 de Janvier 1716 entre le Commandeur d'Avignon Seigneur de Lardiers & M' Eymar Lieutenant civil à Forcalquier. Les Procureurs du pays intervinrent dans l'instance.

Voyez l'art. 18 tit. *de la Justice*

XXI.

Le Seigneur est obligé de faire chasser aux bêtes nuisibles, lorsqu'elles font des ravages dans le terroir ; il ne peut même refuser aux habitans la permission de faire des battues ou chasses générales.

Ordonnances de 1600 & 1601.

Il y a des Arrêts qui ont obligé les Seigneurs de faire chasser aux lapins, pour empêcher que le trop grand nombre ne causât des dommages. Le Parlement de Grenoble en rendit un su 1611 contre la Dame de Forbin Comtesse de Boulbon

Et il en a été rendu un semblable contre le Seigneur de Châteaurenard, & un autre contre le Seigneur d'Aiguilles.

Quant aux loups & sangliers, il y a l'Arrêt rapporté par Boniface tom. 4 liv. 1 tit. 6 ch. 4, qui en maintenant les Consuls & habitans de la Garde-frainet, lesquels avoient une portion de la Seigneurie, dans le droit de s'assembler avec armes à feu & à fer pour aller à la chasse aux loups, sangliers & autres bêtes nuisibles, ajouta qu'il ne pourroient s'assembler qu'en présence des Officiers de Justice, & il leur fut deffendu de tirer le gibier.

Jugement rendu en dernier ressort par des Commissaires delegués le 26 d'Août 1741 entre le Seigneur & la Communauté de Tretz, par lequel il fut ordonné que de trois en trois mois & plus souvent, s'il étoit nécessaire, il seroit fait des chasses & battues générales dans les bois aux loups, renards, martres, bléraux & autres bêtes nuisibles, & que lors de ces chasses il seroit permis de tirer aux sangliers & bêtes noires en cas de nécessité exposée au Seigneur par les Consuls & par lui reconnue.

Les habitans de Beaujeu & de Mariaud, Villages situés sur les plus hautes Montagnes de Provence, ont un privilege, qui les dispense d'obtenir la permission du Seigneur. Il est conçu en ces termes : aujourd'hui 8 Juillet 1630 le Roi étant au camp de St. Jean de Maurienne, sur ce qui lui a été remontré par Mr Pierre l'Elissier de Boulogne l'un de ses Conseillers & Aumonier & Chapelain ordinaire de son Oratoire, Prieur des Prieurés de Beaujeu & Mariaud, & les habitans desdits lieux qu'étant leurs Villages situés aux Montagnes de la Provence, ce peu de terroir qu'ils ont semé & peuvent servir pour leur vivre & de leurs pauvres familles, est tellement gâté par les bêtes sauvages, comme sont les ours, lievres, sangliers & autres qui mangent les bleds, qu'ils en sont ruinés, & même en tems d'hiver les loups s'approchent des maisons écartées auxdits lieux & aux Montagnes, s'attaquant aux femmes & enfants qu'ils tuent & les mangent, s'il n'y avoit du secours; ce qui ne se peut faire sans porter des armes & bâtons à feu; mais ils n'oseroient l'entreprendre à cause des deffenses générales d'en user, s'il ne plaît à Sa dite Majesté de le leur permettre, comme ils les ont très-humblement supplié & requis ; Sa dite Majesté ayant égard à ce que dessus & inclinant à ladite supplication, a permis & permet auxdits Prieurs & habitans de Beaujeu & Mariaud de chasser lesdites bêtes sauvages avec des armes & bâtons à feu dans l'étendue desdits Villages pour la conser-

vation de leurs fruits ; sans qu'au moyen desdites deffenses générales du port des armes & usages desdits bâtons ils y puissent
être troublés ni empêchés par qui ni en quelque maniere que
ce soit, les en ayant Sa dite Majesté relevés & dispensés, à
la charge toute fois de n'en abuser sur les peines portées par
les Ordonnances &c.

Ce Brevet fut enregistré par le Parlement le 21 Juin 1642
avec le consentement de Mr. le Procureur Général du Roi, &
les habitans jouirent paisiblement de ce privilége pendant plus
d'un siécle. Mais en 1736 les fermiers du Seigneur furent informer sous son nom contre 19 habitans sur la contravention
aux Ordonnances du Roi & aux réglemens de la Cour concernant le port des armes & la chasse ; les uns furent décretés de
prise de corps, & les autres d'ajournement personnel. Les deux
Communautés de Beaujeu & de Mariaud intervinrent dans le
procès, & en déclarant qu'elles n'avoient garde de vouloir
favoriser les abus, elles demanderent que les habitans fussent
maintenus dans le droit d'avoir des armes & bâtons à feu pour
chasser les bêtes sauvages, ours, loups, sangliers, lievres,
& autres qui mangent le bled, à la charge néanmoins de n'en
abuser sous les peines portées par les Ordonnances. Ces conclusions leur furent adjugées par Arrêt rendu en la Chambre des
eaux & forêts au rapport de Mr. le Conseiller de Montvalon
dans le mois de Mai 1737.

C'est une question douteuse, si les bêtes tuées dans ces sortes de chasses doivent être rendues au Seigneur, ou si l'on doit
seulement offrir ou la hure ou une épaule. Cette question fut
élevée en exécution d'un jugement rendu entre le Seigneur &
la Communauté de Treta ; & elle n'a pas été décidée.

XXII.

Nul ne peut établir garenne, s'il n'en a le
droit par les aveux & dénombremens, possession ou autres titres suffisants.

C'est la disposition de l'art. 19 du titre *des chasses* de l'Ordonnance de 1669. Mais il faut observer que cette prohibition,
qui affecte les Seigneurs hauts-justiciers & féodaux comme
les particuliers, ne s'applique qu'aux garennes ouvertes, & non
à celles qui sont fermées de murs ou de larges & profonds

foffés pleins d'eau , & dont les lapins ne peuvent vaguer. Galon
fur ce même art. 19

XXIII.

La chaffe dans les garennes eft reputée
vol , ainfi que la chaffe aux pigeons.

Galon fur l'art. 10 du même tit. La raifon eft que les Garennes s'afferment & les lapins qui s'y trouvent enfermés font
mis au rang des animaux domeftiques. L'on punit auffi rigou-
reufement ceux qui y détruifent les lapins , foit en ruinant les
halots ou raboulieres , où ils fe retirent , ou en les prenant
avec des poches & des furets.

XXIV.

Il eft deffendu de chaffer fur les Terres
enfémencées , depuis que le blé eft en tuyau
jufques après la moiffon ; & dans les vignes ,
depuis le 1 d'Avril , jufques après les vendanges , à peine de 300. liv. d'amende &
intérêts envers les propriétaires de ces mêmes terres.

Arrêt de réglement du 8 de Mars 1710. Autre Arrêt de réglement du 16 de Mars 1751. L'ordonnance de 1659 tit. 18.
impofe une amende de 500. liv.

XXV.

La Chaffe aux lievres eft interdite depuis
le 1er. jour de Carême de chaque année , & la
chaffe aux perdrix depuis le même jour jufques au dernier de Juillet , à peine de 100 liv.
d'amende , de confifcation du gibier & des

fusils , à l'égard de ceux qui s'en trouveront saisis.

Mêmes Arrêts de Réglement.

XXVI

Il est deffendu de prendre les œufs des cailles & des perdrix , de les élever , nourrir , vendre ou acheter , & de se servir de lacs , tirasses , filets , trenaux , colliers , fils d'archal , & autres moyens pour prendre les perdrix , & de les chasser à la course.

Mêmes Arrêts de Réglement , qui prononcent la condamnation à une amende & même à une punition corporelle.

XXVII.

On ne peut pas chasser ni prendre aux filets , à la glu , ou autrement , même avec la permission du Seigneur , les oiseaux de chant & plaisir , tels que linottes , chardonnerets , pinsons , serins , rossignols , cailles , fauvettes , alouettes , merles , sansonets & autres de semblables qualité , depuis la mi-Mars jusques à la mi-Août , par rapport aux oiseaux des années précédentes ; mais seulement on peut prendre les jeunes dans les nids pour les nourrir.

Réglement fait par le siége de la table de marbre de Paris, & rapporté dans la pratique des terriers tom. 4 , tit de la Chasse , quest. 33.

XXVIII.

La Chasse aux pigeons en quel tems que ce soit est un délit grave & puni plus severement que la simple contravention aux Ordonnances & réglemens concernant la Chasse.

L'art. 12 de l'Ordonnance de 1607. Arrêt de Réglement du Parlement de Provence du 20 de Décembre 1685, qui prononce la peine des galeres contre les plébées, & celle d'un amende de 300 liv. contre les personnes d'un autre état. Mr. de la Roche flavin ch. 22 art. 4 rapporte un ancien Arrêt du Parlement de Toulouse, qui fit deffenses de tirer sur les pigeons, & de les prendre avec filets & lacets.

Par un autre Arrêt de Réglement du Parlement de Provence du 18 d'Août 1715, il a été deffendu d'acheter des pigeons tués au fusil.

Il est pareillement deffendu d'avoir dans les maisons, cours & héritages à la campagne des fénétres, coulisses & attrappes pour les retenir, prendre & arrêter. Galon sur l'art. 41 du tit. 30 de l'Ordonnance de 1669.

Quoique les pigeons ne soient pas proprement gibier, c'est aux Juges des eaux & forêts de connoître des plaintes formées contre ceux qui les tuent, ou prennent avec des engins. Il en est autrement, lorsqu'il s'agit d'une plainte contre un chasseur, qui a tiré sur des poules. Il faut se pourvoir devant les Juges ordinaires. Ainsi jugé par un Arrêt rendu en 1744 & rapporté dans le Journal du Palais de Toulouse.

XXIX.

Le délit de la chasse n'est pas public ; ainsi il peut être remis par le Seigneur intéressé, sans que les Gens du Roi puissent en faire la poursuite. L'amende qui est prononcée n'est pas infamante ; & l'on ne doit pas per-

mettre de recourir pour la preuve à la voye
des censures ecclésiastiques ; à moins qu'il
n'y ait des circonstances aggravantes.

Galon sur l'art. 1 du même tit. de l'Ordonnance de 1669,
Code des chasses, tom. 1 pag. 47.

XXX.

Le Juge gruyer du Seigneur ne devient
pas suspect, lorsque les poursuites sont faites au nom même du Seigneur, & non
par le ministere de son Procureur Jurisdictionnel.

Arrêt du 12 de Mars 1710 en faveur du Seigneur de Cabriés, contre qui l'on demandoit la cassation de la procédure
criminelle sur ce seul fondement : que la plainte avoit été renduë
au Juge gruyer, non par le Procureur Fiscal, mais par le
Seigneur lui-même.

XXXI.

Il n'est pas permis aux Seigneurs d'enle-
ver les fusils de ceux qui chassent dans leurs
terres.

Arrêt du Parlement de Toulouse rapporté par Fromental sur
le mot *Chasse* pag. 17 le Seigneur avoit été grièvement mal-
traité par celui à qui il avoit voulu ôter le fusil, & il se plaignoit que le premier Juge ne l'eût decreté que d'un ajournement personnel. Ce decret fut confirmé ; parce qu'on regarda
le Seigneur, comme ayant commis lui-même la premiere
violence.

XXXII.

Les Bergers, gardiens & maitres des trou-

peaux sont obligés de mener en lesse leurs
Chiens, ou de leur attacher un collier ou
billot; sauf de les lâcher, lorsque la conservation du Troupeau l'exige, & il est défendu à toute personne de laisser vaguer
d'autres Chiens sans collier ou billot.

Il y a plusieurs Arrêts obtenus par les Seigneurs, qui
l'ont ainsi réglé.

Les Arrêts du Parlement de Toulouse, que j'ai cités souvent sous le tit. *des Droits honorifiques*, enjoignent aux habitans de tenir leurs Chiens attachés depuis le 1ᵉʳ. de Mai
jusques au 1ᵉʳ. d'Août suivant, & le restant de l'année,
de leur attacher au col un bâton de deux pans, & demi
de longueur dont un des bouts traînera par terre, & ce
pour éviter le dépérissement du Gibier autrement permis au
Seigneur de faire tuer les Chiens.

XXXIII.

Les Seigneurs ont la liberté de se pourvoir au sujet des contraventions, dont ils
ont à se plaindre, ou directement à la
Chambre des Eaux & Forets, ou devant le
Juge de leur Terre en première instance.

Déclaration du 14 de Juillet 1711, par laquelle les offices de Juge Gruyer ont été réunis aux Justices des Seigneurs. En Provence, il n'y a ni table de Marbre ni Siége
de Maîtrise des Eaux & Forêts.

XXXIV.

Les Lieutenants de Sénéchal ne peuvent
connoître ni en première instance ni en cause
d'appel des contraventions à la Chasse.

Arrêt du 27 de Janvier 1713, entre la Demoiselle Baton de Marseille & Louis Auran. Arrêt de Réglement du 10 Mars 1716.

XXXV.

Le renvoi à L'official Juge naturel des Ecclésiastiques leur est refusé, lorsqu'ils sont dénoncés pour contraventions aux Ordonnances & Regléments concernant la Chasse, s'il ne s'agit que de peines pécuniaires.

Ordonnance d'Henri IV. du mois de Janvier 1600. Plusieurs Arrêts & Jugemens rapportés par Galon sur l'art. 15 du tit. 30. de l'Ordonnance de 1669, où il dit qu'on n'accorde le renvoi que lorsqu'il y a lieu de juger l'Ecclésiastique à peine afflictive.

XXXVI.

Les Prêtres ne sont pas sujets à la contrainte par corps pour amende en fait de Chasse.

Ainsi jugé par Arrêt du 15 de Juin 1743 rapporté dans le Recueil judiciaire tom. 1er, pag. 538.

XXXVII.

En Provence on condamne chacun des accusés qui ont chassé ensemble, à l'amende. En Languedoc on les condamne tous *Solidairement* à une seule amende & aux dépens.

Jugement souverain du 29 d'Août 1709. rapporté par Vedel sur Catelan, tom. 1, pag. 325.

XXXVIII.

Le Chaſſeur condamné à l'amende ne doit pas l'être aux dommages & intérêts, à moins qu'il n'eût chaſſé dans un tems, où la Chaſſe eſt défendue, & cauſé quelque dommage aux champs.

Pratique des Terriers, tom. 4. tit. *de la Chaſſe*, queſt. 15.

TITRE QUATORZIEME.

Du Droit d'Albergue.

I.

LA Redevance connue ſous le nom d'Albergue, dérive de l'obligation impoſée à des Vaſſaux d'*heberger* ou loger le Seigneur ou ceux qu'il envoye dans ſa terre, pendant le tems qui eſt réglé par le titre conſtitutif ou par ceux qui en tiennent lieu.

Voyez ſur l'origine de ce Droit du Cange *gloſſar. med. & infim. latinit.* ſous le mot *heribergium.* Dolive liv. 2. ch. 5. L'hiſtoire générale du Languedoc par deux Bénédictins, tom. 2. liv. 14. n. 98. pag. 244. Geraud liv. 2. ch. 7. n. 6.

Dans pluſieurs titres ce terme *d'Albergue*, eſt employé pour ſignifier des redevances dûes à un Seigneur Direct. En Dauphiné *alberger* c'eſt donner en Albergue ou cenſive, à l'inſtar de celle qui eſt payée pour le droit de gite, Gui pape conſ. 125. Boiſſieu ch. 41.

II.

Les Seigneurs à qui ce droit est acquis &
avec qui il n'a pas été abonné pour une
rente soit en argent soit en grains, ne peuvent pas exiger que la rédevance soit con-
vertie en argent.

Les Albergues dues au Roi furent converties en argent par
la Déclaration d'Henri II. de 1549. En Provence le pays
les a abonnées conjointement avec d'autres droits, pour lesquels il paye annuellement au Roi la somme de 35000 liv.

Mais les Seigneurs ne peuvent pas se prévaloir de cet
exemple ; & je ne doute pas que si la question se présen-
toit au Parlement d'Aix, elle ne fût jugée comme elle l'a
été par le Parlement de Toulouse.

Il étoit prouvé par un dénombrement du 2°. d'Avril 1640
que les possesseurs du domaine de Canes situé dans le Comté
de Mauguis appartenant à l'Evêque de Montpellier, devoient
Albergas quinque militum payables annuellement, lorsqu'ils
en seroient requis.

L'Evêque de Montpellier prétendit que le sieur Darene possesseur de ce domaine en 1688 devoit être soumis à payer
en argent cette rédevance, comme les termes employés dans
le dénombrement, le désignoient assez : *solvam & solvere
promitto*, & il demanda les arrérages depuis l'introduction
de l'instance.

Le sieur Darene répondoit qu'il ne refusoit pas de recevoir & loger chez lui annuellement l'Evêque & cinq hommes de guerre ; que cette prestation ou rédevance étoit honorable pour le Vassal ; au lieu que la prestation en argent est
vile & basse. Que le mot *solvere* s'appliquoit à toute sorte
d'obligation, *sive in pecuniâ, sive in faciendo consistat.*

Le 10 de Décembre 1691 Arrêt qui demet l'Evêque de
Montpellier de sa demande en évaluation de l'Albergue, &
ne lui adjuge point d'arrérages. Second Arrêt le 16 de Janvier 1692 pour fixer la forme de la reception du Seigneur,
& *quinque militum*. Il fut décidé que le possesseur du domaine de Canes devoit recevoir, loger, nourrir & entretenir
le Seigneur Evêque annuellement avec cinq Chevaliers,
quand il en seroit réquis,

Semblable Arrêt du même Parlement du 1 Juin 1695. Le Vaſſal étoit tenu *d'héberger un Gendarme, quand le Seigneur l'envoyeroit, pendant un jour tant ſeulement.* Le premier Juge avoit évalué cette preſtation à une rédevance annuelle de 2 liv. 5 ſ. & avoit adjugé les arrérages depuis l'inſtance. L'Arrêt réforma & ordonna que le Vaſſal ſeroit retenu de *recevoir un homme à cheval,* on citoit l'Arrêt contre l'Evêque de Montpellier & un autre Arrêt du 10 de Septembre 1649.

Ils ſont tous rapportés dans le Journal du Palais de Toulouſe.

III.

Le droit peut être exigé annuellement, mais une ſeule fois.

L'Arrêt du 16 de Janvier 1692 cité ſur l'art. précédent le jugea ainſi; & il n'y avoit aucune difficulté à cet égard lors du dernier Arrêt. Je remarque à ce ſujet que Mr. de Catelan liv. 3. ch. 34, auroit pû s'expliquer plus clairement ſur l'Arrêt qu'il rapporte, & qui fut obtenu par Mr. l'Evêque de Cahors. Il fut ordonné, dit-il, que le ſieur d'Eſpanel à raiſon d'une dîme inféodée, recevroit chez lui Mr. l'Evêque de Cahors accompagné de 30 Chevaux, & lui fourniroit & à ſa ſuite deux repas & une couchée. Mais le ſieur d'Eſpanel ſoutenoit que le tems de cette réception n'étant pas exprimé dans le titre, cela ne devoit s'entendre que d'une viſite faite en paſſant, & d'une ſimple colation. L'Arrêt dût donc juger ſi cette Albergue étoit duë annuellement; & c'eſt ce que Mr. de Catelan ne dit pas.

IV.

L'Albergue payable annuellement en deniers ou denrées rend en Languedoc les fonds roturiers, de même que l'emphitéoſe; mais il en eſt autrèment, ſi elle n'eſt pas payable en argent ou en denrées, & ſi elle n'eſt pas annuelle.

Quoique les tailles soient réelles en Languedoc comme en Provence on y suit des maximes différentes par rapport à la nobilité des biens. En Provence, le fonds noble devient roturier, s'il est aliené sans une portion de la justice. En Languedoc, il conserve sa première qualité, pourvû que le Seigneur, en l'alienant, n'y ait pas imposé une rédevance en grains, ou en deniers, ou volaille; cette reserve fait dégénerer l'acte en bail emphitéotique, & l'emphitéose est un titre de roture. *In emphiteusim, aut censualem contractum res transit;* comme dit Mr. le Président Philippe. C'est aussi la remarque de Despeisses tom 3, tit. 2 *des tailles* art. 14 sect. 2. n. 33 où il ajoûte que *si la redevance annuelle consiste plutôt en quelque reconnoissance d'honneur, qu'en profit, comme une paire d'éperons, une paire de perdrix, &c. elle ne rend pas la terre roturière.*

Les Albergues dues pour les fiefs, sont d'honneur, ou de profit; celles d'honneur n'avilissent pas le fief; celles qui sont de profit l'avilissent, & le rendent roturier. Arrêt de la Cour des Aydes de Montpellier du 26e de Janvier 1627 rendu entre les Consuls de la Valete Diocèse de Carcassonne, & François Faure, cinquante seterées de terre sujettes à une Albergue de cinquante sols, furent déclarées roturières. Par un autre Arrêt du 18 de Juillet 1699 rendu entre le sieur de Vilage, & le Sacristain de l'Eglise de St. Gilles, la terre de la Sacristane fut declarée roturière, quoiqu'elle eut été inféodée en fief franc & noble; parce qu'elles avoit été assujettie à une Albergue de vingt-huit seriers de bled.

Selon Mr. Dolive liv. 2. ch. 5. quoiqu'il y ait une rente en argent, l'Albergue ne fait pas perdre la nobilité du fonds. Mais cela doit s'entendre du cas où le droit de gîte est converti & abonné à une rente.

Voyez l'art. 9. de la déclaration du 17 de Mai 1741 imprimée à la fin du titre *des biens nobles.*

TITRE QUINZIEME.

Du Droit de Guet & Garde.

I.

L'Obligation imposée à ceux qui sont soumis au droit de Guet & Garde, consiste à faire la garde au Château du Seigneur, ou à lui payer par évaluation ou abonnement une rédevance en argent ou en grains.

II.

Ce Droit est personnel ou réel, il est personnel si la personne est obligée ; & réel, s'il a été stipulé dans la tradition du fonds. Le personnel n'est dû qu'en tems de guerre, & cesse d'être dû, dès que le Château est détruit. Le réel est dû en tout tems comme les autres rentes, & quoique le Château soit démoli.

Ferrières sur la quest. 9. de Gui-pape ; Graverol sur la Roche-Flavin *des droit Seigneurs.* ch. 27. art. 9. Bouvot tom. 2, v°. *Guet*, quest 5. not. 1. n. 2 ; la Peyrere let. 9. n. 23 ; Catelan liv. 3. ch. 16. ; D'argentré sur la cout. de Bretagne art. 92.

III.

En cas de nécessité le Seigneur ; quoique dépourvû de titres , peut contraindre les Vassaux à faire la garde ; mais cela n'a lieu qu'en faveur du Seigneur justicier , & pourvû que les habitans n'aient pas un lieu fermé & fortifié , où ils fassent ordinairement guet & garde.

Arrêt du 23 d'Avril 1580 rapporté par Mr de la Roche-Flavin ch. 27 , art. 1 & 3.

IV.

Dans ce même cas de nécessité & de défaut de titre , ceux qui sont trop éloignés , ou qui ne peuvent pas commodément se retirer au Château du Seigneur avec leurs meubles & bestiaux , sont exempts du droit de guet & garde.

Même Arrêt cité encore par Mr. de la Roche-Flavin ; ch. 27. art. 10.

V.

Le Droit de garde ne peût-être cedé ni transferé ailleurs qu'au Château auquel il est dû ; & il n'y a que les domiciliés dans les limites du Château qui y soient sujets.

D'argentré art. 93 not. 1 n. 3. Mais cela s'entend du droit de guet & garde personnel ; & ce même Auteur observe

que

que si le Seigneur vendoit tous ses biens , & retenoit le Château , le droit ne seroit pas vendu. Quant au réel , il passe à l'acheteur avec le fonds auquel il est attaché.

V I.

Le droit de guet & garde constitué personnel par le titre , ne peut pas être placé sur un fonds par des réconnoissances ; ce seroit une surcharge.

Graverol sur la Roche-Flavin ch. 27, art. 9. Mr. de Catellan , liv. 3. ch. 16. rapporte un Arrêt , qui jugea que le Seigneur n'ayant pas un titre , qui eût reglé ce droit à cinq sols par an pour chaque habitant , il ne pouvoit pas exiger cette rédevance malgré la possession.

V I I.

Les Veuves les Mineurs de 18 ans , les Ecclésiastiques , les Nobles sont exempts du droit de guet & garde personnel , mais en cas de péril évident l'exemption cesse.

Ferriere sur la quest. 9. de Gui-pape ; la Peyrere let. G n. 23 ; d'Hericour *Loix écclés.* part. 4. ch. 8 , max. 12 ; Bouvot tom. 2 , v°. *guet* , quest. 1.

V I I I.

Les habitans qui se retirent dans le Château avec leurs effets , sont tenus de fournir ce qui est nécessaire pour la garde.

Bouvot tom. 2 , v°. *guet & garde* quest. 2 ; la Peyrere let. 9 n. 23. & 24.

IX.

Le droit de guet & garde étant dû par feu allumant, si plusieurs enfans d'un même pere se séparent, il est dû par chacun ; si au contraire plusieurs se réunissent ensemble, le droit de guet & garde n'est dû que pour un seul.

D'argentré art. 91. not. 1 , n. 3 ; la Roche-Flavin ch. 18. art. 2.

TITRE SEIZIEME.

Du Droit de Fouâge où quête.

I.

CEs noms de fouage & de quête désignent le même droit, qui consiste à une rédevance en argent, grains ou volailles, & que le Seigneur leve sur chaque chef de famille tenant feu.

La Roche-Flavin *des Droits Seigneuriaux* ch. 18 art. 1 ; Geraud liv. 2 ch. 7. n. 7.

II.

Il en est de ce droit comme de celui de guet & garde. Imposé sur un fonds, il est réel ; & personnel, si c'est chaque allumant feu qui le doit.

Boërius Décif. 212 & 213 ; Defpeiffes des *Droits Seign.*
pag. 306 , Sect. 10 , n. 2.

III.

Si fous le même toit il y a deux , trois
familles ou plus, qui vivent féparément ,
chacune doit le droit de Fouage. Si au
contraire elles ne tiennent toutes qu'un
même feu & vivent enfemble , elle ne doivent qu'un feul droit de Fouage.

Arrêts rapportés par la Roche-Flavin ch. 18 art. 2 ; Geraud liv. 2 ch. 7 , n. 7. mais cela s'entend du droit de
fouage perfonnel , & non du réel. Papon liv 13 , tit. 5
Art. 3 ; Boërius queft. 212 , n. 4 ; Faber lib. 9". tit. 39",
défin. 8.

IV.

Celui qui poffède plufieurs Maifons , ne
doit qu'un feul droit de Fouage ; mais
on n'en eft pas difpenfé , quoiqu'on ait une
maifon & un domicile ailleurs , & qu'on
n'habite que pendant un certain tems de
l'année la maifon fituée dans le lieu , où
fe leve le droit de Fouage.

La Roche-Flavin , ch. 18. art. 2. Il s'agit encore là du
Fouage perfonnel. Par un Arrêt rendu en 1605 & cité dans
les Collect. Mff. de M°. Furgole , un Procureur en la Séné-
chauffée de Caftelnaudari fut condamné à payer au Seigneur
de Tréville le droit de Fouage , quoiqu'il fût domicilié à
Caftelnaudari , & qu'il n'habitât à Tréville , où il avoit une
maifon , que pendant le tems de la récolte.

V.

Les Arrérages du droit de Fouage ſont dûs depuis 29 ans avant l'inſtance.

Tel eſt l'état actuel de la Juriſprudence du Parlement de Toulouſe. Il y a deux Arrêts ; l'un du 28 d'Août 1721, l'autre du 17 de Juillet 1730 rendu en faveur de Mr. Douvrier Préſident aux Requêtes contre les habitans de Veiſſac ; il eſt rapporté dans les collections Mſſ. de Mᵉ. Furgole. Autrefois on ne les adjugeoit que depuis cinq ans.

TITRE DIX-SEPTIEME.

Du Ban des Vendanges & du Ban à vin.

I.

LE Ban des Vendanges inconnu en Provence, & qui en Languedoc eſt une dépendance de la haute-juſtice, conſiſte au droit de fixer le jour, où l'on pourra commencer à Vendanger.

Ce Droit à moins pour objet l'avantage du Seigneur que celui des Vaſſaux ; il eſt de l'utilité publique, dit Mr. de Boiſſieu ch. 59, de ne recueillir pas les blés & les raiſins avant leur maturité ; & il ajoute que celui qui recueille ſes raiſins avant l'ouverture des Vendanges, donne ſujet aux larcins & au dommage des bêtes, de là auſſi le Ban des Moiſſons, qui eſt encore en uſage dans quelque Provinces. l'un & l'autre de ces Droits ſont en uſage en Italie. *In quibuſdam locis,* dit Cæpola *de ſervit. ruſt. præd. cap. 20, ſunt ſtatuta, ne quis poſſit vindemiare vel meſſem facere etiam in ſuo, niſi certo tempore. Hoc ideo à Dominis locorum conſtitu-*

tum, ne fruges decerpere immaturas & tempore non suo cogerentur.

II.

La charge imposée par le Ban des Vendanges est réelle, affectant les fonds ; ainsi nulle exemption pour les Ecclésiastiques, le Curé, les Gentils-hommes, même malgré une possession immémoriale.

Mr. de Boissieu ch. 39 ; Bouvot tom. 1. part. 1 v°. *Ban des Vendanges*, quest. 1 ; Henris & Bretonnier tom. 1, liv. 3. quest. 36.

III.

Les vignes enfermées dans les enclos ne sont pas sujettes au Ban de Vendanges.

Henris & Bretonnier *ibid.* la raison en est que les voisins n'en souffrent aucun préjudice.

IV.

Le Seigneur ne peut pas donner la permission aux particuliers de Vendanger avant le tems indiqué, lorsqu'il en résulte un préjudice pour les voisins.

Mr. de Boissieu ch. 39. Suivant l'Arrêt du Parlement de Paris du 22e. de Juin 1600 rapporté par Mr. Le-Prêtre ès Arrêts célèbres, le Seigneur ne peut donner cette permission, si-non pour cause raisonnable & gratuite.

V.

Le Seigneur peut Vendanger un ou deux & même trois jours avant le jour fixé pour l'ouverture des Vendanges de ses justiciables.

Le plus ou le moins dépend de l'usage & possession. Mr. de Boissieu dit qu'en Dauphiné le Seigneur a un ou deux jour ; la coutume de Nivernois n'accorde qu'un jour : en Languedoc le Seigneur a trois jours. Voyez la note sur l'art. VII.

VI.

Quiconque enfraint le Ban des Vendanges , encourt la peine d'une amende , & est responsable du dommage que les voisins peuvent avoir souffert.

Mr. de Boissieu ch. 39 ; Henris & Bretonnier tom. 1. liv. 3. quest. 36.

VII.

Avant que de fixer le jour de l'ouverture des Vendanges , il faut assembler les habitans pour avoir leur avis , & commettre des experts ou prud'hommes , qui vérifiéront si les raisins sont mûrs , & feront leur rapport sur la commodité ou incommodité du rétardement ou avancement des Vendanges.

Si cette formalité n'est pas remplie , le Ban des Vendanges ne lie pas les particuliers.

Ainsi Jugé par l'Arrêt du Parlement de Toulouse rapporté par Mr. Mainard liv. 8. ch. 24.

Les Arrêts de ce même Parlement cités si souvent dans les notes sur les Droits Honorifiques contiennent cette disposition, « ordonne que le tems des Vendanges arrivé,
» la Communauté sera tenue de s'assembler & de nommer
» des prud'hommes pour aller visiter la Vendange : lesquels en
» feront ensuite leur rapport à l'assemblée de la Communauté,
» qui fixera le jour des Vendanges, lequel sera communiqué
» de suite au Seigneur & en son absence à ses Officiers ; que
» le Ban des Vendanges sera publié au nom du Seigneur
» un jour de Dimanche ou de Fête à l'issue de la Messe ou
» de Vêpres ; que le jour desdites Vendanges étant indiqué,
» le Seigneur aura trois jours pour faire Vendanger ses Vi-
» gnes ; faisant défense aux habitans & bien tenants de Ven-
» danger avant la publication du Ban des Vendanges ni
» pendant les trois jours que le Seigneur fera Vendanger
» ses vignes à peine de 25 liv. d'amende & de la confis-
» cation de la Vendange.

VIII.

Si la jurisdiction à plus d'étendue que le territoire ou taillable, le Ban des Vendanges ne s'étend pas au-delà du territoire.

Arrêt rapporté mais sans datte dans les collections Mss. de Me. Furgole, il fut ordonné avant dire droit sur la demande en déclaration des peines pour infraction du Ban de Vendanges, qu'on prouveroit que les vignes Vendangées avant le tems étoient en tout ou en partie dans le territoire ou taillable de Peiras. Les Consuls de Peiras prétendoient qu'il suffisoit que les Vignes fussent dans l'étendue de la jurisdiction : & il n'étoit pas contesté qu'elles n'y fussent, ils disoient que l'indiction du Ban de Vendanges étoit un attribut & une dépendance de la justice, & que par conséquent elle devoit lier tous les justiciables dans l'étendue de cette même jurisdiction.

IX.

Le Ban à vin confiste au droit que le Seigneur a de vendre fon vin en détail certain mois de l'année, & au plus pendant deux mois, & de défendre aux autres de vendre leur vin dans ce même tems.

La Roche *des Droits Seigneuriaux* & Graverol ch. 14. art. 1. Mornac fur la loi unique *cod. de monop.* Henris liv. 3. ch. 3. queft. 51. Boiffieu *de l'ufage des fiefs*, ch. 65. L'hommeau *Jurifprud. Franc.* art. 186. Brodeau fur la cout. de Paris art. 71. n. 36.

X.

Si le tems n'eft fixé ni par le titre ni par la poffeffion, le Seigneur peut choifir tel mois de l'année qu'il juge à propos.

Graverol *ibid.* Trouçon fur la cout. de Paris art. 71.

XI.

Ce droit ne peut être établi que par titre ou poffeffion immémoriale ; il eft réel, affectant tout le vin du terroir ; ainfi les Eccléfiaftiques & les Gentils-hommes n'en font pas exempts.

Graverol *ibid.* L'hommeau *ibid.* Livonières des fiefs liv. 6. ch. 6. § 4. l'Arrêt du Parlement de Touloufe rapporté par la Roche.

Ce Droit n'eft pas comme le Ban des Vendanges une dépendance de la haute juftice, mais un Droit Seigneurial ordinaire.

XII.

Les Cabaretiers & les Taverniers peuvent même pendant la durée du Ban vendre leur vin dans leurs hôtelleries aux paſſans & voyageurs.

Boucheul ſur la Cout. de Poitou, art. 61. n. 4.

XIII.

Le Seigneur doit tenir du vin vendable & de commune bonté & au prix commun taxé par les Conſuls.

Arrêt du Parlement de Touloufe rapporté par la Roche-Flavin ch. 14. n. 1. « La Cour a maintenu & gardé ledit
» d'Eſpagne en la poſſeſſion & ſaiſine de pouvoir vendre
» ſon vin à pot & pinte, chacune année durant le mois
» d'Août à prix commun & raiſonnable, tel qu'il ſera taxé
» par les Baile & Conſuls, à la charge qu'icelui Seigneur
» de Seyſſes ſera tenu d'y tenir en vente vin vendable
» & de commune bonté ; de manière que les dits habitans
» & autres paſſans puiſſent en être commodément pourvûs.

XIV.

Le Seigneur ne peut vendre pendant la durée du Ban que le vin de ſon crû de la Paroiſſe, où eſt ſituée la maiſon Seigneuriale, d'où dépend le droit de Banvin.

Mr. de Boiſſieu ch. 65 ; Livoniere trait. *des fiefs* liv. 6. ch. 6 § 4. Arrêts rapportés par les commentateurs de la Cout. de

Paris art. 71. mais s'il n'y avoit point de vigne dans l'étendue de la paroisse, le Seigneur pourroit vendre du vin qu'il auroit recueilli ailleurs. Boissieu *ibid.*

XV.

Le droit de Ban-vin est personnel au Seigneur, qui ne peut ni le céder ni l'affermer ; & il doit être exercé dans la maison Seigneuriale.

Livonieres *ibid.* Boucheul sur la Cout. de Poitou art. 61. n. 13. Chopin sur la Cout. d'Anjou liv. 2. tit. 3. n. 7. En Dauphiné il peut être affermé ; mais le Fermier ne peut vendre que le vin du Seigneur. Mr. de Boissieu *ibid.*

XVI.

Pendant la durée du ban il n'est pas défendu aux habitans de vendre ou acheter du vin en gros.

L'Arrêt rapporté par Mr. de la Roche-flavin & cité ci-dessus. » » sans que pour raison de ce lesdits habitans puissent être empêchés par ledit Seigneur de vendre ou acheter leur vin en » gros, étant en tonneaux gros ou petits.

XVII.

Après que le Seigneur a vendu le vin de son crû, les habitans ont la liberté de vendre le leur ; quoique le tems du ban ne soit pas expiré.

Livonieres *des fiefs*, liv. 6, ch. 6, §. 4.

TITRE DIX-HUITIEME.

Des Biens Nobles.

I.

NUl autre que le Seigneur juſticier ne peut poſſéder des Biens Nobles en Provence. Aliénés ſans une portion de la Juriſdiction, ils tombent en roture.

Une Juriſprudence contraire aux vrais principes des fieſs a introduit cette régle qui a été long-tems chancelante.

Mr. de Clapiers cauſ. 86 queſt. uniq. rapporte deux Arrêts, qui avoient jugé que les Biens nobles déſemparés par le Seigneur ſans Juriſdiction avoient conſervé leur nobilité *quoniam erant antiquâ feudi & focagiis nuſquam erant ſcripta.* Il y a un 3ᵉ. Arrêt rendu en 1625, & dont Boniface fait mention tom. 4. liv. 3. tit. 11. ch. 1; & cette jurisprudence fut adoptée par des Commiſſaires délégués par le Conſeil pour juger les procès entre le Seigneur & la Communauté de la Verdiere. Par leur jugement auquel préſida Mr. Lebret Intendant, & qui fut rendu en 1704, ils déclarerent Noble un Domaine tranſporté par le Seigneur ſans aucune portion de juriſdiction à ſon frere puîné en payement de ſa légitime.

Il eſt certain que la cauſe primitive de la nobilité des fonds & de l'exemption des tailles a été le ſervice militaire, auquel tout Seigneur féodataire étoit ſoumis, non pas par rapport à la juſtice, qui en Provence comme partout ailleurs n'a rien de commun avec le fief, mais pour le fief même.

Le premier Arrêt que l'on peut regarder comme le principe de la nouvelle juriſprudence, eſt celui qui fut rendu en 1628 en faveur de la Communauté d'Aurons. Boniface tom. 4. liv. 3. tit. 2. ch. 2. en rapporte pluſieurs autres. Enfin la queſtion n'eſt plus depuis long-tems ſuſceptible de doute.

En Languedoc on a auſſi regardé la juſtice comme la cauſe productive de la nobilité des Biens, mais cette nobilité n'en subsiste pas moins quoique les Biens fussent aliénés, sans aucune portion de la jurisdiction. Je ne m'étendrai pas beaucoup sur les usages du Languedoc. On les trouvera tous résumés dans les Déclarations imprimées à la fin de ce titre.

II.

La plus petite portion de la jurisdiction, même de la basse, suffit pour conserver la nobilité.

Il y a plusieurs exemples d'arriere-fiefs composés de biens nobles, qui ne furent transportés originairement qu'avec moyenne & basse justice, ou même seulement avec la basse, & qui jouissent de la franchise des tailles.

Arrêt rendu en 1704 en faveur du sieur Berne possesseur d'un arriere-fief situé dans le terroir d'Orgon.

Par un Acte passé en 1660 entre le sieur d'Hugues & le sieur d'Ornefan, celui-ci en vendant la terre de Vaumeil se reserva une censive & une once de la basse-justice pour conserver la nobilité de quelque fonds, qui ne furent pas compris dans la vente. On ne la lui a pas disputée.

Par Arrêt du 10. de Juin 1686 en faveur du sieur de Pontevés contre la Communauté de Thorame, il fut jugé que la reserve d'un denier de toute la jurisdiction haute, moyenne & basse suffisoit; quoique l'on eut stipulé précisément que le possesseur ne pourroit pas nommer des Officiers de justice.

Le denier ne signifie pas une portion, qui ne vaut réellement qu'un denier, mais la douzieme partie d'un sol suivant le livre terrier des fiefs de Provence; la division étant faite en florins & en sols. Même usage en Languedoc. Voyez l'art. 6. de la Déclaration du 9°. d'Octobre 1684.

III.

Il n'est pas nécessaire que la reserve porte sur l'universalité de la jurisdiction par forme de cottité, comme pour la moitié, pour un quart, ou pour l'exercer pendant un certain tems , comme un mois , un jour , plus ou moins. Il suffit qu'il y ait une jurisdiction circonscrite & assignée sur les fonds , dont on veut conserver la nobilité.

Mourgues pag. 362 rapporte un Arrêt du 10 d'Août 1636 qui jugea le contraire. Des fonds cedés par le Seigneur de Briançon à ses sœurs en payement de leurs légitimes avec haute , moyenne & baffe justice furent declarés roturiers par cette feule raison ; que le transport de la justice avoit été fait en termes vagues *in abstracto* , fans défignation d'une cottité ou d'un exercice pendant un certain tems. Mais ce même Auteur rapporte tout de fuite plufieurs autres Arrêts contraires ; & il paroit très-difficile de justifier la décision du premier.

IV.

Les fonds Nobles transportés par un Coffeigneur à un autre Coffeigneur conservent leur nobilité ; quoiqu'ils ayent été aliénés fans jurisdiction.

Ainfi jugé par Arrêt rapporté par Boniface tom. 4. liv. 3 tit. 11. ch. 2.

La raison de décider eft que ces fonds n'ont jamais été poffedés fans jurifdiction , à laquelle le vendeur & l'acheteur participoient également.

S'il s'agiffoit , non pas d'une vente , mais d'un bail emphitéotique , la nobilité feroit perdué , s'il n'y avoit aucun tranfport d'une portion de la jurifdiction ; parce que l'emphitéofe eft par lui-même un titre de roture.

V.

Les Biens Nobles font exemts de tailles , mais tous les biens exemts de tailles ne font pas Nobles.

Les Biens que l'Eglise possédoit avant l'affouagement de 1471, & qui depuis cette même époque n'ont pas perdu leur privilége par des aliénations, sont affranchis du payement des tailles sans être nobles.

Il en est de même à l'égard des Biens aliénés par les Communautés pour cause de département avec franchise de taille. Aujourd'hui on ne permet plus aux Communautés de stipuler cette exemtion; & on leur a même donné la faculté de reprendre par la voye du rachât ces Biens aliénés; à moins que les Possesseurs ne consentent à l'encadastrement & à payer les tailles. Arrêt du Conseil du 15 de Juin 1668, art. 5.

VI.

Tous les Biens possédés par les Seigneurs sont présumés nobles. C'est aux Communautés de détruire cette présomption par la preuve de la roture.

Même usage en Languedoc. Voyez les art. 6. & 7. de la Déclaration de 1684.

VII.

Les cadastres des Communautés ne peuvent pas être opposés aux Seigneurs, comme renfermant la preuve de la roture.

Mourgues pag. 356, où il rapporte les Arrêts rendus contre les Communautés de Mimet & de Mondragon.

Depuis il a été rendu plusieurs Arrêts, qui ne permettent plus de former des doutes sur cette maxime.

Celui du 12 de Mai 1717 en faveur du sieur d'Agoult Seigneur de Roque-feuil est surtout remarquable. La Communauté justifioit que les Biens dont il étoit question, avoient été allivrés dans deux anciens cadastres faits, l'un avant le 15 de Décembre 1556, & l'autre après avec l'aveu & consentement du Seigneur. En les rapprochant l'un de l'autre, on voyoit que les Biens possédés par le Seigneur, avoient appartenu originairement à des particuliers, & qu'ils devoient avoir été acquis par le Seigneur après l'époque du 15 de Décembre 1556.

Il fut jugé que cette preuve ne suffisoit pas, & qu'il n'y en a
pas d'autre à admettre que celle que fournissent les actes d'acquisition.

Les tenets ou notes que l'on met dans les cadastres à coté
des articles ou allivremens sont par la même raison incapables
de former une preuve. Ainsi jugé contre la Communauté de Valerne par un Arrêt rendu en 1722 au Parlement de Grenoble,
où la cause avoit été évoquée.

Jugement rendu en dernier ressort par des Commissaires délégués le 29 de Novembre 1725 contre la Communauté de
Corbieres.

Autre Arrêt du 30 de Juin 1751 en faveur du Seigneur de
Vallavoire.

VIII.

La nobilité est effacée par le payement des tailles pendant 30 ans.

Gui-pape décis. 387. Despeisses tom. 3 ; Philippi resp. 11,
& dans ses Arrêts de conséquence art. 33. Voyez l'art. 16 de
la Déclaration de 1634 pour le Languedoc.

Decormis tom. 2, col. 1780 dit que l'espace de 10 ans
suffit, mais il se trompe. Il est vrai que l'Arrêt du Conseil
du 6 de Juin 1643 rendu entre la Communauté & le Seigneur
d'Ollioules présente une disposition, qui peut donner lieu de
croire qu'il a dérogé en ce point au droit commun. Tous les
Biens que les Seigneurs avoient acquis avant le 15 de Décembre 1556, sont declarés francs, quittes & immunes de
toutes tailles & autres impositions. & il est ajouté : *si n'étoit*
que lesdits acquereurs proprietaires desdits fiefs fussent obligés au
payement desdites tailles par transactions, Arrêts, sentences ou
jugemens, dont il n'y ait eu appel interjetté, ou que pour rai-
son desdites rotures ainsi acquises avant ledit jour 15 de Décem-
bre 1556 ils eussent volontairement payé les tailles pendant le
tems & espace de 10 années dernieres ou immédiatement précé-
dentes le jour de la demande qui leur en auroit été ou pourroit
être faite, lesquels cas ils seront tenus continuer le payement
desdites tailles à l'avenir pour raison desdits Biens, comme ils
ont fait par le passé.

Cette disposition concernant la prescription de dix ans n'a
trait qu'aux rotures acquises avant le 15 de Décembre 1556,
c'est-à-dire, aux Biens qui ne devinrent nobles que par fiction

& en vertu de ce même Arrêt ; mais à l'égard de ceux que les Seigneurs juftifieroient avoir été originairement nobles, il ne paroit pas que l'on pût faire ufage de cet Arrêt du 6 de Juin 1643, comme renfermant une dérogation au droit commun, qui n'admet que la preícription de 30 ans.

IX.

Les Seigneurs ne peuvent être foumis au payement des tailles que pour les biens roturiers acquis depuis le 15 de Décembre 1556 à tout autre titre que par commis, délaiffement, ou confifcation.

Dans les affouagemens généraux faits en 1390, 1400, 1418, & 1441, on n'eut aucun égard aux biens poffédés par les Seigneurs & par l'Eglife pour la fixation ou cottité des feux, & dans l'intervalle il avoit été rendu par le Confeil Royal de Louis II. Comte de Provence un Jugement portant que tous les nobles poffédants fiefs avec jurifdiction étoient exemts de tailles & de toutes contributions non feulement pour les Biens qu'ils poffédoient alors, mais encore pour ceux qu'ils acquerroient à l'avenir dans l'étendue de leurs fiefs & Jurifdictions à la charge du fervice militaire, lorfque l'on convoqueroit les cavalcades.

Les Commiffaires nommés pour procéder à l'affouagement général de 1471 ne comprirent pas non plus dans leur rapport les Biens poffédés par l'Eglife & les Seigneurs, n'ayant pris pour régle de leurs opérations que les cadaftres des Communautés, où ces mêmes Biens n'avoient pas été allivrés. Cependant ils fe crurent autorifés à rendre une Ordonnance portant qu'à l'avenir les gens d'Eglife & les nobles poffédants fiefs contribueroient au payement des Tailles pour les biens qu'ils avoient acquis, & pour ceux qu'ils acquerroient ; à moins qu'ils ne les euffent réunis par droit de rétrait, de Commis, ou de déguerpiffement.

Sur les conteftations multipliées auíquelles cette Ordonnance donna lieu, intervint le fameux Arrêt du Confeil du 15 de Décembre 1556 conçu en ces termes. *Le Roi a ordonné & ordonne que pour le régard des Biens revenus & échus ès mains*

des

*des Nobles par le droit de leur fief & jurisdiction à présent par
eux tenus & possédés seront francs, quittes & immunes de toutes tailles, charges & impositions ; & quant aux Biens, qui re-
viendront parci-après és mains desdits nobles par le droit de prélation, achat, donation ou échange, que lesdits Biens orés qu'ils
soient échus par leurs dits Droits de fiefs és mains desdits Nobles,
seront néanmoins contribuables à la taille, ainsi qu'ils étoient
auparavant qu'ils soient avenus & échus en leurs dites mains ;
si ce n'est au cas que pour lesdits Biens pris par échange ils
baillassent autres biens par eux auparavant tenus francs & quittes
desdites tailles, lesquels seroient suffisants & tenus porter pareilles
charges que ceux que lesdits Nobles auroient rétiré & recouverts
par échange, & où aucuns biens reviendroient és mains desdits
Nobles par commis, délaissement ou confiscation, en ce cas lesdits Biens seront tenus par lesdits Nobles francs & quittes de
toutes charges & impositions.*

Ainsi cet Arrêt réduisit le privilége de la nobilité par rapport
aux biens réunis aux fiefs, à ceux qui le seroient par commis,
délaissement ou confiscation ; au lieu que suivant l'Ordonnance
des Commissaires qui avoient procédé à l'affouagement général
de 1471, ce même privilége devoit s'étendre aux Biens réunis par retrait.

Il y eut de nouvelles contestations sur l'interprétation de
cet Arrêt du 15 de Décembre 1556. Mourgues pag. 323 en
rappelle le détail. Enfin le 6 de Juin 1643 il fut rendu un
autre Arrêt du Conseil entre le Seigneur & la Communauté
d'Ollioules, les Sindics du tiers-état & le corps de la Noblesse, pour dissiper tous les doutes que l'obscurité du premier
avoit fait naître. » Le Roi à ordonné & ordonne suivant &
» conformément à l'Arrêt du 15 de Décembre 1556, & icelui
» en tant que besoin seroit, interprétant, que tous & chacuns
» les biens roturiers acquis par les Seigneurs & propriétaires
» des fiefs dudit pays de Provence par prélation, achat, do-
» nation, échange ou autrement en l'étenduë de leurs dits
» fiefs & de leurs mouvances & directes seulement avant ledit
» jour 15 de Décembre 1556, demeureront francs, quittes
» & immunes de toutes tailles & autres impositions, si ce n'étoit
» que lesdits acquéreurs propriétaires desdits fiefs fussent obli-
» gés au payement desdites tailles par transactions, Arrêts,
» sentences ou jugemens, dont il n'y ait eu appel interjetté, ou
» que pour raison desdites rotures ainsi acquises avant ledit jour
» 15 de Décembre 1556 ils eussent volontairement payé les
» tailles pendant le tems & espace de 10 années dernieres ou

» immédiatement précédentes le jour de la demande qui leur en
» auroit été ou pourroit être faite, èsquels cas ils seront tenus
» continuer le payement desdites tailles à l'avenir pour raison
» desdits Biens, comme ils ont fait par le passé; ainsi qu'ils
» y sont condamnés par lesdits Arrêts, jugemens & transactions,
» auxquels Sa Majesté n'entend déroger, & sans que lesdits
» Biens nobles exemts desdits Seigneurs par eux ou leurs Au-
» teurs vendus avant ledit jour 15 de Décembre 1556 puissent
» entrer en compensation desdits biens par eux ou leurs Au-
» teurs acquis en l'étendue de leurs fiefs depuis ledit jour 15
» de Décembre 1556.

X.

L'exemtion des tailles ne peut être acquise par prescription.

Droit commun puisé dans la loi, *immunitates, cod. de agris,
& censit. leg. 1 cod. de immunit. nemini conced; leg. si in fraudem, cod. ann. & tribut; leg. fin. cod. sine cens. vel reliq. com-
parari posse.*

D'argentré sur la cout. de Bretagne tit. des droits du Prince
art. 56 n. 26.

Voyez l'art. 17 de la Déclaration de 1684 pour le Languedoc.
Arrêt du Conseil du 7. de Février 1702, pour la Provence.

X I.

Les transactions par lesquelles des fonds
roturiers ont été déclarés nobles ou affranchis du payement des tailles, sont absolument
nulles malgré tout laps de tems.

L'Arrêt du Conseil du 7 de Février 1702 déclare nuls tous
affranchissemens de tailles faits à prix d'argent ou sous prétexte de quittus de Droits Seigneuriaux ou arrérages d'iceux,
& en qu'elle maniere que ce puisse être, autrement, que par
compensation, ensemble tous actes par lesquels la cotte des biens
roturiers possédés par les Seigneurs aura été fixée; & ce nonobstant tout laps de tems.

Cet Arrêt n'a pas introduit, mais seulement confirmé une

maxime établie par la jurisprudence constante de la Cour des Aides.

Arrêt du mois de Juin 1624 entre le Seigneur & la Communauté de la garde.

Malgré les Arrêts plusieurs Communautés ne réclamerent pas de semblables transactions; mais après l'Arrêt du Conseil du 7 de Février 1702 l'on vit naître un grand nombre de procès; des circonstances particulieres ayant paru pouvoir former des exceptions à la régle générale. Mais loin de s'en écarter, on lui donna une extension, qui paroit contraire au motif même de la disposition de cet Arrêt du Conseil. On décida que les jugemens acquiescés, dont l'appel ne pouvoit plus être reçû, & les Arrêts même contradictoires étoient compris dans cette disposition.

L'on a même été plus loin; & dans la cause de la Dame de Claris l'on compara à un acte par lequel on eut affranchi les fonds roturiers du payement des tailles, plusieurs Arrêts qui avoient jugé que le Coïseigneur d'Ubraye avoit la qualité nécessaire pour posséder des Biens noblement. Tous ces Arrêts furent anéantis par celui du mois de Juin 1753.

Arrêt du 11 de Mai 1707 en faveur de la Communauté de Greoulx. La transaction qui fut cassée, & dont la datte étoit du 8 de Janvier 1620, avoit été précédée d'une sentence arbitrale du 10 de Juin 1619.

Arrêts du 11 de Mars 1716 en faveur de la Communauté de Seillans; il y avoit un Arrêt du 4 d'Août 1613.

De Cormis tom. 1. col. 833, fait mention d'un avis de Mr. l'Intendant portant que l'affranchissement d'un quint de feu, dont joüissoit le sieur de Puylobier, seroit revoqué nonobstant tout le laps de tems & tous les jugemens qu'il avoit obtenus.

Voyez l'article 18, de la Déclaration de 1684, pour le Languedoc.

X I I.

Le Seigneur peut exciper lui-même de la nullité des transactions ou autres actes concernant l'affranchissement des tailles, & en demander la récision.

Ainsi jugé par Arrêt du 5 de Juin 1715 en faveur du Marquis de Mirabeau contre la Communauté de Beaumont.

Malgré cet Arrêt la question ayant été amenée dans un Procès entre le Seigneur & la Communauté de Claret, elle parut douteuse, & ne fut pas jugée précisément par l'Arrêt qui intervint. Il semble cependant qu'il ne devroit y avoir aucun doute à se former à cet égard.

Les transactions sont absolument nulles, *funditus nullæ*, & par conséquent incapables d'obliger aucune des parties suivant le principe retracé par Gancerius dans ses resol. ch. 21, n. 137.

L'Arrêt du Conseil du 7 de Février 1702 n'a pas distingué, en prononçant la nullité absolue de ces actes, l'intérêt des Communautés & celui des Seigneurs féodataires ; il a établi une régle générale en faveur des uns & des autres. D'ailleurs toute restitution doit être réciproque ; & les Communautés pouvant toujours réclamer de la nullité absolue malgré tout laps de tems, il est juste que les Seigneurs aient ce même droit ; autrement ils ne seroient jamais en sûreté. La même question a été aussi jugée en 1704 en faveur de Mr. d'Oppede contre la Communauté de la Verdiere par des Commissaires délégués.

XIII.

L'abonnement de la taille à une cottité fixe & déterminée est nul malgré tout laps de tems.

Exemple d'un pareil abonnement. Il est convenu que la taille pour tel fonds sera fixée annuellement à 20 liv. par an. Cet accord est contraire à la nature des tailles qui varie ; & par conséquent il est absolument nul.

Ainsi jugé par Arrêt du 6 de Mars 1706 en faveur de la Communauté de Seillans contre la Dame de Flotte. Une transaction de 1560 relative à une autre de 1503, qui avoit fixé la taille à 8. florins, fut cassée.

Même décision donnée en faveur de Mr. d'Oppede contre la Communauté de la Verdiere en 1704, par des Commissaires délégués.

XIV.

Les Biens réunis au fief par déguerpissement ne recouvrent pas leur nobilité, si cette réunion a été faite sans formalités.

L'on n'obſervoit autrefois aucunes formalités, mais la Cour des Aydes ayant rendu le 18 de Janvier 1636 un Arrêt, qui déclara roturiers les biens déguerpis & réunis ſans formalités, par le Seigneur de Briançon, & la queſtion s'étant préſentée de nouveau au Conſeil de Sa Majeſté entre le ſieur d'Eſcalis Seigneur de St. Julien d'Aſſe, les gens des trois états & le Sindic de la Nobleſſe, il intervint le 10 d'Août 1637 Arrêt, qui en confirmant la nobilité des biens déguerpis & réunis au fief, ordonna qu'aux délaiſſemens qui ſeroient faits à l'avenir les Seigneurs ſeroient tenus de faire appeller les Communautés, & de faire publier leſdits délaiſſemens tant en la juſtice qu'aux prônes des Paroiſſes, où leſdits héritages ſont ſitués & aſſis autrement & à faute d'obſerver leſdites formalités, a déclaré & déclare leſdits Biens roturiers & taillables. Les Communautés ont la liberté de retenir ces mêmes Biens délaiſſés, en fourniſſant un homme vivant, mourant & confiſcant, qui acquitte au Seigneur les cens ou autres rédevances.

Les publications ne peuvent plus être faites au prône ſuivant l'art. 31 de l'Edit de 1695; on les fait à l'iſſuë de la Meſſe Paroiſſiale les jours de Dimanche; on les fait auſſi dans l'auditoire de juſtice.

L'Arrêt de Réglement de la Cour des Aydes du 23 de Janvier 1715 que j'ai rapporté, ſous le titre des Biens vacans, a enjoint aux Communautés d'expoſer en vente les Biens abandonnés, qui forment dans les Cadaſtres des cottes infructueuſes.

Les formalités conſiſtent au rapport d'eſtimation aux Enchères, publication de la vente qui doit être faite pendant trois Dimanches conſécutifs à l'iſſuë de la Meſſe de Paroiſſe; & cela doit être notifié aux Seigneurs féodataires des lieux en leur perſonne ou celle du Greffier de leur juriſdiction, aux fins qu'ils ayent à former dans le délai de trois mois, à peine de déchéance, pour leurs droits Seigneuriaux, telle demande qu'ils aviſeront en préférence aux arrérages de taille.

Ce Réglement ne détruit pas & n'a pas pû détruire par rapport aux Seigneurs celui qui avoit été fait par l'Arrêt du 10 d'Août 1637. il n'a eu pour l'objet que d'obliger les Communautés à ne pas laiſſer les cottes des biens abandonnés infructueuſes. Il ſuppoſe que les Seigneurs n'ont pas voulu réunir les Biens à leurs fiefs. Mais lorſqu'ils veulent uſer de leurs droits, ils n'ont pas d'autres formalités à remplir que celles qui ſont preſcrites par le même Arrêt du Conſeil du 10 d'Août 1637.

Deux Déclarations du Roi, l'une du 18e. de Mars 1695, art. II. & l'autre du 10e. d'Août 1728 pour les Biens abandonnés en Languedoc fourniffent la preuve de cette propofition. Le Roi déclare n'entendre déroger au droit de déguerpiffement & autres droits acquis aux Seigneurs directs. Au refte, le Réglement de 1715 fournit une preuve que dans le cas où le Seigneur ne veut pas réunir, il doit être payé des arrérages des droits Seigneuriaux fur le prix de ces Biens vendus par la Communauté.

La Déclaration de 1684 faite pour le Languedoc a auffi preferit des formalités, art. 15 & fuiv. & par l'art. 34. il eft établi que le défaut de formalités ne peut plus être oppofé, fi après la réunion le Seigneur a poffédé les Biens déguerpis fans trouble & fans payer la taille pendant trente années confécutives.

X V.

Les Biens réunis par rétrait donnés enfuite par le Seigneur à nouveau bail, & réünis de nouveau par déguerpiffement font toujours roturiers.

Ainfi décidé par une confultation de deux célébres Avocats, MM. Saurin pere & de-Cormis. La raifon de décider fut que le fonds retournoit avec la même qualité qu'il avoit avant le nouveau bail. Or le Seigneur le poffédant en vertu du rétrait & par conféquent comme roturier, il ne peut pas le reprendre avec la nobilité.

X V I.

Lorfque les Biens font réünis au fief par confifcation, le Seigneur les poffède tous en nobilité, fans excepter la partie qui auroit fervi au payement des créanciers du Vaffal ou Emphitéote, fi ce même Seigneur n'eut préféré de réünir la totalité en payant les Créanciers.

Le contraire fut jugé en faveur de la Communauté de la
Verdiere en 1704 par les Commiſſaires délégués ſur le fondement de la régle : *bona non dicuntur , niſi deducto ære alieno.*

Cette déciſion ne me paroît pas juſte. Il ſemble que le Seigneur en payant les Créanciers ne devient pas acheteur des
Biens affectés au payement ; il ſe maintient ſeulement en la
poſſeſſion de ces mêmes Biens réünis ainſi que les autres à
ſon fief, & les affranchit des hypotéques.

XVII.

Les Biens réunis au fief par confiſcation
pour crime de félonie recouvrent la nobilité ;
quoique le Seigneur n'ait pas la Seigneurie
directe dans ce même fief.

Ainſi jugé par Arrêt du 27 de Juin 1724 entre le ſieur de
Gratian & la Communauté de Seillans. La raiſon de douter
étoit fondée ſur ces termes de l'Arrêt du 7 de Février 1702 :
Dans l'étendue de leur fief & juriſdiction.

XVIII.

Dans ce même cas de la réunion au fief
par confiſcation , la Communauté n'eſt pas
recevable à exciper de l'intérêt qu'elle a à
ne pas laiſſer diminuer ſon cadaſtre , à l'effet
d'offrir au Seigneur le prix des Biens confiſqués.

Ainſi jugé le 30 de Mars 1672 par la Cour des Aydes en
faveur du Seigneur de Broves. C'eſt la différence qu'il y a
entre le droit acquis au Seigneur par le déguerpiſſement , &
celui que lui donne la confiſcation.

XIX.

Le Seigneur posséde en franchise de tailles
les Biens qu'il a acquis immédiatement de
l'Eglise, & qui furent aliénés pour cause de
subvention.

Ainsi jugé par Arrêt du 18 de Juin 1715 contre la Communauté de la Palud.

La franchise des tailles pour ces sortes de Biens est acquise non seulement aux Seigneurs, mais encore à tout autre Possesseur qui ne participeroit point à la jurisdiction. Arrêt rendu en 1701 en faveur du sieur de Blacas contre la Communauté d'Aups, qui se pourvut en cassation au Conseil & fut déboutée.

Il y a plusieurs autres Arrêts semblables, & entre autres celui qui fut rendu le 15 d'Avril 1711 entre Mr. le Président de Valbelle Seigneur de Rougiés & la Communauté du même lieu. Mais la franchise ne passe pas à un second acquéreur. Il y a plusieurs Arrêts qui l'ont jugé ainsi. Le plus récent est celui du 15 de Juin 1750 entre la Communauté des Mées & Jean-Baptiste Roux, qui avoit acquis du nommé Latil, un pré vendu à ses Auteurs en 1590 pour cause de subvention par le Chapitre de Sisteron.

Le Jugement rendu en 1704 entre le Seigneur & la Communauté de la Verdiere déclara francs & immunes de tailles les Biens qu'il avoit acquis directement du Prieur pour ce qu'il en possédoit sans l'avoir jamais aliéné, & roturier & taillable tout ce qu'il avoit repris depuis ces aliénations.

XX.

Le fonds Noble donné en antichrese doit
conserver sa qualité & franchise de tailles.

La raison de décider est que s'il avoit contracté une fois la tache de roture, le Seigneur ne pourroit plus le reprendre qu'avec cette même tâche.

Mr. de Clapiers cauf. 98 quest. 1. fait mention du jugement obtenu par Adam de crapone, qui avoit en antichrese le moulin qu'il avoit fait conftruire pour la Communauté de Lançon. Il fut déchargé du payement de la taille ; parce que la Communauté qui en étoit propriétaire, ne fe la payoit pas à elle-même.

XXI.

Le rachat accordé aux Communautés par l'Arrêt du Confeil du 15 de Juin 1668 avec l'alternative de l'encadaftrement, dans le cas où les Poffeffeurs ne veulent pas confentir à ce rachat, n'a pas lieu à l'égard des Biens démembrés originairement du fief & tranfportés par les Communautés aux Seigneurs à titre de vente ou en payement.

Ainfi jugé par Arrêt du 17 de Juin 1704 en faveur du Seigneur de Peyruis, & par l'Arrêt rendu le 15 d'Avril 1711, entre le Seigneur & la Communauté de Rougiés par les Commiffaires délégués.

Autre Arrêt rendu en 1717 en faveur du Seigneur de Montauroux & confirmé par Arrêt du Confeil en 1722.

Ce privilége a été étendu par la Déclaration du 14 de Septembre 1728 à tous les détenteurs des biens aliénés par les Communautés avec franchife de taille en payement de leurs dettes, en prouvant par eux que les Biens ont été démembrés du fief en tout ou en partie avant le 15 de Décembre 1556.

Cette Déclaration qui fut rendue à l'occafion d'un procès entre Mr. le Comte Du Muy & la Communauté d'Aubagne, femble donner atteinte aux maximes fondamentales. Dans le préambule il n'eft fait mention que des Seigneurs Poffeffeurs de tels Biens; & dans le difpofitif font compris indéfiniment tous les détenteurs.

Les raifons que la Province auroit à faire valoir pour obtenir la révocation de cette déclaration furent mifes dans un grand jour par Mrs. De-cormis & Saurin dans une confultation du 4 de Décembre 1728.

XXII.

Les Communautés qui imposent une taille sur le bétail, ne peuvent pas y assujettir les bestiaux destinés à la culture & engrais des fonds Nobles possedés par les Seigneurs.

Le bétail fait partie du fonds où il dépait, *est instrumentum fundi*, comme il est dit dans la loi *fundo ff. de verb. signif.*

Mr. Philippi *in summ.* n. 74 s'énonce en ces termes : *animalia naturam prædiorum subeunt ; agri tributarii grex est tributarius ; si ager immunis, immunis grex erit.*

Arrêt du 14 de Juin 1710, en faveur du sieur Athenoux Cosseigneur de Roque-brune. Autre Arrêt en 1717 contre la Communauté de Montauroux.

Par un Arrêt rendu en 1671 contre la Communauté de Thorame il fut jugé qu'elle ne pouvoit point imposer la taille sur le bétail dépaissant dans un fonds qu'elle avoit donné en payement à un Créancier en franchise des tailles.

XXIII.

Le Fermier du Seigneur jouit de la franchise de la taille imposée sur le bétail à concurrence des Biens Nobles.

Ainsi jugé par Arrêt du 27 de Novembre 1665 rapporté par Boniface tom. 1. art. 3. liv. 1, tit. 2, ch. 14.

XXIV.

La quantité de bétail que le Seigneur a droit d'avoir, en vertu de la jurisdiction dans le cas ou il a été procédé à la division ou réglement des pâturages *pro modo jugerum*, est exemte du payement de la taille.

On convenoit de cette exemtion dans la cause, dont Boniface rapporte l'espèce tom. 4, liv. 3. tit. 9, ch. 1, & qui ne fut pas jugée; & il ne paroît pas qu'il puisse y avoir le moindre doute sur ce point; le privilége dont il s'agit, & qui sera expliqué dans le titre concernant les terres gastes ou incultes, étant une dépendance de la jurisdiction & acquis aux Biens Nobles, il doit l'être à plus forte raison à la jurisdiction elle-même.

XXV.

L'Encadastrement des Biens prétendus roturiers & possédés par le Seigneur, ne suffit pas pour autoriser la Communauté, qui a fait cet encadastrement de sa propre autorité, à agir par la voye des exécutions pour le payement des tailles; il faut ou que le Seigneur y ait consenti, ou que ce même encadastrement ait été ordonné par Arrêt.

Mourgues pag. 355 rapporte deux Arrêts qui l'ont jugé ainsi. Boniface tom. 4 liv. 3. tit. 10. ch. 1, en rapporte un autre. De-Cormis tom. 2 col. 1773.

XXVI.

Les arrérages de taille depuis 29 ans ne sont pas dûs, lorsque les Biens déclarés roturiers n'ont jamais été compris dans les cadastres; ils ne le sont que depuis la demande en encadastrement.

La raison de décider est que les Biens n'ayant pas contribué à augmenter le nombre des feux ou allivrement général de la Communauté, elle n'a souffert aucune perte, & profiteroit au contraire de ces mêmes arrérages: *certaret non de damno vitando, sed de lucro captando.* Il y a plusieurs Arrêts qui l'ont jugé ainſi ; l'un du 17 de Mai 1717 en faveur du ſieur Déſcragnolle ; un autre du 14 de Mai 1614 contre la Communauté de Soliers ; un autre du mois de Juin 1746 en faveur du ſieur Du-Bar. Enfin par l'Arrêt rendu en Juin 1751 contre la Dame d'Ubraye elle ne fut condamnée au payement des arrérages que depuis l'introduction de l'inſtance.

Voyez la Déclaration de 1684 pour le Languedoc art. 19.

XXVII.

Les Communautés doivent faire comprendre dans les états ou Caſarnets qui ſont dreſſés annuellement pour la levée des tailles les Seigneurs féodataires pour tous les Biens roturiers qu'ils poſſédent ; ſans qu'ils puiſſent s'en diſpenſer ſous prétexte des compenſations par eux prétendues pour les Biens nobles aliénés depuis le 15 de Décembre 1556.

Arrêt de Réglement de la Cour des Aydes du 23 Janvier 1715 art. 1.

XXVIII.

Les Auditeurs des comptes ne peuvent allouer ni paſſer en repriſe dans les comptes des Tréſoriers ou exacteurs les tailles dûës par les Seigneurs , s'il ne paroît pas que les compenſations ou exemtions ont été admiſes definitivement aux formes de droit.

Même Arrêt art. 3.

XXIX.

Les Seigneurs peuvent affranchir du payement des tailles les Biens roturiers acquis par eux depuis le 15 de Décembre 1556 par la voye de la compenſation des Biens Nobles alienés ou devenus taillables depuis cette même époque.

C'eſt ici ce fameux droit de compenſation qui a donné lieu à tant de Procès. Il ſeroit à ſouhaitter qu'il fut inconnu en Provence, comme il l'eſt dans les autres Provinces où les tailles ſont réelles, & où les Biens Nobles conſervent toujours cette qualité, quoiqu'alienés par le Seigneur ſans Juriſdiction. La régle contraire introduite par la juriſprudence de la Cour des Aydes autoriſa les Seigneurs à demander cette eſpèce de dédommagement. Le premier titre qui le leur ait accordé eſt l'Arrêt du Parlement de Paris du 6 de Mars 1549 rapporté par Papon liv. 5. tit. 11. Il fut ordonné que proviſoirement les Seigneurs féodataires payeroient la taille des fonds roturiers ; à moins qu'il ne prouvaſſent avoir délaiſſé entre les mains des roturiers des Biens d'une égale valeur à ceux qu'ils avoient acquis. Voilà qu'elle a été l'origine du Droit de compenſation.

Cet Arrêt de 1549 n'étoit que proviſoire. Mais celui du 15 de décembre 1550 confirma définitivement le droit de compenſation. Il fut ſupprimé par un Arrêt du Conſeil du 23 de Juin 1660, rétabli par un autre Arrêt du Conſeil du 15 de Juin 1668, enfin il a été expreſſément confirmé par un troiſième Arrêt du Conſeil du 3 de Février 1701, qui contient un réglement ſur cette matiere. » Maintient Sa Majeſté, y » eſt-il dit, leſdits Seigneurs féodataires au droit de com» penſer les Biens roturiers par eux acquis par achat, donation » prélation ou échange depuis le 15 de Décembre 1556, & » qu'ils acquerront ci-après, avec les Biens Nobles par eux » alienés depuis ledit tems où qu'ils alieneront à l'avenir ; le » tout dans l'étendue de leurs fiefs & juriſdictions.

X X X.

La compenſation des Biens Nobles alienés ne ſe fait pas *ipſo jure*, mais en vertu d'une demande faite par exploit, contenant les ſituations, confronts & allivremens tant des

Biens roturiers acquis, que des Biens Nobles aliénés, le nom des Possesseurs & le tems de l'aliénation.

Arrêt du 7 de Février 1702. En prescrivant ces formalités il décide que la compensation en cas qu'elle ait lieu, sera faite du jour des demandes libellées.

XXXI.

La demande en compensation doit être signifiée aux Procureurs du Païs dans quinzaine au plûtard, à compter du jour des significations qui en auront été faites aux Communautés, à peine de la nullité de la demande.

Même Arrêt du 7 de Février 1702. Il exige la signification au Sindic des Communautés de la Province ; mais depuis que cet emploi de Sindic a été supprimé, c'est aux Procureurs du Pais que la demande doit être signifiée.

XXXII.

Les compensations faites avant cette époque du 7 de Février 1702 sont valables & légitimes ; quoiqu'on n'y eut pas observé les formalités que l'Arrêt du Conseil prescrit comme indispensables.

Il a été jugé par plusieurs Arrêts, & entre autres par un du 10 de Mai 1651 rendu en faveur du sieur d'Auribeau ; un autre du 10 de Juin 1711 en faveur du Seigneur de Gaubert ; celui qui fut obtenu le 18 de Juin 1711 par le Seigneur de Tourris contre les Communautés de la Valette & du revest ; un autre en Juin 1746 entre le Seigneur & la Communauté

du Bar, que la difpofition de l'Arrêt du Conſeil du 7 de Février 1702 concernant les formalités n'avoit pas un effet ré-
troactif.

XXXIII.

Les Seigneurs ne peuvent donner en compenſation l'extinction ou diminution des droits
Seigneuriaux , non plus que les uſages con-
cedés aux habitans par eux ou leurs Auteurs
dans les bois , terres gaſtes , montagnes &
autres lieux dépendants de leurs fiefs.

Même Arrêt du 7 de Février 1702. Il eſt de l'eſſence de la
compenſation qu'elle ſoit faite de fonds à fonds.

XXXIV.

Les Seigneues peuvent donner en compenſation les terres gaſtes , bois ou domaines
par eux ou leurs Auteurs délaiſſés aux Communautés , & les uſurpations qui y ont été
faites, ſi ces terres, bois & domaines ſe
trouvent entre les mains des particuliers &
encadaſtrés.

Même Arrêt du 7. de Février 1702 , la preſcription qui aſ-
ſure la poſſeſſion du terrein uſurpé , équivaut à un titre par
lequel le Seigneur l'eut aliéné , ſuivant la déciſion de la loi
alienationis , ff. *de verb. ſignif.* Il ſuffit que le cadaſtre de la
Communauté ait été groſſi d'un bien noble originairement.

Comme la difpofition de l'Arrêt du Conſeil du 7 de Février
1702 au ſujet des uſurpations faites dans les terres gaſtes , eſt
ambigue , & que je l'ai vû plus d'une fois donner lieu à des
conteſtations, j'ai cru qu'il étoit néceſſaire d'entrer à ce ſujet
dans un certain détail. L'on y trouvera l'explication de la clauſe
dont il s'agit , donnée par un fameux Arrêt de la Cour des
Aydes & adoptée par un Arrêt du Conſeil.

La difposition de l'Arrêt du Confeil eft ainfi conçûë : *les Seigneurs féodataires ne pourront donner en compenfation les terres gaftes, bois ou domaines par eux ou leurs Auteurs délaiffés aux Communautés ; à moins que lefdites terres, bois & domaines ne fe trouvent entre les mains des particuliers & encadaftrés, ni les ufurpations faites dans lefdits bois & domaines, à moins que la réunion à leur profit n'en ait été ordonnée par juftice.*

Ce font ces dernieres expreffions qui ont donné lieu à des doutes. La réunion au fief ordonnée par juftice femble fuppofer que la prefcription n'a pas encore été confommée en faveur de l'emphitéote ; & dans ce cas il ne peut en aucun fens être queftion de compenfation : parce que le Seigneur ayant repris le terrein ufurpé, il doit fans contrédit le pofféder, comme n'ayant jamais ceffé de lui appartenir, & il ne peut par conféquent fournir matiere de compenfation. Si au contraire la prefcription eft confommée, il n'eft pas poffible que le Seigneur puiffe faire ordonner la réunion.

Dans un procès entre Mr. le Marquis de Montauroux Confeiller au Parlement d'Aix & la Communauté du même lieu, la queftion fut agitée & jugée en faveur du Seigneur par Arrêt du 17 de Juin 1717 ; c'eft-à-dire qu'on décida qu'il n'étoit pas néceffaire que la réunion au fief eut été ordonnée : *faifant droit, eft-il dit dans l'Arrêt, à la Réquête dudit Lombard & à l'état par lui communiqué, a déclaré & déclare que les 34 nouveaux baux mentionnées audit Etat & les Biens ufurpés en la terre gafte depuis le 15 de Décembre 1556 feront compenfés avec les Biens roturiers avoués par ledit de Lombard dans la tranfaction du 6 de Février 1674, & autres que la Communauté juftifiera par actes, fuivant la vérificati n & liquidation qui en fera faite par experts qui feront convenus por les parties, ou pris d'Office par le Commiffaire rapporteur du préfent Arrêt, lefquels Experts procéderont à l'évaluation des Biens Nobles aliénés & des Biens roturiers acquis par ledit de Lombard & en feront proportionnelle compenfation, pour le rapport vû, être ordonné fur la demande des tailles, s'il y échoit, ce qu'il appartiendra ...... a ordonné & ordonne que les ufurpations faites dans les terres incultes & gaftes de la colle de Narbonne, depuis le 15 de Décembre 1556 feront compenfées avec les Biens roturiers dudit de Lombard fuivant la vérification & liquidation qui en fera faite par Experts ; à cet effet enjoint aux Confuls & communauté de remettre à leur Greffier les cadaftres faits depuis le 15 de Décembre 1556, pour être vifités par les Experts, & pris par iceux les*
inftructions.

*instructions nécessaires au sujet des usurpations, & qu'ils feront
exhiber pareillement par ledit Greffier audit de Lombard, pour en
prendre si besoin est, des Extraits, sous dû salaire.*

La Communauté de Montauroux demanda la cassation de cet
Arrêt, qui contient plusieurs autres dispositions, & dénonça
celle-ci comme renfermant une contravention à l'Arrêt du
Conseil du 7 de Février 1702. Voici comme elle fut justifiée par les motifs donnés par Mr. le Procureur Général.

» Il n'y a qu'à expliquer ce qui a été décidé par l'Arrêt
» du Conseil de 1702 sur cette matière, pour-être persuadé
» que l'Arrêt dont il s'agit s'y, est parfaitement conformé.
» 1°. C'est une erreur de croire que la propriété des terres
» gâtes n'appartienne pas aux Seigneurs qui sont fondés
» en Directe universelle, & sur tout lorsque les Commu-
» nautés ne justifient pas d'avoir acquis cette propriété. 2°.
» L'Arrêt des Aydes n'a pas ordonné la compensation des
» usages & des Communaux, mais seulement des portions
» de la terre gâte qui ont cessé d'être des Communaux par
» les usurpations qui en ont été faites de la part des parti-
» culiers, & qui ayant grossi les cadastres des Communautés,
» & privé pour toujours les Seigneurs de la propriété, sont
» devenus par-là un sujet de compensation. 3°. L'Arrêt a
» jugé avec grande connoissance de cause qu'il suffiroit qu'il
» fut vérifié par experts de la contenance usurpée dans les
» terres gâtes par les particuliers du lieu, & que la Com-
» munauté en eut augmenté son cadastre, pour que la com-
» pensation fût ordonnée au profit du Seigneur ; car l'usur-
» pateur ne doit pas être traité plus favorablement que celui
» qui à juste titre a acquis de la main du Seigneur un Bien
» Noble après l'époque de 1556. 4°. Si le Seigneur vouloit
» faire réunir à son domaine les biens usurpés dans la terre
» gâte, ce seroit là le cas qu'il faudroit en demander la réu-
» nion en Justice contre les usurpateurs suivant l'Arrêt du
» Conseil ; mais dès qu'il les laisse jouir paisiblement de leurs
» usurpations, comme s'il en avoient un titre légitime, &
» que la Communauté en profite par l'encadastrement, il
» faut bien de l'autre part que le Seigneur en soit indemni-
» sé en lui affranchissant pareille valeur de ses biens roturiers.
» On a cru que c'étoit le vrais sens qu'il falloit donner à
» l'Arrêt du Conseil, vû qu'il seroit en effet extraordinaire
» de prétendre que les Seigneurs féodataires de la Province
» fussent obligés d'avoir des procès avec leurs Vassaux usurpa-

» teurs de partie de leur terre gaste, pour faire déclarer
» avec eux la réunion à leur fief; tandis que la seule possession
» sion de 30 ans les mettroit à couvert de les pouvoir inquié-
» ter. Mais cela ne peut pas de même les rendre non rece-
» vables à compenser les biens usurpés depuis l'Arrêt du 15
» de Décembre 1556; puisque l'Arrêt du Conseil du 7 de
» Février 1702 déclare dans le premier article que tous les
» biens nobles aliénés par les féodataires de la Province de-
» puis 1556 devoient être matière de compensation avec les
» biens ruraux qu'ils ont acquis depuis le même tems; en-
» quoi il n'y a aucune contravention à l'Arrêt du Conseil. »

Par un Arrêt du 20 Juillet 1629 rendu entre le Seigneur
& la Communauté d'Ongles; il fut ordonné que les nouveaux
baux donnés par le Seigneur de la terre gaste depuis le 15
de Décembre 1556 seroient compensés avec les biens roturiers acquis depuis le même tems, ensemble les usurpations
qu'il justifiéroit avoir été faites dans ladite terre gaste qui lui
appartenoit, lesquelles auroient été encadastrées & possédées
par les particuliers depuis 30 ans, à l'exception de celles qui
étoient en des lieux stériles qui seroient remises en terres gastes.

Par un autre Arrêt du 8 de Mai 1752 il fut permis au
Seigneur de Neoules de donner en compensation les usurpations faites dans la terre gaste.

X X X V.

Les biens aliénés avant le 15 de Décembre 1556 ne peuvent pas être donnés en compensation, sous prétexte qu'ils n'ont été encadastrés qu'après cette même époque.

Ainsi jugé par Arrêt du 6 d'Avril 1748 entre le Seigneur
& la Communauté de Tretz.

Les Procureurs du Pays & les Syndics de la Noblesse étoient
intervenus dans le procès; de sorte que cet Arrêt forme un
Réglement.

Le contraire avoit été jugé par un Arrêt de 1744 en faveur du Seigneur de Trigance; Mrs De-cormis, Saurin fils
& Pazeri de Thorame consultant pour la Communauté de
Peynier avoient décidé aussi que cette compensation devoit
être admise.

XXXVI.

La prescription n'a pas lieu à l'égard de
la compensation ; le Seigneur est toujours
à tems de la faire admettre.

L'Arrêt du Conseil du 15 de Juin 1668 n'accordoit aux Seigneurs que le délai de 5 ans pour demander la compensation,
à compter du jour qu'il y avoit eu le concours des acquisitions
& aliénations nécessaires pour la former ; mais cela n'est
plus observé, l'Arrêt du 7 de Février 1701 ne parlant point
de délai.

XXXVII.

Le Seigneur, qui après avoir aliéné un
fonds Noble, l'a ensuite repris par achat,
donation, échange ou tout autre titre qui
laisse subsister la roture, peut effacer la tail-
labilité par la compensation de la chose avec
la chose elle-même.

Ainsi jugé par Arrêt du 15 de May 1701 en faveur du Sr.
Athenoux Cosseigneur de Roquebrune.
Autre Arrêt du mois de Juin 1746 en faveur du Seigneur du
Bar.

XXXVIII.

Les fonds roturiers que le Seigneur affranchit du payement des tailles par la
compensation, ne peuvent pas servir eux-
me de matière à la compensation après l'a-
liénation qui en a été faite.

Mourges, pag. 359. Il n'y a que les biens nobles qui puissent être donnés en compensation ; l'affranchissement des biens roturiers par la compensation ne les rend pas nobles.

XXXIX.

L'estimation des biens donnés ou pris par les Seigneurs en compensation, doit-être faite sur le pied de leur valeur au tems de la compensation.

Arrêt du Conseil du 7 de Février 1702. L'ancienne Jurisprudence étoit conforme. Arrêt du 27 de Juin 1633 entre les Cosseigneurs de Vence & la Communauté.

Autre Arrêt du 10 d'Octobre 1670 entre le Seigneur & la Communauté de Lagarde rapporté par Boniface tom. 4. liv. 3. tit. 13. ch. 4.

Ce n'est pas à la valeur des fonds au tems où la compensation a été ordonnée que l'on s'arrête ; mais à celle qu'ils ont lorsque les experts procédent à la compensation ; ainsi Jugé le 30 d'Août 1722 par des Commissaires délégués entre le Seigneur & la Communauté de Corbières.

XL.

Les fonds nobles aliénés que le Seigneur donne en compensation doivent être Stables, permanents & non sujets à être emportés par une rivière.

Arrêt du 10 de Juin 1711 entre le Seigneur & la Communauté de Gaubert. Il fut ordonné qu'avant dire droit à l'encadastrement & compensation demandée par le Seigneur des fonds par lui donnés à nouveau bail dans les *iscles* près de la rivière de Bleoune, il seroit fait rapport de vérification si lesdits fonds étoient stables.

XLI.

Les fonds donnés en compensation sont tenus porter mêmes charges qu'auroient dû porter les biens roturiers acquis par le Seigneur, dont il demeure garant pendant 10 ans, à compter du jour que la compensation est ordonnée ; les cas fortuits ou de force majeure exceptés.

Arrêt du Conseil du 7 de Février 1702. L'Arrêt du 15 de Décembre 1556 avoit seulement exigé que l'orsqu'on procedoit à la compensation, les fonds donnés par le Seigneur fussent tenus suffisants pour porter mêmes tailles que les roturiers, & il n'étoit pas question de garantie pour l'avenir. En effet cet assujettissement paroît rigoureux, il y a *æquilibrium periculi* ; le fonds roturier affranchi par la compensation étant ainsi que le fonds noble aliéné sujet à des détériorations.

L'Arrêt du 15 de Juin 1668 en rétablissant le droit de compensation avoit exigé que le fonds noble donné en compensation eut resté sur le cadastre pendant cinq ans, ou qu'il eut pû porter la taille pendant ce même espace de tems.

XLII.

Si le Seigneur reprend dans les trente ans, à compter du jour de la compensation, par déguerpissement ou compensation les fonds qu'il avoit donnés en compensation, il ne peut pas les posseder en Nobilité.

Arrêt du 7 de Février 1702 cette disposition eut pour objet de faire cesser les abus, dont les Procureurs du pays se plaignoient. Les Seigneurs, disoient-ils dans leur mémoire présenté au Conseil, donnent à nouveau bail de leur plus mauvais biens à quelques personnes à eux affidées , pour qui fous main il payent la taille cinq ans durant ; & après qu'ils ont affranchi du meilleur bien roturier avec ce nouveau bail fimulé , le bien noble leur eft déguerpi.

XLIII.

Les biens acquis immédiatement de l'Eglife & ceux qui l'ont été des Communauté pour caufe de département en franchife des tailles , aliénés enfuite par le Seigneur , ne peuvent pas être donnés en compenfation.

L'Arrêt rendu par la Cour des Aydes de Montpellier entre le Seigneur & la Communauté de Lagarde , & rapporté par Boniface tom 4. liv. 3. tit. 13 ch. 4 , Jugea que les biens acquis de l'Eglife en franchife de tailles pouvoient être donné en compenfation.

Il y a un autre Arrêt rendu en Janvier 1616 en faveur des Celeftins d'Avignon contre la Communauté de Nove. Mais le Jugement rendu par des Commiffaires délégués le 14 d'Aoît 1704 entre le Seigneur & la Communauté de la Verdière rejetta une pareille compenfation ; il fut décidé que les biens acquis immédiatement du Prieur feroient francs de tailles par rapport en ce que le Seigneur en poffedoit encore & roturiers & taillables pour tout ce qu'il en avoit repris après fes aliénations ; *fans que ni les uns ni les autres puffent jamais fervir de matière de compenfation.*

Ces biens ne font pas nobles , non plus que ceux que les Communautés rranfportent avec franchife des tailles. Or le droit de compenfation n'a été accordé que pour les biens nobles.

XLIV.

Le Coffeigneur peut affranchir par la

compenfation les biens roturiers poffedés par lui fous la mouvance & directe d'un autre Coffeigneur.

Mougues pag. 360 rapporte deux anciens Arrêts , qui avoient rejetté une pareille compenfation ; & pour juftifier cette décifion l'on pourroit , ce femble , citer même l'Arrêt du Confeil du 7 de Février 1702 , qui n'accorde aux Seigneurs la compenfation que pour les biens roturiers acquis & les biens nobles aliénés *dans l'étendue de leur fief & Jurifdiction.* Mais quoiqu'il s'agiffe de biens mouvants de la directe d'un autre Coffeigneur , ils n'en font pas moins dans le fief & jurifdiction , dont l'unité fubfifte malgré la divifion qui a été faite entre plufieurs propriétaires ; il n'y a qu'un fief & une Jurifdiction. On ne doute plus aujoud'hoi que cette efpèce de compenfation ne doive être admife. Un Arrêt du 30 Juin 1658 entre le Sr. Marquefi Coffeigneur de Ramatuelle & la Communauté du même lieu , a été fuivi de deux autres qui ont dû fixer la maxime ; l'un du 26 de Juin 1729 , & l'autre du mois de Juin 1741.

X L V.

Le Seigneur d'un fief enclavé dans un diftrict , qui après avoir formé un feul & même terroir , a été divifé entre deux Communautés , peut donner en compenfation à l'une de ces deux communautés les biens nobles aliénés dans le terroir affigné à l'autre.

Ainfi jugé par Arrêt du 18 de Juin 1731 entre le Seigneur de Tourris & les Communautés de la Valette & du Revest.

X L V I.

Le Droit de compenfation peut-être cédé par un Coffeigneur à l'autre.

De-Cormis tom. 2. col. 1763. Du Perier & Mourgues l'avoient décidé de même contre la Communauté de Greoulx, qui difputoit au Poffeffeur de l'arriere fief de Lineau le droit de compenfer jufqu'à la concurrence de 1300 liv. en vertu d'une tranfaction.

XLVII.

Le Sol des Maifons ne peut-être donné en compenfation qu'avec un bien de même qualité , & dans les Lieux où le Sol des Maifons eft encadaftré. Si les Maifons ou bâtimens font encadaftrés , la même régle eft obfervée.

Arrêt du Confeil du 7 de Février 1701.

XLVIII.

Le Seigneur peut donner en compenfation les Terrein ufurpé dans les chemins & autres Lieux deftinés à l'ufage du public , fi ce même Terrein fe trouve encadaftré.

Arrêt du 18 de Juin 1726 en faveur du Seigneur de St. Cefaire.

XLIX.

Le fonds Noble où a été conftruit un chemin public , peut-être donné en compenfation.

Ainfi Jugé en faveur du Seigneur d'Ampus par Arrêt du 28e. de Juin 1753.

Cette décifion fondée fur cette confidération , que fi le chemin eut été pris fur un fonds roturier , le cadaftre au roit été diminué d'autant ; a donné lieu à une délibération de l'Assemblée des Communautés dont je crois devoir rapporter la teneur. On y verra la disposition de cet Arrêt combattue par des raisons propres à faire douter de sa justice.

Extrait du Caïer des Délibérations de l'Assemblée générale des Communautés du païs de Provence en 1764.

Le Sr. Assesseur à dit que par Arrêt de la Cour des Comptes, Aydes & Finances du 18e. de Juin 1763 , il a été Jugé *multis contradicentibus* entre le Sr. Perrache , Seigneur d'Ampus & la Communauté du même lieu , qu'il étoit fondé à demander le remplacement , ou la compensation sur un fonds roturier de la franchise d'un fonds noble pris pour le sol d'un chemin public.

Le motif de cet Arrêt a été que quoique le fonds noble n'eût pas grossi le cadastre de la Communauté , il avoit évité la diminution que ce cadastre auroit soufferte, si la même partie de chemin eut été prise sur un fonds roturier.

Mais rien ne paroit plus opposé à la nature & aux régles de la compensation dans laquelle on ne peut admettre aucune fiction ni extention & qui doit essentiellement faire entrer dans le cadastre la même taille effective qui en sort. Ce n'est qu'à ce prix qu'à été permise la compensation qui est déja une introduction particuliére à cette Province , & repugnante au droit commun qui ne permet pas de transferer les qualités réelles d'un fonds sur un autre.

Les Arrêts du Conseil du 15e. de Décembre 1756 , 15e. de Juin 1668 & 7e. de Février 1702 , se sont expliqué sur cela dans les plus forts termes. Il faut suivant le premier que les fonds donnés en compensation soient suffisants , & tenus porter pareilles tailles ; de-là vient que suivant le second , les maisons & bâtimens ne peuvent entrer en compensation qu'autant qu'ils sont encadastrés & qu'avec d'autres édifices de même valeur & qualités ; & tant l'Arrêt de 1668 que celui de 1702 exigeant que les fonds nobles aliénés restent sur le cadastre après la compensation faite & portent la taille pendant un certain nombre d'années , pour en assurer la suffisance & la stabilité. Il faut que le Seigneur indique l'allinrement & le Possesseur actuel qui en paye la taille, & il ne peut même donner en compensation les fonds aliénés aux Communautés , quoiqu'ils produisent un revenu , s'il ne sont par elles distribués aux particuliers & réellement encadastrés.

Il suit de-là que la compensation ne pouvant être faite que

de corps à corps, c'est-à-dire avec un fonds qui porte réellement & actuellement la taille ; le fol du chemin public ne peut servir en aucun fens de matière à la compenfation, non plus que les rues & les places publiques. Ce fol ne donne aucun produit, il n'eft fufceptible d'aucun alluvrément, ni en-cadaftrement, & il n'appartient même à perfonne, étant au rang des chofes publiques, *quæ funt nullius.*

Si le cadaftre n'eft point diminué lorfque le chemin eft pris fur un fol noble, outre que la fiction de ce prétexte ne fçauroit équivaloir à la réalité du fonds qui doit entrer dans le cadaftre, pour remplacer celui qui en fort, le prétexte en foit n'eft pas même fondé ni concluant dans fon principe, parce que ce feroit préfuppofer que les chemins ne peuvent jamais être pris que fur les fonds roturiers ; au lieu que la régle générale eft que les chemins étant pour l'ufage & l'avantage de tous, ils doivent paffer *fans aucune diftinction à travers des terres des particuliers, & pour leur dédommagement fera délaiffé le terrein des anciens chemins qui feront abandonnés.* C'eft ainfi que la chofe eft réglée par l'Arrêt du Confeil du 26 May 1705, inferé dans le traité des Ponts, pag. 202 & c'eft la loi que l'on doit fuivre pour les biens nobles, le reglement de la Province qui difpofe autrement pour les fonds roturiers n'étant qu'une loi domeftique, & particulière au corps des biens taillables ; de forte que le Seigneur propriétaire du bien noble au travers duquel paffe le nouveau chemin, ne peut prétendre en indemnité & remplacement que le fol qu'on abandonne de l'ancien chemin tel qu'il fe trouve ; tout de mème que le fonds noble auroit été perdu fans autre remplacement, fi les chofes en fuffent reftées aux termes de la déclaration du Roi de 1666.

Comme l'Arrêt en queftion de 1753, qui a été inferé dans la *Jurifprudence féodale* imprimée en 1756 pag. 147, paroît intéreffant pour les droits de la Province, & peut avoir des conféquences, c'eft à la préfente affemblée à y délibérer : toutes les voyes de droit à cet égard font entières, d'autant mieux que la demande fur laquelle intervint cet Arrêt n'avoit pas même été notifiée aux Procureurs du pays.

L'Affemblée à délibéré de fe pourvoir par tierce oppofition au nom de la Province, envers ledit Arrêt & de s'oppofer a toute compenfation qui feroit demandée des biens nobles pris pour l'emplacement des chemins publics.

Mrs. les Procureurs du païs joints pour la nobleffe, ont protesté au nom du corps qu'ils représentent contre la délibération ci-dessus, sur ce que, 1°. la tierce opposition du chef de la Province ne doit point être reçue, ainsi que le corps de la Noblesse le soutient dans une instance pendante à ce Conseil du Roi. 2°. Sur ce que la compensation d'un fonds sujet au noble, pris pour le sol d'un chemin est légitime & fondée.

Et l'Assemblée à protesté au contraire.

L.

Les Seigneur des Terres inhabitées qui n'ont été affouagées qu'après 1556, possèdent en Nobilité les Biens qu'ils avoient lors de l'affouagement ; mais il ne peuvent donner en compensation que les Biens Nobles aliénés depuis ce même affouagement.

Ainsi jugé par une Sentence arbitrale du 19 de Décembre 1733. rendue par Mrs. Saurin & De Colla entre le Seigneur & la Communauté du Tholonet.

Arrêt du mois de Février 1742 en faveur des Coseigneurs d'Esclapon.

L I.

Les transactions par lesquelles on a accordé aux Seigneurs des compensations en bloc à concurrence d'une certaine somme, sont nulles.

Arrêt du 8 de May 1751 en faveur de la Communauté de Neoules. Une transaction passée en 1665, & par laquelle on avoit affranchi par compensation des biens roturiers à concurrence d'un allivrement de 100 florins, fut cassée. Il y avoit eu en 1705 un Arrêt, par lequel on avoit fait dépendre la cassation de cet acte de la vérification de l'état des compensations que le Seigneur auroit pû demander.

Mais s'il est justifié par la transaction même qu'on avoit procédé tractativement à la liquidation des compensations, &

qu'il fut queſtion d'un acte paſſé avant l'Arrêt du Conſeil du 7 de Février 1702, qui a preſcrit des formalité pour l'avenir la demande en caſſation doit être rejettée. Ainſi Jugé par Arrêt du 10 de Juin 1711 en faveur du Seigneur de Gaubert, & par un autre Arrêt du 10 de Mai 1731 contre la Communauté d'Auribeau.

LII.

Le réfus d'accepter la compenſation autoriſoit autrefois le Seigneur à demander que la compenſation fut cenſée admiſe du jour de l'offre : aujourd'hui il n'y a que la demande libellée, qui puiſſe conſtituer la Communauté en demeure.

C'eſt la différence qu'il y a à cet égard entre l'Arrêt du Conſeil du 15 de Juin 1668 & l'Arrêt du 7 de Février 1702.

LIII.

Les Communautés ſont obligées de répréſenter leurs cadaſtres, lorſqu'il s'agit de procéder à la vérification ou application des compenſations.

Arrêt du 23 d'Avril 1706 contre la Communauté de ſaiⁿᵗ Ceſaire.

Autre Arrêt du 8 de Juillet 1714 rendu par la Cour des Aydes de Montpellier en faveur du Seigneur de Collobrières.

Autre Arrêt du 18 de Juin 1717 en faveur du Seigneur de Montauroux.

Même Arrêt du 26 de Juin 1724 contre la communauté du Puget de Rouſtan.

L'Arrêt du 18 de Juin 1731 obtenu par le ſieur de Tourris renferme une ſemblable diſpoſition.

LIV.

Les Lieutenans de Sénéchaux ne peuvent pas connoître des demandes en compensation.

Les Arrêts du Conseil du 26 d'Avril 1687 & 18 de Janvier 1690 attribuent la connoissance des tailles en premiére instance aux Lieutenans de Sénéchaux ; mais cette competence n'a lieu que pour ce qui a trait à l'exécution des Etats & Casernets. Car lorsqu'il s'agit de cassation d'encadastrement , compensations , recours du cadastre , affranchissement de tailles , il n'y a que la Cour des Aydes qui puisse en connoître.

Par le dernier Arrêt cité sur l'art. précedent ; une sentence du Lieutenant de Sénéchal de Toulon, qui avoit débouté le sieur de Tourris d'une opposition au commandement de payer la taille sur le fondement des compensations , fut cassée par nullité & incompétence.

LV.

Le Seigneur peut affranchir ses biens roturiers du payement des tailles négotiales imposées pour la seule commodité des habitans , mais non pas de celles qui concernent l'utilité des fonds.

C'est ici une espéce de tailles différentes de celles qui sont destinées au Payement des impositions pour les deniers du Roi & du Pays. L'exemption des tailles Négociales concernant la seule commodité des habitans , formoit originairement un privilége commun aux Seigneurs & aux forains, ou possédant biens domiciliés ailleurs ; & c'est cette même qualité de forains qui a donné la dénomination au droit Seigneurial dont il est question. Ces possédans biens étant obligés de payer dans le lieu de leur domicile semblables impositions , qui avoient pour objet la seule commodité des habitans , il avoit paru juste de les en affranchir dans le lieu de la fituation des biens, mais ce privilège qui avoit donné lieu à un nombre infini de procès fut abfolument fupprimé par un Arrêt du Confeil du 23 de Juin 1666 ; il fut rétabli feulement en faveur des Seigneurs par l'Arrêt du 25 de Juin 1668 & confirmé par celui du 7 de Février 1702. En Languedoc les forains, qui y font appellés biens-tenans ne contribuent pas à ce qui fe rapporte uniquement à la commodité des habitans. Mr. Cambolas liv. 4. ch. 33. rapporte un Arrêt du 15e. de Février 1611. qui jugea que les biens-tenans n'étoient pas contribuables à la folde des foldats, mis par Délibération à la porte de la Ville pour la garde ; ils font cependant contribuables aux réparations des portes, des murailles & des foffés, parce que fi on ne les réparoit pas, on abandonneroit la Ville & les Champs.

LVI.

Cette exemption n'eft acquife au Seigneur qu'autant qu'il la reclame, & n'a lieu que du jour qu'il déclare à la Communauté qu'il prétend en jouir.

L'ancienne Jurifprudence n'exigeoit pas cette déclaration, mais aujourd'hui elle eft abfolument néceffaire ; un des premiers Arrêts qui l'aient exigée, eft celui du 19 de Décembre 1633 entre le Seigneur & la Communauté de Barreme.

LVII.

Le Seigneur ou Coffeigneur, qui n'a pas au moins la moitié de la Jurifdiction, ne peut pas avoir la qualité de forain à l'effet de jouir des avantages qui y font attachés.

L'Arrêt du Confeil du 7 de Février 1702 à preferit cette condition de la moitié de la Jurifdiction, pour faire ceffer les abus dont le Tiers-Etats fe plaignoit,

LVIII.

En optant pour la qualité de forain, le Seigneur rénonce à la participation du produit des domaines appartenant à la Communauté, qui employant ces révenus à acquiter les charges concernant la commodité des habitans, y supplée, lorsqu'ils ne suffisent pas, par des impositions particulières.

Le Seigneur ne peut pas après qu'il a fait sa Déclaration, se formaliser de la destination des revenus communaux, ni prétendre qu'ils doivent être employés au payement des impositions faites pour le deniers du Roi & du Pays, où acquitter les charges qui concernent l'utilité des fonds. Ainsi Jugé entre le Seigneur & la Communauté de Peyroles en 1716 par un avis arbitral de M⁽ˢ⁾. Berge & Pazeri de Thorame.

LIX.

Les charges concernant la seule commodité des habitans font les gages de Maître d'Ecole, Chirurgien, Accoucheuses, Gardes en tems de peste, entretien des Horloges publiques, Cloches, réparation des Eglises, rétributions payées aux Prédicateurs, frais des gardes des portes ; excepté en tems de guerre, réparations des fontaines, Ponts & chemins, frais des Procès concernant les libertés, facultés & Privilèges personnels des Habitans, & les faftigages des gens de guerre confiſtant aux meubles, bois, huile & chandelles qui leur ſont fournies.

Ce ſont-là les charges énoncées dans une déclaration faite par l'aſſemblée des Etats le 20 de Décembre 1617, en exécution d'un Arrêt du Conſeil. Mais cette énumération n'eſt pas excluſive de toute autre Charge. Ainſi les différents Arrêts rendus en cette matière ont ajouté & expliqué, comme on le verra dans les articles ſuivants.

LX.

Les fraix municipaux, comme gages des Conſuls, Greffiers, Valets de Ville, du Sonneur des Cloches, les dépenſes que la Communauté eſt obligée de faire pour le logement des gens de guerre, les contributions faites par la Communauté à d'autres Communautés pour la ſubſiſtance & payement des Troupes, le frais des feux de joie, des préſens qui peuvent être faits par la Communauté, des voyages pour rendre viſite au Seigneur, des baux à ferme paſſés par la Communauté, des enchères, les réparations de la maiſon Curiale, de la maiſon commune ou Hôtel de Ville, des remparts, les dettes de la Communauté contractées pour toute autre cauſe que pour l'utilité des fonds, les ſommes qui ſont payées annuellement & par forme d'abonnement pour les Droits d'Albergue & de cavalcade, les frais des procès contre le Seigneur.

On

On trouve ce détail dans plusieurs Arrêts, & entre autres dans celui qui fut rendu par la Cour des Aydes de Montpellier le 12 de Janvier 1675 entre le Seigneur & la Communauté de Gemenos rapporté par Boniface tom. 5. liv. 6, tit. 4, ch. 2. Il faut y joindre celui qui est rapporté par De-cormis tom. 1, col. 361, & qui intervint entre le Seigneur & la Communauté de Tourtour, un autre du 12 de Juin 1716 entre le même Seigneur & la même Communauté.

LXI.

L'exemption de la Contribution aux ponts & chemins ne doit être entendue que des ponts & chemins particuliers à la Communauté, & non pas de ceux; dont la Viguerie ou la Province doivent faire les fraix.

Ainsi décidé en arbitrage par M^{rs}. Saurin & Pazeri de Thorame le 30 de Novembre 1739 entre le Seigneur & la Communauté de Château-Arnoux.

LXII.

L'abreuvoir pour le Bétail & son entretien ne sont pas mis au rang des charges, concernant la seule commodité des habitans; mais l'entretien du bassin de la fontaine publique n'en est pas moins une de ces charges, quoique l'on y abreuve de Bétail.

La raison est que la fontaine & le Bassin ont été faits *principalité* pour l'usage & commodité des habitans; cela fut ainsi décidé dans le même arbitrage entre le Seigneur & la Communauté de Château Arnoux, & par un Jugement rendu en dernier reſſort par des Commiſſaires délégués dans le mois de Juillet 1732 entre le Seigneur & la Communauté de Volonne.

LXIII.

Les charges auſquelles le Seigneur eſt contribuable ; ſont tout ce qui eſt impoſé par la Province pour les derniers du Roi & du Pays ; Taille Royale , Taillon , Traités , abonnemens faits en corps de Province , Fouage , Subſide , frais des lettres générale de contrainte , gages du Tréſorier, frais de l'Audition & clôture du compte , le denier pour livre de la comptabilité attribué à la chambre des Comptes, droit de *viſa* attribué au Greffe de la Subdélégation de l'Intendance , frais de cadaſtre & recours , gages du Garde-terre ; dépenſes faites par la Communauté pour la vérification de ſes dettes ; frais des Procès concernant l'utilité des fonds , gages du Maréchal à forge , le prix des offices réunis à la Communauté concernant auſſi l'utilité des fonds ; les dettes paſſives contractées pour cette même utilité.

Ce détail eſt copié d'après pluſieurs Arrêts

LXIV.

Le Seigneur jouiſſant du droit de forain , doit auſſi contribuer au payement de la penfion féodale à laquelle la Communauté eft foumife envers lui.

Ainfi jugé par les Commiffaires délegués entre le Seigneur & la Communauté de Volonne en 1732 , & par l'Arrêt du 13 de Juin 1716 entre le Seigneur & la Communauté de Tourtour. Les penfions féodales font répréfentatives des droits Seigneuriaux abonnés ou éteints qui étoient des droits réels impofés fur les fonds. Ainfi l'abonnement concernent l'utilité des fonds & non la fimple commodité des habitans. .

LXV.

Le Seigneur doit auffi contribuer à toutes les Dépenfes faites à l'occafion de la guerre , en quelque manière & en quelque efpèce qu'elles ayent été faites , foit en blé , farine , avoine , paille , Chevaux pour la Pofte , frais de paquets , chevaux & Mulets pour porter les équipages des Troupes , & tout ce qui peut avoir été fourni , tant aux ennemis de l'état , lorfqu'ils ont pénétré dans la Province que pour les troupes de France. Mais il participe au produit des refcriptions & indemnités que la Communauté reçoit à l'occafion de ces mêmes dépenfes.

Ainfi jugé par Arrêt du 6 de Juin 1753 entre le fieur de Chailan de Moriés & la Communauté du même lieu de Moriés.

Il y a trois Arrêts contraires en faveur des Seigneurs de Tourtour , de Ramatuelle & d'Oraifon qui avoient jugé que le Seigneur n'étoit pas foumis à contribuer à ces dépenfes dont la Communauté recevoit le rembourfement de la part du Roi ou du Pays. Mais ces Arrêts ne furent d'aucun fecours au Seigneur de Moriés ; & la Cour des Aydes s'étant propofé de faire un Réglement , avoit ordonné par un premier Arrêt que les Procureurs du pays feroient appellés dans l'inftance. La queftion ayant été amplément difcutée , l'on crut que la circonftance du rembourfement étoit indifférente , & que pour ces dépenfes concernant l'utilité des fonds , le Seigneur devoit être foumis à y contribuer en participant au produit de ce même remboursement.

Il faut convenir que ce fortes de variations dans une Jurifprudence , qui a pour objet une matière auffi importante , devroient fervir d'excufe à ceux qui regardent la plûpart de ces queftions comme problématiques.

LXVI.

Le Seigneur à qui la Communauté a fait payer les Tailles Négotiales qu'il ne devoit pas , répétant ce payement *condictione indebiti* , peut prétendre les intérêts au delà du double.

Il y a plufieurs Arrêtsqui ont foumis les Communautés à cette re itution. Quant aux intérêts au-delà du double , il fut décidé par l'avis arbitral de M^es. Saurin & Pazeri , de Thorame cité ci-deffus art. LXI. qu'ils étoient dûs.

LXVII.

Il eft defendu d'accorder des furféances au payement des tailles dûes par les Seigneurs fous prétexte de compenfation ou d'exemption des tailles Négotiales jufqu'au Jugement définitif des prétentions.

Arrêt du Confeil du 7 de Février 1702 , mais la régle à une exception.

Motif du Procureur général de la Cour des Comptes de l'Arrêt du 18 Juin 1717 rendu entre le Seigneur & la Communauté de Montauroux.

La Communauté attaque le 5°. chef de l'Arrêt qu'elle prétend être contraire à celui du Conseil du 7 de Février 1702 qui defend à la Cour des Aydes de Provence d'accorder aucune surféance de la taille courante sous prétexte de compenfation.

Sur quoi le Conseil obfervera s'il lui plaît, que, fi un Seigneur de fief forme lui-même une inftance en compenfation contre fa Communauté pour jouir par la franchife des tailles pendant la durée même des procès, c'eft là le cas où l'Arrêt du Conseil ne veut point qu'on accorde aucune furféance. Mais lorfqu'un Seigneur eft en poffeffion de la compenfation des biens nobles alienés avec les roturiers acquis, que cette compenfation lui a été accordée pour une certaine quantité de livres cadaftrales, la récifion qu'impetre la Communauté contre une pareille tranfaction, n'en empêche pas l'exécution, & fur tout lorfque le Seigneur juftifie, comme en ce fait, que fa compenfation eft jufte, & que par le rapport elle fera même déclarée plus forte que celle qui lui auroit été accordée par la Communauté. Auffi celle-ci ayant formé devant la Cour des Aydes un incident à l'audience pour obliger le fieur de Montauroux à payer la taille des biens affranchis par la même tranfaction, l'incident fut joint au principal ; enforte que par l'evenement la compenfation demandée par le Seigneur ayant été trouvée jufte & conforme à la maxime qui s'obferve en Provence, par quelle raifon & fur quel fondement auroit on pû l'obliger à payer la taille courante, tandis que ce même Arrêt l'en exempte de même que de toutes celles à venir ; & cette plainte eft d'autant plus injufte, que le même Arrêt porte que fi après la compenfation faite & confommée par un rapport, le fieur de Montauroux fe trouve débiteur de quelques Arrérages, il y eft condamné avec intérêt ; ce qui ne fçauroit être ni plus réguliers ni plus jufte.

LXVIII.

Les Seigneurs ne payent la dîme pour leurs Biens Nobles qu'à raifon d'un 20°. à moins qu'il n'y ait titre ou poffeffion contraire en faveur du décimateur ; & les fermiers de ces mêmes biens jouiffent de ce Privilège.

Les Seigneurs avoient pretendu devoir la payer au même taux pour leurs biens roturiers. Par Arrêt du Parlement de Toulouse du 16 d'Août 1616 il fut ordonné qu'il seroit enquis d'office particuliers s'ils la payoient pour les biens roturiers à raison du 13ᵉ. ou d'un 20ᵉ. & que cependant ils la payeroient au 13ᵉ. Cette provision passa en definitive après 30 ans ; de sorte que les Seigneurs n'ont continué de jouer du Privilège du payer la dîme à raison d'un 20ᵉ. que pour leurs biens nobles ; & à l'égard des biens roturiers, il la payent comme tous les autres possedans biens.

Bomi dans son recueil de coutumes ch. 18 ; Boniface tom. 4 liv. 3 , tit. 5 ch. 1 , De-Cormis tom. 1. col 517 où il rapporte les Arrêts qui avoient aussi ordonné par provision le payement de la dîme pour les biens nobles à raison du 20ᵉ. ; & il ajoute que le payement fait pendant 30 ans à un taux plus considérable ne permet pas au Seigneur de reclamer le Privilège.

Bomi & Boniface *loc. cit.* rapportent deux Arrêts en faveur des Fermiers des Biens nobles.

LXIX.

Les biens sur lesquels le Seigneur a appliqué la compensation des ses biens nobles aliénés jouissent du Privilège concernant le payement de la dîme.

Arrêt du 22 de May 1726 , Mr. de Jousques Rapporteur. De-Cormis tom. 1. col. 518. Le profit que le Décimateur reçoit de l'aliénation des biens nobles qui deviennent sujets au payement à un taux plus considérable , compense le préjudice de la diminution sur les biens roturiers acquis par le Seigneur.

LXX.

Les Biens Nobles sont affranchis de la compascuité établies parmi les habitans & possedans biens.

Arrêt du 3 de Juin 1684 entre le Seigneur & la Communauté de Calian rapporté par Boniface tom. 4 liv. 3. tit. 1, ch. 4.

Autre Arrêt du 9. de Juin 1730 en faveur du Seigneur de Fos-Amphoux.

LXXI.

Les biens roturiers acquis par le Seigneur, & qui par la compensation lui tiennent lieu des biens nobles aliénés, jouissent aussi de ce Privilège de l'exemption de la compascuité.

Même Arrêt du 30 de Juin 1684 cité ci-dessus.

DECLARATION
DU ROI
Du 9 Octobre 1684.

PORTANT Réglement sur la Nobilité des Fonds & Héritages en la Province de Languedoc

LOUIS, &c. Les Députez de Gens des Trois-États de notre Province de Languedoc nous ayant, dès l'année mille-six cens soixante-sept, supplié très-humblement de leur pourvoir d'un Réglement convenable sur la qualité des Fonds qui devroient être présumez Nobles dans ladite Province, & en conséquence exempts & immuns de l'Imposition des Tailles, nous aurions, par Arrêt de notre Conseil du douzième Novembre audit an, renvoyé à l'Assemblée des gens des Trois-États de notredite Province de Languedoc pour examiner les moyens qu'ils jugeroient les plus propres & les plus avantageux à ladite Province au sujet de ladite Nobilité des Fonds, & en faire un Reglement pour l'avenir, pour, icelui vû & rapporté en notre Conseil, ensemble l'avis de ladite Assemblée, être par nous ordonné ce que raison; en conséquence duquel Arrêt les Gens desdits États ayant déliberé, dans leur Assemblée tenue à Montpellier, & examiné les moyens qu'ils jugoient les plus propres & les plus avantageux à notredite Province au sujet de ladite Nobilité des Fonds auroient projeté quelques Articles, & nous auroient donné leur avis sur iceux par leur Déliberation du 22 Novembre dernier, lesquels nous ayant été rapportés & iceux vûs & examinez en notre Conseil, voulant pourvoir à toutes les Contestations qui pourroient naître à l'avenir au sujet de la Nobilité des Fonds, & établir une Jurisprudence à laquelle les Juges soient tenus de se conformer à l'avenir; A CES CAUSES, &c. Nous avons par ces Présentes signées de notre main, ordonné ce qui s'ensuit.

I. Premièrement, que les Biens Nobles ne seront sujets à aucune des impositions qui se feront; tant pour nos Deniers que ceux des Communautez, sans distinction de la Qualité des Possesseurs desdits Biens.

II. Contribueront néanmoins les Biens Nobles aux Impositions qui seront faites pour la conservation du Terroir, & autres cas semblable où il s'agira de leur utilité particulière.

III. Les Biens dépendans de principales Eglises, comme Cathédrales, Abbatiales & Commanderies, ou autres de Fondation Royale, seront censez & présumez Nobles s'il n'est justifié par le Contrat d'acquisition ou autres Actes de la Roture desdits Biens.

IV. Seront pareillement présumez Nobles les Biens dépendant des Eglises Paroissiales dans l'étendue de leur Paroisse seulement; & à l'égard des Biens dépendans des autres Eglises Chapelles, Fondations Obituaires, Confreries & autres semblables, ils seront censez Roturiers, & contribueront aux impositions, quand même les Curez en jouiroient, si les Posseurs ne justifient par titre la nobilité.

V. Seront néanmoins les Fonds où sont construites les Eglises, les Seminaires, Maisons Presbyterales, Maisons Religieuses & Hôpitaux, avec leur Jardin seulement, pourvû qu'il soit contigu auxdites Maisons, immuns & déchargez de la contributions aux Tailles, tant & si longuement que lesdits Lieux serviront à cet usage.

VI. Les Fonds, Héritages & Droits possedez par les Seigneurs Justiciers dans l'étendue de leur Jurisdiction, même par ceux qui n'auront que la moindre partie de la Basse-Justice, seront censez & présumez Nobles , s'il n'eſt juſtifié du contraire par Actes.

VII. Ne jouiront néanmoins de ladite préſomption de Nobilité les Seigneurs Juſticiers
Hauts , Moyens & Bas au cas qu'il ſoit juſtifié que ladite Juſtice a été acquiſe & poſ-
ſedée en quelque tems que ce ſoit ſeparù-
ment du Bien dont ils prétendront la Nobilité.

VIII. Les Biens qu'on juſtifiera par les
Titres primordiaux avoient été donnez en
Inféodation , & notablement par nous , par
les Egliſes & par les Seigneurs Juſticiers ,
ou dont on remettra les Hommages anciens , ne ſeront tenus de contribuer aux
Impoſitions , quand même les Poſſeſſeurs deſdits Biens n'auroient aucune portion de Juſtice.

IX. La Nobilité des Biens qui ne ſont
pas fondez en Préſomption ne pourra être
prouvée que par un Hommage au moins ,
lequel ſoit ancien de cent ans ou au-deſſus
& ſuivi d'un Dénombrement reçu dans les
formes , ou d'autres Titres ſuffiſans.

X. Les Directes & Cenſives appartenans
à autres qu'à ceux qui ſont fondez en Préſomption ſeront cenſées Roturieres , ainſi
que les Rentes Foncieres , ſi la Nobilité
n'en eſt juſtifiée par Titres.

XI. Si les Titres ſervans à la preuve de

la Nobilité se trouvent différens entre eux pour la contenance & qualité du Terroir ladite contenance sera reglée sur le Titre primordial ; & s'il n'est pas rapporté , sur l'Hommage ou Dénombrement qui contiendra la moindre qualité , quand même il ne seroit pas le plus ancien ; ce qui sera observé , tant à l'égard de ceux qui sont fondez en Présomption , que de ceux qui ne le sont pas.

XII. Les Biens acquis par l'Eglise ou par les Seigneurs Justiciers seront censez & déclarez Roturiers s'il n'appert par Titres de leur Nobilité.

XIII. Les Biens possedez par les Eglises fondées en présomption , ou par les Seigneurs Justiciers qui se trouveront compesiez sous les nom d'un ou de plusieurs autres Particuliers avant quarante ans ; seront censez Roturiers si le contraire n'est prouvé par titres ce qui aura lieu pour les Biens de pareille nature qui se trouveront compesiez depuis sous d'autres noms & dont la cottisation sera justifiée par quelques Rolles & payemens.

XIV. Les Fonds & Héritages baillez à Cens , Rentes Foncières , Champarts ou Agriers seront Roturiers & sujet au payement de la Taille , nonobstant qu'ils fussent

Nobles avant la tradition defdits Fonds , ou qu'ils foient revenus au Seigneur par Droit de Confifcation , Deshérence , Préla- tion ou autrement.

XV. Si néanmoins les Héritages , après avoir été délaiffez , ont été réunis au Fief par Droit de Déguerpiffement ils feront déclarez Nobles , pourvû que le Déguerpiffement ait été fait fuivant les formalitez prefcrites dans les Articles qui font ci-après.

XVI. Les Fonds Nobles pourront être af- fujettis à la Taille par tranfaction , Con- ventions & autres Actes paffez entre Per- fonnes libres & majeures ; comme auffi par le payement des Tailles de trente années confecutives & non interrompues fait par les Poffeurs.

XVII. Nulle prefcription ou poffeffion im- mémoriale d'immunité du payement des Tail- les ne pourra être alleguée ni oppofée pour la preuve de la Nobilité des Héritages , quand même ils n'auroient jamais été com- pefiez ni allivrez dans les Cadaftres.

XVIII. Tous Contrats & Tranfactions d'annobliffement , d'Abonnement & de com- pofitions des Tailles paffez entre les Confuls ou Sindics des Communautez & les Poffef- feurs des heritages Roturiers feront déclarez nuls , fans que pour raifon de ce aucune prescription puisse être opposée , sauf aux Parties d'entrer dans les mêmes Droits qu'elles avoient auparavant lesdits Contrats & Transactions ; avec défenses à tous Consuls, Sindics & autres d'en passer de semblables à l'avenir , & de charger la qualité des Fonds Roturiers , soit par Transaction , soit par compensation avec un Fonds Noble ou autrement , pour quelque cause & prétexte que ce soit.

XIX. Les Possesseurs des declarez fonds Roturiers par les Arrêts rendus par les Cours des Aides seront condamnez au payement des arrérages des Tailles depuis vingt-neuf années avant l'Introduction de l'Instance , en cas que lesdits Biens fussent compesiez avant ledit tems , si non depuis le compesiement.

Nᵃ. Les autres articles sont rapportés sous le titre du Deguerpissement au tom. II.

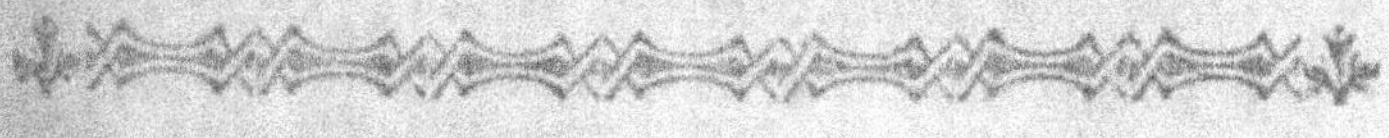

DECLARATION
DU ROI

QUI permet aux Communautez du Languedoc de se pourvoir par Requête civile envers les Arrêts donnez en matiére de nobilité , nonobstant tout laps de tems , & sans consignation d'amende.

Du 30 *Août* 1707

LOUIS par la grace de Dieu , Roi de France & de Navarre : A tous ceux qui ces présentes Lettres verront, SALUT. Nous avons par notre Ordonnance du mois d'Avril mil six cens soixante-sept défendu à nos Sujets de se pourvoir contre des Arrêts contradictoires de nos Cours , autrement que par lettres en forme de Requête civile & ordonné que celles qui seront obtenues par les Communautez seroient signifiées dans l'an & jour de la signification desdits Arrêts , & que les impétrans desdites Requêtes civiles seroient tenus de consigner l'amende

de quatre cens cinquante livres, en laquelle
nous avons condamné ceux qui fuccombé-
roient ; mais nous avons été informez qu'il
arrive fouvent que les Communautez de notre Province de Languedoc recouvrent des
Actes qui prouvent la roture des biens qui
ont été declarez nobles par des Arrêts contradictoires de notre Cour des Aides de
Montpellier & que cette découverte ne fe
faifant que plufieurs années après que lefdits Arrêts ont été rendus , lefdites Communautez ne peuvent plus fe pourvoir par
Requête civile , attendu le laps de tems ,
& elles ne font pas même en état de juftifier que lefdites pièces recouvrées ayent été
retenues par le fait de la Partie : Et comme
tous les Biens , Fonds & Héritages font
cenfez roturiers de leur nature , & qu'il eft
de notre intérêt & de celui du Public , que
ceux qui peuvent avoir été declarez nobles
par furprife ou autrement , reprennent leur
première qualité , & foient affujettis à la
Taille qui eft réelle en notredite Province
de Languedoc & imprefcriptible , ainfi qu'il
eft porté par la Déclaration du vingt-fixié-
me Mars mil cinq cens quarante-trois , &
par la notre du neuvième Octobre mil fept
cens quatre ; & que ce qui n'eft pas fujet
à la prefcription peut être jugé de nouveau

en

en tout tems fur de nouvelles pièces ; comme aufli que par l'ufage de notre Cour des
Aides de Montpellier fondé fur ces maximes
confirmées par lefdites Déclarations , tous les
Arrêts qui font rendus en ces matières ne
peuvent être oppofez fous aucun prétexte :
Et comme par l'Article trente-quatre de notre
Ordonnance de mil fix cens foixante-fept ,
au Titre des Requêtes civiles , nous n'avons
reglé les ouvertures defdites Requêtes qu'entre majeurs ; & par l'article trente-cinquiè-
me , nous avons reçu les Communautez à
fe pourvoir par Requête civile , fi elles n'ont
été défendues , ou fi elles ne l'ont été valablement , nous avons jugé à propos d'expliquer notre intention fur l'execution defdites
Déclarations des vingt-fixième Mars mil cinq
cens quarante-trois , & neuvième Octobre
mil fix cens quatre-vingt-quatre , & de notre Ordonnance du mois d'Avril mil fix cens
foixante-fept , afin de régler la manière de
fe pourvoir contre les Arrêts contradictoires
qui ont declaré les biens nobles. A CES
CAUSES , & autres à ce Nous mouvans ,
& de notre certaine fcience , pleine puiffance
& autorité Royale , nous avons par ces Préfentes , fignées de notre main , dit & ordonné , difons & ordonnons , voulons & nous
plaît , que ladite Déclaration du Roi Fran-

R

çois Premier du vingt-sixième Mars mil cinq cens quarante-trois , & la nôtre du neuvième Octobre mil six cens quatre-vingt-quatre , servant de Reglement pour la nobilité des biens de notre Province de Languedoc , soient executées selon leur forme & teneur : Et en conséquence permettons aux Communautez de ladite Province qui auront recouvré les Pièces justificatives de la roture des biens declarez nobles par des Arrêts contradictoires , de se pourvoir par forme de Requête civile contre lesd. Arrêts , nonobstant tout laps de tems , dont nous les avons relevez par ces Présentes en conformité desdites Déclarations , sans que lesdites Communautez soient tenues de justifier que les Pièces nouvellement recouvrées ont été retenues par le fait de la Partie ni de consigner l'amende de quatre cens cinquante livres portée par notredite Ordonnance , à laquelle nous avons expressément dérogé & dérogeons en faveur desdites Communautez , & à cet égard seulement. Voulon néanmoins qu'en cas que lesd. Communautez succombent ; elles soient condamnées en ladite amende. Si DONNONS EN MANDEMENT à nos amés & féaux Conseillers les Gens tenant notre Cour des Comptes , Aydes & Finances de Montpellier, que ces

Préfentes ils ayent à faire lire , publier &
regiftrer , & le contenu en icelles garder &
obferver felon leur forme & teneur , nonobftant tous Edits , Déclarations , Arrêts &
autres chofes à ce contraires , aufquelles nous
avons dérogé & dérogeons par ces Préfentes ,
aux copies defquelles , collationnées par l'un
de nos amez féaux Confeillers-Secretaires ,
voulons que foi foit ajoutée comme à l'o-
riginal ; car tel eft notre plaifir , en témoin
dequoi nous avons fait mettre notre Scel à
cefdites Préfentes. Donné à Verfailles le tren-
tième jour d'Août , l'an de grace mil fept
cens fept : Et de notre Regne le foixante-
cinquième. *Signé* , LOUIS. *Et plus bas :* Par
le Roi , PHELIPEAUX. Et à côté , vu au
Confeil ; CHAMILLART , fcellé en cire jaune.

*Enregiftré és Regiftres de la Cour des
Comptes , Aides & Finances de Montpellier
le 17. Septembre 1709. & publié à l'Audience de ladite Cour le vingt-troifième dudit
mois de Septembre ; oüi & ce requerant le
Procureur Général du Roi , fuivant l'Arrêt
de ladite Cour.* Signé , FLORIS.

DECLARATION
DU ROI

Du 28 Février 1708.

PORTANT Reglement sur la maniére de procéder à l'Allivrement des biens sujets à la Taille, & sur la présomption de Nobilité.

Regiſtrée en la Cour des Comptes, Aydes & Finances de Montpellier le 24 Mars 1708. & publiée à l'Audience le 26 dudit mois.

LOUIS par la grace de Dieu, Roi de France & de Navarre : A tous ceux qui ces préſentes Lettres verront, SALUT. Pour terminer les procès qui arrivent au ſujet du payement de la Taille, & de la nobilité des biens de notre Province de Languedoc, au préjudice de nos Déclarations des 7 Septembre 1666. & 9 Octobre 1684. nous avons par Arrêt de notre Conſeil du 29 Novembre dernier ordonné que les biens qui ſeront ajoutez aux Compoix des Communautez de lad. Province pour être cotti-

fez à la Taille, feront eftimez par les Experts
qui feront nommez par lefdites Communautez, & que les particuliers qui les poffédent, ne pourront être reçus à débattre lefdites eftimations, ni à demander qu'il en
foit fait une contradictoire avec eux, qu'a-
près avoir payé par provifion les fommes
aufquelles ils auront été taxés, avec défenfes aux Officiers de nôtre Cour des Aydes
de Montpellier de caffer aucun allivrement
jufqu'à ce qu'il en eût été fait un nouveau
& que cependant la Taille feroit payée par
provifion, nonobftant toutes Evocations &
Reglemens de Juges : Comme auffi que les
Communautez qui produiront des Contrats
d'acquifition d'héritages faits par ceux qui
font fondez en préfomption de nobilité, ne
feront tenus à autre chofe, fauf aux Particuliers fondez en préfomption à faire voir la
fituation & contenance des biens qu'ils auroient acquis, où qu'ils ne font plus en leurs
mains : & voulant que ledit Arrêt ait fon
entière execution. A CES CAUSES, &
autres à ce Nous mouvans, & de notre certaine fcience, pleine puiffance & autorité
Royale, nous avons par ces Préfentes fignées
de notre main, dit, declaré & ordonné,
difons, declarons & ordonnons, voulons &
nous plaît, que conformément audit Arrêt

de notre Conſeil du 29 Novembre dernier
les biens qui ſeront ajoutez aux Compoix
des Communautez de notre Province de Languedoc pour être cottiſez à la Taille , ſeront
eſtimez par les Experts qui ſeront nommez
par leſdites Communautez , & que les Particuliers qui les Poſſédent , ne ſeront reçus
à débattre leſdites eſtimations , ni a demander qu'il en ſoit fait une contradictoirement avec eux , qu'après qu'ils auront
payé par proviſion les ſommes auſquelles ils
auront été cottiſez ſur l'Allivrement conteſté. Faiſons défenſes à notre Cour des Comptes , Aydes & Finances de Montpellier , de
caſſer aucun Allivrement ſous prétexte que
ce ſoit , juſqu'à ce qu'il en ait été fait un
nouveau ; & cependant nous ordonnons que
la Taille ſera payée par proviſion , nonobſtant toutes Evocations , Reglemens des Juges & autres empêchemens quelconques.
Voulons que les Communautez qui produiront des acquiſitions d'héritages faits par ceux
qui ſont fondez en préſomption de nobilité ,
ne ſoient tenus de faire d'autre preuve pour
détruire cette préſomption de nobilité ſauf
aux particuliers fondés en préſomption de
nobilité à faire voir la ſituation & la contenance des biens qu'ils ont acquis , ou qu'ils
ne ſont plus dans leurs mains. Si DONNONS

EN MANDEMENT à nos amez & féaux les Gens tenans notre Cour des Comptes, Aydes & Finances de Montpellier, que ces Préfentes ils-ayent à faire lire, publier & regiftrer, & le contenu en icelles garder & obferver felon leur forme & teneur, nonobftant tous Edits, Déclarations, Arrêts & autres chofes à ce contraires, aufquelles nous avons dérogé & dérogeons par ces Préfentes, aux copies defquelles collationnées par l'un de nos amez & féaux Confeillers-Secretaires, voulons que foi foit ajoutée comme à l'original ; car tel eft notre plaifir, en temoin dequoi nous avons fait mettre notre Scel à cefdites Préfentes. Donné à Verfailles le vingt-huitième jour de Février, l'an de grace mil fept cens huit : Et de notre Regne le foixante-fixième. *Signé*, LOUIS *Et plus bas* Par le Roi, PHELIPEAUX. Vu au Confeil, DESMARETS, *figné*.

La préfente Déclaration a été enregiftrée ès Regiftres de la Cour des Comptes, Aydes & Finances de Montpellier le 24 Mars 1708. lue & publiée à l'Audience de ladite Cour le

26. *dudit mois ; ouï & ce requerant le Procureur Général du Roi, & ordonné qu'à sa diligence copies duement collationnées, seront envoyées à ses Substituts dans les Sénéchaussées, Bailliages & autres Jurisdictions Royales ressortant en ladite Cour, pour y être procedé à pareil enregistrement & publication avec injonction ausdits Substituts d'en certifier la Cour dans le mois, à peine de radiation de leurs gages.* Signé, FLORIS.

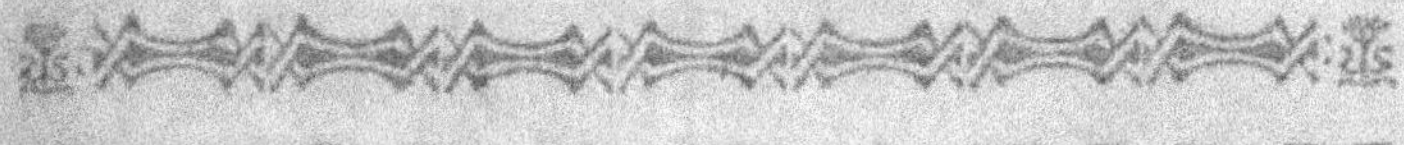

DECLARATION
DU ROI

Du 13ᵉ. Septembre 1713.

CONCERNANT la forme , & l'effet des aveux & denombremens par rapport à la nobilité des biens.

LOUIS par la grace de Dieu &c. par nos Lettres Patentes du 16 de Février 1667 Nous aurions nommé les Commiſſaires en notre Province de Languedoc ; pour connoître du fait de nos Domaines & recevoir les aveux & dénombremens des terres, Seigneuries , & fiefs nobles , qui relevent de nous ; & lefdits Commiſſaire auroient , par leur Ordonnance du 20 de Janvier 1672 reglé la forme en laquelle lefdits aveux & denombremens devoient être fournis , & ils les auroient reçus jufqu'en l'année 1690 que par Edit du mois de Novembre de ladite année nous avons attribué la connoiſſance des affaires de nos domaines , & la reception des aveux & denombremens à notre Cour des Comptes , & Aydes & Finances de Montpellier qui en a reçu encore plusieurs depuis ledit tems. Mais comme nous avons été informés que ceux qui les ont fournis y ont compris comme nobles ; un grand nombre de terres roturieres, sous prétexte ; que jusqu'à présent, les aveux & denombremens n'ont pas été blâmés pour raison de la nobilité ; ce qui pourroit dans la suite leur servir de titre pour les faire declarer nobles ; à quoi n'ayant pas été pourvu par notre Déclaration du 9 Octobre 1684, portant reglement pour la nobilité des fonds en ladite Province, nous avons résolu d'y rémedier en conservant aux Seigneur les avantages qui leur sont accordés par cette Déclaration la forme qui a été donnée ausdits aveux & denombremens par les Commissaires de nos Domaines, & sans assujettir nos Vassaux à fournir lesdits aveux & denombremens que dans les cas ordinaires & accoutumés. A CES CAUSES, &c. voulons & nous plaît.

ARTICLE PREMIER.

Que les aveux & denombremens qui seront fournis en notre Cour des Comptes, Aydes & finances de Montpellier, dans les cas ordinaires & accoutumés par les Vassaux qui relevent immédiatement de nous contienent en un seul ar-

ticle la Déclaration & confiftance de la maifon Seigneuriale, enclos, jardins, terres,
près, bois, vignes & autres terres cultes
ou incultes qui font contigues & poffedées
noblement par forme de corps dans le même tenement avec la contenance, limites
& confronts du corps defdites terres ; & à
l'égard des terres qui font féparées, qu'elles
foient declarées pièce à pièce même les Ifles
& cremens, foit qu'elles ayent été enca-
daftrées ou non, avec leur fituation, contenance & confronts particuliers.

II. Les terres fujettes à cenfive qui ont
été confolidées aux fiefs des Seigneurs feront pareillement énoncées, avec leur contenance & confronts, & declarées, comme
roturieres fi elles n'ont été jugées nobles par
les Arrêts de notredite Cour des Aydes de
Montpellier.

III. Les terres ouvertes & les garrigues &
pâturages communs feront declarées avec
leur contenance & leurs confronts & dans les
lieux où nous aurons la haute juftice ; ceux
qui auront fait lefdites ouvertures feront tenus d'en juftifier la nobilité.

IV. Les Seigneurs Jufticiers & autres,
tant Eccléfiaftiques que Laïques qui jouiffent des biens nobles, remettront leurs aveux
& dénombremens, les hommages & les an-

ciens denombremens rendus par leurs Auteurs ; & au cas qu'ils denombrent autre chose que ce qui est contenu aux precédens denombremens , il sera rejetté comme roturier s'ils n'en justifient la nobilité par titre, suivant l'art. XI. de notre Déclaration de 1684.

V. Ceux qui ont des arrière-fiefs , seront tenus d'en declarer la qualité & le revenu en Général , & de remettre une copie en forme des aveux & denombremens qui leur auront été rendus.

VI. Enjoignons à notre Procureur Général de blâmer les aveux & denombremens qui seront fournis à l'avenir , non-seulement pour la propriété de ce qui peut nous appartenir & pour les droits qui ont été établis au préjudice de nos sujets , mais encore pour la nobilité des droits , terres & autres fonds qui seront énoncés dans lesdites déclarations.

VII. Et d'autant que les aveux & denombremens qui ont été fournis depuis 1692 jusqu'à présent n'ont pas été blâmés par rapport à la nobilité , ce qui pourroit dans la suite faire declarer nobles des fonds & des droits qui sont roturiers , nous permettons à notre procureur Général de se pourvoir par opposition contre lesdits aveux & denombremens pour le fait de la nobilité ou roture feulement, & d'en pourfuivre le jugement en notre Cour des Aydes.

VIII. Voulons que notre Procureur Général foit reçu à fe pourvoir en ladite Cour contre tous aveux & denombremens, Arrêts & Tranfactions qui pourroient être oppofés à fes blâmes lorfqu'il prouvera la roture des biens & droits par des actes qui n'auront pas été vûs lors defdits denombremens, Arrêts & Tranfactions conformément à notre Déclaration du 30 Août 1707.

IX. Lorfqu'il fera procedé au Jugement des aveux & denombremens qui auront été blâmés, tant pour la confervation de nos Droits Féodaux & Domaniaux, que pour la nobilité ou roture des biens & droits qui y feront compris, les Juges qui feront de femeftre, tant au bureau du Domaine qu'au bureau des Aydes feront tenus de s'affembler pour juger conjointement au bureau du domaine lefdits aveux & denombremens & les blâmes fournis par notre Procureur Général, & il fera prononcé par un feul & même Arrêt fur la reception defdits aveux & denombremens & fur la nobilité ou roture des fonds des terres & des droits qui y feront énoncés comme auffi fur les arrérages des Tailles qui feront adjugés aux Commu-

nautés suivant la disposition de l'art. XIX.
de la Déclaration du 9 Octobre 1684 , à
la liquidation desquels il y sera procedé dans
la suite à la diligence de notre Procureur
Général.

X. Les biens & droits qui auront été
declarés roturiers seront allivrés & cottisés
à la taille à la diligence des Maires & Consuls , dont ils seront tenus de certifier notre
Procureur Général dans trois mois , a compter du jour que les Arrêts leur auront été
signifiés ; & ils seront pareillement tenus
de poursuivre le payement des Arrérages
des Tailles après que la liquidation en aura
été faite en ladite Cour des Aydes à la diligence de notre Procureur Général à peine
d'en repondre en leur propres & privés noms
pour lesdits Arrérages être employés à payer les
dettes verifiées de la Communauté , ou à
diminuer d'autant les impositions SI DON-
NONS EN MANDEMENT , &c. Donné
à Fontainebleau, le 13 Septembre , l'an de
grace 1713 , & de notre régne le 71 *Signé*
LOUIS : *& plus bas :* Par le Roi , PHE-
LYPEAUX. Vû au Conseil , DESMARETS.
Registrée à la Cour des Comptes , Aydes &
Finances de Montpellier , le 15 *Novembre*
1713.

N^a. Il y a un Arrêt de la Cour des Aydes de Montpellier du 15 Juin 1708 , qui ordonne qu'on ne fera reçu à rendre hommage pour les cenfives & rentes foncières & autres biens fi on n'eft fondé en préfomption de nobilité , ou fi on ne juftifie de l'inféodation par des anciens hommages & denombremens.

DECLARATION
DU ROI
Du 23 Janvier 1721.

CONCERNANT la Cottiſation à la Taille des Biens préſumez Nobles.

Regiſtrée en la Cour des Comptes, Aydes &
Finances de Montpellier.

LOUIS, par la grace de Dieu, Roi de France & de Navarre : A tous ceux qui ces préſentes Lettres verront, SALUT. Le feu Roi, notre très-honoré Seigneur & Biſayeul, par ſa Déclaration du 28 Février 1708. dans la vûe de terminer les Procès qui arrivent au ſujet du payement de la Taille, & de la Nobilité des Biens de notre Province de Languedoc, auroit ordonné que les Biens qui ſeront ajoutez aux Compoix des Communautez de ladite Province, pour être cottiſez à la Taille, ſeront eſtimez par les Experts qui ſeront nommez par leſdites Communautez, & que les Particuliers qui les poſſedent, ne ſeront reçus à débattre leſdites Eſtimations, ni à demander qu'il en

ſoit

soit fait une contradictoirement avec eux ,
qu'après qu'ils auront payé par provision les
sommes ausquelles ils auront été cottisez sur
l'Allivrement contesté , avec défenses à notre
Cour des Comptes , Aydes & Finances de
Montpellier , de casser aucun Allivrement ,
sous quelque prétexte que ce soit , jusqu'à
ce qu'il en ait été fait un nouveau ; & cependant que la Taille sera payée par provision , nonobstant toutes Evocations , Reglemens de Juges , & autres empêchemens
quelconques ; voulant que les Communautez qui produiront des acquisitions d'Héritages faites par ceux qui sont fondez en présomption de Nobilité , ne soient tenus de
faire d'autre preuve pour détruire cette présomption , sauf aux Particuliers fondez en
présomption de Nobilité , à faire voir la situation & la contenance des biens qu'ils
ont acquis , ou qu'ils ne sont plus dans leurs
mains. Mais nos très-chers & bien-amez les
Gens des Trois-Etats de notre Province de
Languedoc , ayant reconnu que plusieurs
Communautez abusant des termes de cette
Déclaration ; & sous prétexte de la permission qui leur est accordée de nommer des
Experts , entreprenoient d'ajoûter à leur Compoix les biens fondez en présomption de
Nobilité , sans observer aucune formalité ,

& fans en avoir préalablement obtenu la permiffion de la Cour des Comptes , Aydes & Finances de Montpellier , comme il s'étoit toujours pratiqué avant ladite Déclaration ; auroient déliberé le 8 Février 1719 de Nous fupplier de remédier à cet abus , également préjudiciable aux Poffeffeurs fondez en préfomption de Nobilité , & aux Communautez. A CES CAUSES , & autres à ce Nous mouvans , de l'avis de notre très-cher & très - amé Oncle le Duc d'Orléans , Petit-Fils de France , Regent , de notre trèscher & très-amé Oncle le Duc de Chartres, premier Prince de notre Sang , de notre trèscher & très-amé Coufin le Duc de Bourbon , de notre très-cher & très-amé Coufin le Comte de Charollois , de notre très-cher & très-amé Coufin le Prince de Conti , Princes de notre Sang , de notre très-cher & très amé Oncle le Comte de Touloufe , Prince legitimé , & autres Pairs de France, grands & notables Perfonnages de notre Royaume , & de notre certaine fcience , pleine puiffance & autorité Royale , Nous avons par ces Préfentes , fignées de notre main , dit , déclaré & ordonné , difons , déclarons & ordonnons , voulons & Nous plaît , que les Communautez de notre Province de Languedoc ne pourront à l'avenir cottifer à la Taille les biens fondez en préfomption de Nobilité, qu'après avoir rapporté en notre Cour des Comptes, Aydes & Finances de Montpellier, des Titres de roture en bonne forme ; comme anciens Compoix, Contrats d'Acquifitions, Baux à Cens, Rentes Foncieres, Champarts ou Agriers, Tranfactions ; & autres équivalens, fuivant la Déclaration du 9 Octobre 1684 fur lefquels notredite Cour accordera la permiffion de cottifer & allivrer lefdits Biens, fi elle trouve que les Titres foient fuffifans pour détruire la préfomption de Nobilité, après qu'ils auront été communiquez à notre Procureur Général, & fans que les Seigneurs & autres Poffeffeurs defdits Biens y foient appellez ; laquelle permiffion étant obtenue, les Biens qui feront ajoûtez aux Compoix des Communautez, pour être cottifez à la Taille, feront eftimez par les Experts qui feront nommez par lefdites Communautez, fans que les Particuliers qui les poffédent, puiffent être reçus à débattre lefdites eftimations, ni à demander qu'il en foit fait une contradictoirement avec eux, qu'après qu'ils auront payé par provifion, entre les mains des Collecteurs, conformément à la Déclaration du 7 Septembre 1666 nonobftant toutes oppofitions faites ou à faire, les sommes ausquelles ils auront été cottisez sur l'Allivrement contesté ; lesquelles sommes seront remises par lesd. Collecteurs, entre les mains du Receveur des Tailles en exercice, qui sera tenu de les Consigner en celles du Trésorier de la Bourse, pour y demeurer jusqu'à fin de Cause, & être délivrez à qui il sera ordonné par le Jugement du Procès. Et pour prévenir la surcharge, & même la ruine des Communautez, qui pourroient arriver par la perte de ces Procès, si lesdites Communautez diminuoient sur leurs Impositions, le montant des sommes consignées, voulons qu'indépendamment de ladite consignation, elles continuent d'imposer à l'ordinaire & en entier, le montant de leur Taille, & autres Impositions, tant pour la première année, que pour les suivantes, jusqu'à ce que la Roture, ou la Nobilité des Biens, qui seront la matière de la contestation, ayent été définitivement jugées. Et sera au surplus ladite Déclaration du 28 Février 1708 exécutée selon sa forme & teneur. Si DONNONS EN MANDEMENT à nos amez & feaux les Gens tenans notre Cour des Comptes, Aydes & Finances de Montpellier, que ces Présentes ils ayent à faire lire, publier & registrer, & le contenu en icelles garder &

obferver felon leur forme & teneur , nonobftant tous Edits , Déclarations , Arrêts , &
autres chofes à ce contraires , aufquelles Nous
avons dérogé & dérogeons par ces Préfentes ;
aux Copies defquelles collationnées par l'un
de nos amez & feaux Confeillers-Secretaires ,
voulons que foi foit ajoutée comme à l'Original : CAR tel eft notre plaifir. En témoin
de quoi Nous avons fait mettre notre fcel
à cefdites Préfentes. DONNÉ à Paris le vingt-
troifième jour de Janvier, l'an de grace mil
fept cens vingt-un , & de notre Regne le
fixième. *Signé* , LOUIS : *Et plus bas* ;
Par le Roi , LE DUC D'ORLEANS
Regent , préfent. *Signé* , PHELYPEAUX.
Et au - deffous , VU au Confeil. *Signé* ,
LE PELLETIER DE LA HOUSSAYE.
Et fcellé.

*Enregiftré par la Cour des Comptes ,
Aydes & Finances de Montpellier. le 20° de
Mars 1721.*

DECLARATION
DU ROI,

Du 17 Octobre 1741.

EN Interpretation de celle du 28.
Février 1708. concernant la Nobilité & Roture des Fonds de Terre
dans la Province de Languedoc.

Regiſtrée en la Cour des Comptes, Aydes &
Finances de Montpellier.

LOUIS par la grace de Dieu, Roi de
France & de Navarre : A tous ceux
qui ces préſentes Lettres verront, SALUT.
Les Eccléſiaſtiques & Bénéficiers de notre
Province de Languedoc nous ayant pré-
ſenté pluſieurs fois leurs très-humbles & reſ-
pectueuſes Remontrances ſur l'abus que fai-
ſoient les Communautez de notredite Province de pluſieurs Diſpoſitions des Déclarations données par le Roi notre très-honoré
Seigneur. & Biſayeul ſur le Fait de la Nobilité ou Roture des Fonds de Terre qui
ſont ſituez dans notredite Province, ils ont
demandé qu'il fut fait défenſes aux Conſuls

& Communautez d'allivrer & cottiser les
Biens & Héritages appartenant aux Eglises,
& dont elles étoient en possession avant l'année 1516 : Que les Biens & Héritages acquis
par lesdites Eglises depuis cette époque ne
puissent être ajoutez au Compoix sans que
l'estimation en eût été préalablement faite
avec lesdits Bénéficiers Ecclésiastiques : Qu'au
cas que la montrée de la contenance, situation, ou la non-jouissance des Biens acquis
depuis l'année 1516. ne pourroit être faite
ni établie, lesdits Biens fussent cottisez à
la Taille eu égard & suivant l'évaluation
du prix de l'acquisition ; & enfin que les
Biens Ecclésiastiques non-payant Tailles avant
ladite année 1516. qui auroient été ajoutez
aux Compoix desdites Communautez, & pour
lesquels il pouvoit y avoir contestation actuellement subsistante, fussent rayez & biffez
desdits Compoix, & toutes les sommes
payées par provision pour le montant de ces
nouvelles Impositions rendues & restituées
aux Bénéficiers à qui elles peuvent appartenir. Nous ordonnâmes sur toutes ces demandes, par Arrêt de notre Conseil du 14
Octobre 1727 qu'elles seroient communiquées
au Syndic Général de notredite Province
de Languedoc, pour, sur sa Réponse, être
ordonné par nous ce qu'il appartiendra.

Elles ont encore été fuivies de celles que le Clergé Général de notre Royaume à formé en l'année 1735 en faveur des Eccléfiaftiques & Bénéficiers de notredite Province , pour obtenir qu'il fut déterminé une époque certaine pour la datte des Titres dont les Communautez & les Eccléfiaftiques doivent fe fervir au fujet de la Nobilité ou Roture des Biens fondez en Préfomption , laquelle époque demeureroit fixée à l'année 1471 à l'égard des Eglifes qui ne juftifieroient point que leurs Titres ayent été brulez , & à l'année 1561 pour celles qui' feroient cette preuve : Que la Regle établie par l'Article XI. de la Déclaration de 1684 pour fixer la contenance des Biens Nobles fur les Dénombremens qui énoncent la moindre quantité , n'auroit pas un effet retroactif à ladite Déclaration. Enfin que les Biens inféodez à Titre d'Albergue Noble , quoiqu'en Grains ou en Argent , fuffent reputez Nobles , ou , en cas de difficulté , que la Regle qui les déclareroit Roturiers n'eût pas un effet retroactif à ladite Déclaration de 1684. Il nous a été aifé de reconnoître que l'objet des Repréfentations du Clergé eft un des plus importans pour notredite Province de Languedoc, puifqu'il s'agit des Regles qui doivent y être obfervées fur la manière de faire contribuer les Poſſeſſeurs des Fonds aux Impoſitions & aux Charges de l'Etat. Nous avons auſſi remarqué que ces Demandes , quoique formées ſeulement en faveur des Eccléſiaſtiques & Bénéficiers de notredite Province , intéreſſent également tous les Seigneurs Juſticiers dont les Biens jouiſſent de la même Préſomption de Nobilité ; & après les avoir fait examiner dans notre Conſeil avec toute l'attention que la qualité des Parties & la nature de leurs Demandes peuvent exiger , il nous a paru que la Déclaration du feu Roi notre très-honoré Seigneur & Biſayeul , du 28 Février 1708 avoit principalement donné lieu auſdites Repréſentations , par la trop grande facilité qu'elle donnoit aux Communautez de priver les Seigneurs & les Eccléſiaſtiques de l'effet de la Préſomption de Nobilité qui leur a été juſtement accordée Nous avons dèſlors été convaincus qu'en apportant de ſages modifications à une Loi dont l'abus a été ſenſible , nous remplirons. à proprement parler , l'objet de toutes les Demandes du Clergé. Il l'a reconnu lui-même en les réuniſſant ſous ce point de vûe dans les dernieres Repréſentations de l'Aſſemblée Générale du Clergé de notre Royaume pendant l'année 1740. Nous ſommes enfin informez que les Etats de notredite

Province & notre Cour des Comptes , Aydes & Finances concourent à defirer fur ce point un Réglement dont l'unanimité de leurs vœux nous a fait reconnoître la néceffité & la juftice , en même tems qu'elle nous en marque l'efprit. Nous aurions également fouhaité d'expliquer nos intentions fur ce qui a rapport à la Nobilité ou Roture des Fonds fujets à des Albergues en Deniers ou en Denrées ; mais outre que cette matière eft indépendante de celle qui fait le fujet de la préfente Déclaration , elle n'a pas encore été difcutée avec la maturité néceffaire dans les différens cas qu'elle préfente. Nous croyons cependant ne devoir pas différer de pourvoir d'une part à la fureté des Seigneurs Jufticiers & des Eccléfiaftiques fondez en Préfomption par rapport aux Demandes en garantie ; & de l'autre à l'intérêt des Poffeffeurs defdits Fonds par rapport à la manière de les allivrer dans le cas où ils feront déclarez Roturiers ; & la Difpofition que nous établiffons fur ce double objet étant conforme à la Jurifprudence de notredite Cour des Comptes , Aydes & Finances , ne fait qu'y ajouter l'Autorité d'une Loi qui la rendra encore plus certaine & invariable. C'eft ainfi qu'en procurant fucceffivement à notre Province de Langue-

doc les différens Reglemens dont elle a be-
foin pour foutenir une fage adminiftration,
nous la mettrons en état de recueillir les
fruits de notre attention pour le foulagement
& le bonheur des différens Ordres qui la
compofent. A CES CAUSES, de
notre certaine fcience, pleine puiffance &
autorité Royale, nous avons déclaré & ordonné, & par ces Préfentes fignées de notre main, déclarons & ordonnons, voulons
& nous plaît ce qui fuit.

ARTICLE PREMIER.

Les Communautez de la Province de
Languedoc ne pourront cottifer à la Taille
les Biens en Préfomption de Nobilité qu'a-
près avoir rapporté en notre Cour des Comptes, Aydes & Finances de Montpellier des
Contrats d'Acquifition ou des Titres de Roture en bonne forme, conformément à notre Déclaration du 23 Janvier 1721 à raifon
des Biens fituez dans leurs Taillables, fur
lefquels Titres notredite Cour accordera la
Permiffion d'allivrer & Cottifer lefdits Biens;
le tout en la forme & manière preferite par
notredite Déclaration.

II.

Lorfque les Actes d'acquifition défigne-
ront la fituation des Biens acquis par des
Confronts permanens & immuables, ou qu'ils

énonceront une contenance certaine , ou les tenemens dans lefquels les Biens acquis font fituez , notredite Cour ne permettra d'allivrer que les Biens renfermez dans les confronts défignez , ou la contenance marquée , ou les Biens fituez dans les tenemens énoncez dans lefdits Actes.

III.

Les Experts qui procederont à l'eftimation & Allivrement de la contenance marquée dans les Actes d'acquifition , fans défignation de confronts permanens & immuables , ou fans défignation des tenemens , prendront cette contenance de proche en proche dans les Fonds poffedez par les Seigneurs & les Eccléfiaftiques , au choix & indication de la Communauté ; & fur l'Appel de l'Allivrement ou Demande en Déclaration de Roture , fera ladite contenance , s'il y a lieu , déclarée Roturiere , fauf aufdits Seigneurs & Eccléfiaftiques à faire voir la véritable fituation des Biens acquis , ou qu'ils ne font plus dans leurs mains ; au moyen de quoi le furplus des Fonds appartenans aufdits Seigneurs & Eccléfiaftiques confervera la Préfomption de Nobilité.

IV.

Voulons que les Communautez ne puiffent faire aucun ufage , même pour obtenir

la Permiſſion d'allivrer & cottiſer les Biens
fondez en Préſomption de Nobilité, des Donations entre vifs ou à cauſe de mort, ou
autres diſpoſitions faites en faveur des Seigneurs & des Egliſes, ſous ces expreſſions
vagues, *je donne*, ou *je légue tout ce que
j'ai dans un tel lieu*, ou autres ſemblables,
lorſque par la ſuite de l'Acte même ou par
d'autres Titres on ne pourra pas connoître
la nature de ce qui a été donné, & s'il
conſiſtoir en Fonds ou en Droits réels, ou
lorſque les Communautez ne juſtifieront pas
que dans le tems des Donations ou autres diſpoſitions ci-deſſus énoncées ceux qui les ont
faites au profit des Seigneurs ou des Eccléſiaſtiques poſſedoient des Biens Fonds ou
Droits réels dans le Taillable deſdites Communautez.

V.

Lorſque les Actes d'acquiſition rapportez
par les Communautez ne marqueront, ni la
contenance des Biens, ni leur ſituation par
des confronts permanens & immuables, &
qu'ils énonceront le prix des acquiſitions,
notredite Cour ne permettra d'allivrer que
la contenance des Fonds de Terre, ou la
quantité des Cenſives, Champarts ou autres
Droits, qui ſera fixée par les Experts qu'elle

aura nommé eu égard au prix , conformément à ce qui sera expliqué dans l'Article suivant.

VI.

La fixation de la contenance desdits Fonds ou de la quantité desdits Droits sera faite par les Experts nommez par notredite Cour , en se reglant sur le prix énoncé dans les Titres d'acquisition eu égard à la proportion des anciennes Monoyes avec les nouvelles , & à celles des Fonds ou Droits avec l'Argent comptant lors & au tems des Acquisitions ; & la contenance qui aura été ainsi fixée sera placée de proche en proche à l'indication de la Communauté , par des Experts qu'elle nommera à cet effet , autres toutefois que les Habitans du Lieu ; & sur l'Appel de l'Allivrement ou Demande en déclaration de Roture , sera ladite contenance déclarée Roturiere , s'il y a lieu ; sauf aux Seigneurs & Ecclésiastiques à faire voir la véritable situation des Biens acquis , ou qu'ils ne sont plus dans leurs mains ; au moyen de quoi le surplus des Fonds & Droits appartenans ausdits Seigneurs & Ecclésiastiques conservera la Présomption de Nobilité.

VII.

Voulons que dans le cas où les Actes d'acquisition rapportez par les Communautés

tez ne contiendroient , ni contenance , ni
confronts , ni défignation des tenemens , ni
prix d'Argent , les Seigneurs & les Eccléfiaftiques puiffent juftifier par Actes auten-
tiques que lors & indépendamment des Actes
d'acquifition rapportez par lefdites Communautez , ils poffedoient des Biens dans les
Taillables ; auquel cas ils feront admis à
faire voir la fituation & contenance defdits
Biens , & qu'ils font encore en leurs mains ;
au moyen de quoi , ils conferveront la Préfomption de Nobilité pour raifon feulement
defdits Biens par eux poffédez lors defdites
acquifitions , à moins que les Communautez ne rapportent d'autres Titres pour la
détruire.

VIII.

Les Seigneurs & les Eccléfiaftiques dont
les Biens auront été déclarez Roturiers en
tout ou en partie par les Arrêts de notredite Cour des Comptes , Aydes & Finances rendus depuis la Déclaration du 28 Février 1708 ou qui feront rendus à l'avenir ,
avec refervation de la faculté de faire voir
la fituation & contenance des Biens par eux
acquis ou qu'ils ne font plus en leurs mains ,
pourront exercer ladite faculté nonobftant
tout laps de tems , fans néanmoins que les
Tailles & les Dépens qu'ils auront payez en

exécution desdits Arrêts puissent être repetez dans aucun cas & sous quelque prétexte que ce soit.

I X.

Declarons nulles & de nul effet toutes Clauses de garantie ou Promesses de faire jouir noblement stipulées dans les Inféodations faites par les Seigneurs & Ecclésiastiques fondez en Présomption de Nobilité, sous des Albergues en grains ou en deniers, ou autres rédévances, dans les cas où elles rendent les Biens Roturiers ; sauf aux Experts qui procederont audit cas à l'Allivrement desdits Biens à en faire l'estimation eu égard au Revenu qu'ils produisent, distraction faite desdites Albergues ou autres Redevances.

X.

Voulons au surplus que la Déclaration du 9 Octobre 1684 concernant la Nobilité des Biens situez dans notre Province de Languedoc, soit exactement gardée & observée dans tout ce qu'elle contient, & que les Déclarations des 28 Février 1708 23 Janvier 1721 & autres données sur la même matière soient pareillement gardées & observées dans tout ce en quoi elles ne se trouveront point contraires aux Dispositions des Présentes.

Si donnons en Mandement à nos amez & féaux les Gens tenant notre Cour des Comptes, Aydes & Finances de Montpellier que notre préfente Déclaration ils ayent à faire lire, publier & regiftrer, & le contenu en icelle garder, obferver & exécuter felon fa forme & teneur, nonobftant toutes chofes à ce contraires ; Car tel eft notre plaifir : en témoin de quoi nous avons fait mettre notre Scel à cefdites Préfentes. Donné à Verfailles, le dix-feptième jour d'Octobre, l'an de grace mil fept cens quarante-un, & de notre Régne le vingt-feptième. Signé, LOUIS : Et plus bas, Par le Roi, PHELYPEAUX. Vû au Confeil, ORRY.

Regiftrée ès Regiftres de la Cour des Comptes, Aydes & Finances : oüi, & ce requérant le Procureur Général du Roi, pour être le contenu exécuté fuivant fa forme & teneur ; & Copies, duëment collationnées, feront envoyées, à la diligence du Procureur Général du Roi, dans tous les Bailliages, Sénéchauffées & autres Juges du Reffort de la Cour,

T

pour y être lûe , publiée & regiſtrée , même en Vacations. Enjoint aux Subſtituts du Procureur Général d'y tenir la main , & d'en certifier la Cour au mois , à peine de radiation de leurs Gages , ſuivant l'Arrêt de ladite Cour rendu , les Chambres & Semeſtres aſſemblez , le dix-huitième Novembre mil ſept cens quarante - un.

Collationné. ſigné , *ALBISSON.*

J'ai crû devoir joindre ici le Jugement rendu le 5ᵉ. d'Août 1704 par Mr. Lebret premier Président & Intendant en Provence, & Mrs. De-Cormis & Peiſſonel célébres Avocats, Commiſſaires délegués pour juger en dernier reſſort, les procès entre le Seigneur & la Communauté de la Verdiere. Je l'ai cité ſur pluſieurs articles du tit. des Biens Nobles ; & il renferme bien d'autres diſpoſitions remarquables.

NOUS Commiſſaires délegués par Arrêt du Conſeil du 15 Janvier 1696 pour juger en dernier reſſort les différends, entre le Seigneur de la Verdiere & la Communauté dudit lieu, avons reçu le rapport des experts convenus par les Parties du 7ᵉ. Juin 1704, & par elles acquieſcé le premier du préſent mois d'Août, & ordonné qu'il ſera exécuté ſelon ſa forme & teneur & jugeant les articles interloqués dans ledit rapport & à nous renvoyés, ordonnons que dans le mois ledit Seigneur de la Verdiere, juſtifiera que le bien du nouveau Bail paſſé aux Gilloux par Contrat du 25 Juillet 1581 fut revenu à ſes Auteurs par droit de Commis ſur le nommé de Capin & la fouſſoirée de

Vigne d'Honnorat de Pourrieres par droit de deshérence, autrement ledit tems paſſé dès maintenant comme pour lors avons déclaré leſd. fonds roturiers & taillables ; & en ce qui eſt des biens de Jean Aymes adjugés au Seigneur par confiſcation, les avons déclarés Nobles fors & excepté ce que la Communauté juſtifiera en avoir été acquis ou conſervé par le Seigneur à prix d'argent ou moyenant deniers ; ſi mieux n'aiment les parties pour éviter toute diſcuſſion, conſentir que ce qui reſte deſdits biens de Jean Aymes entre les mains du Seigneur lui demeure franc & immune de taille, & que ce qui en a été aliéné ne ſoit pas compenſable : déclarant les biens ſituez au quartier de Comin tranſportés par Jean de Caſtellanne au ſieur d'Ampus ſon frere ne pouvoir ſervir de matière de compenſation comme vendus francs de taille, ni les droits Seigneuriaux aliénés pour des penſions féodales ou autrement en quelle manière que ce ſoit ſuivant l'Arrêt du Conſeil du 7ᵉ. Février 1702 ; & quant aux biens acquis du Prieuré immédiatement par le Seigneur, nous les déclarons francs & immunes de taille pour ce ſeulement qu'il en peut poſſéder ſans l'avoir jamais aliéné, & roturiers & taillables pour tout ce qu'il en a repris depuis ſes aliénations, fans que ni l'un ni l'autre puiſſent jamais ſervir de matière de compenſations. Et pourvoyant aux autres fins & concluſions des parties, avons maintenu & maintenons les habitants & poſſédans biens dudit la Verdiere aux droits & facultés de clorre leur héritages & le Seigneur le ſien, ſelon l'uſage de la Communauté à l'exception des nouveaux baux où il y auroit deffenſe de clorre, ou reſerve des herbages & pâturage en faveur du Seigneur & à pouvoir faire du plâtre & de la chaux, tuilles & charbonnières ſans abus, leur défendant néanmoins de faire des défrichemens d'une nature & qualité à cauſer de la deterioration au fonds, & ſera permis & reſervé au Seigneur d'agir pour ſon indemnité contre les Particuliers qui peuvent en avoir fait en deterioration de leurs fonds & à iceux leur défenſes, au contraire; & du conſentement du feu Seigneur Préſident d'Oppede & ſes héritiers du 27 Octobre 1696 avons maintenu & maintenons leſdits habitans en la faculté & liberté de faire des moulins à huile non bannaux & de detriter leurs olives où bon leur ſemblera, ſans payer aucun droit de mouture audit Seigneur ni à ſes fermiers lorſqu'ils iront moudre leurs grains ailleurs qu'aux moulins de Varages appartenant au même Seigneur,

T 3

auquel cas il y payeront les droits accoutumés en y faisant moudre & sauf audit Seigneur Marquis d'Oppéde d'agir contre les particuliers possédans biens le long des fossés & prises des eaux desdits moulins s'il présuppose qu'ils leur ont causé du dommage & à eux leurs défenses,& néanmoins faisant droit à la demande de ladite Communauté l'avons reçue à reprendre lesdits moulins en remboursant le prix de l'aliénation qu'elle en fit & loyaux couts compensables proportionnellement avec les détériorations à connoissance d'experts , si mieux le Seigneur n'aime les posséder comme sujets à l'avenir à la taille ; le tout en conformité de l'Arrêt du Conseil du 15 Juin 1668 , deboutant lesdits Consuls & Communauté de leurs demande du droit de Fournage des fermiers du Seigneur cuisant aux fours des metairies du Seigneur , pour le menage d'icelles sans préjudice du droit de Fournage par rapport aux biens roturiers que lesdits fermiers possèdent en leur propre , & aussi quand il cuiront au four de la Communauté suivant la transaction du 8e. May 1584 , & pour ce qui est des nouveaux baux donnés par le Seigneur de son domaine noble qui subsistent encore , ils seront & demeureront entretenus , & à lui permis & à ses successeurs de passer aussi de

nouveaux baux de son domaine noble & a
telle cause qu'ils trouveront à propos, le
tout néanmoins sans abus ; & à l'égard des
terres roturieres données à plus grande cense
ou qui le pourroient être à l'avenir contre la teneur de ladite transaction du 8e.
May 1584 les contrats demeureront résolus
si mieux le Seigneur n'aime consentir à la
reduction de ladite cense sur le pied de la
cotte portée de ladite transaction ; ordonnons pareillement que tant le Seigneur que
les particuliers seront tenus de reparer chacun en droit soi, si fait n'a été, le viol ou
chemin des eaux, fontaines d'hermes & gour-
gouletes, & de retablir & laisser en état l'espace suffisant pour l'espace du bétail & autres usages de la fontaine. Et touchant la
vente du gland du defens appellée Malle-
sauque, défenses sont faites à la Communauté d'en passer vente sans l'aveu & le consentement du Seigneur comme de chose à
lui commune. Déboutant la Communauté
de la demande des arrérages de cense pour
les biens acquis par le Seigneur depuis ladite transaction du 8 May 1584 attendu
le plus grand allivrement des biens ensuite
de l'extinction desdites censes faites généralement par la Communauté, & sur la demande
du feu sieur Président d'Oppéde du 11e. Oc-

T 4

tobre 1696 pour la restitution du sur-exigé
par lui prétendu de ses tailles depuis la transaction de 1584 ensuite de l'Arrêt de Cassation de l'abonnement & de la fixation
de ladite taille portée par icelle & sur la
contraire demande de la Communauté pour
lui faire payer sa cotte part des départe-
ments des années 1608 & 1642 , avons
compensé l'un pour l'autre & mis respectivement les parties à cet égard hors de
cour & de procès ; & sur la demande de
la reparation du Château de la Verdiere ou ré-
édification de la muraille de la terrasse dudit
Château avons ordonné que les transactions
& Arrêts intervenus sur ce sujet seront exécutés & pour connoître si ladite muraille de
la terrasse est du vieux Château ou mur
mentionné ausdites transactions , Arrêts &
rapport de 1651 , avons renvoyé les parties à
experts convenus ou pris d'Office , ausquels à
ces fins lesdites transactions , Arrêts & rapport
& acte de prix fait depuis intervenus seront
remis & pouvoir à lui de prendre toutes autres instructions à ce nécessaires ; & en ce qui
est de la chute du four ordonnons que dans
15ne. le sieur Marquis d'Oppéde fera tirer de
la rue & de la place , les débris de la chute
de sa terrasse & muraille & rendra la ditte
rue & place libres , & faute de ce faire ledit

tems paffé, il fera permis à la Communauté
de le faire aux frais & dépens dudit fieur
d'Oppéde , & fur le furplus de la demande
de la Communauté , à cet égard avons mis
ledit fieur Marquis hors de cour & de procès ; deboutant le Seigneur des inhibitions
& défenfes qu'il demandoit être faites à la
Communauté de ne faire point d'impofitions
fur les denrées que les habitans portent à
vendre hors du lieu fans fon confentement,
fauf & fans préjudice de fon intervention
ou d'un deputé de fa part , lors de la délibération defdites impofitions ; & ayant égard
au comparant de la Communauté du 12
Mars 1696 , avons déclaré nulles & caffé les
deux clameurs expofées par ledit feu fieur
Préfident d'Oppéde fans dommages ni intérêts , & en conféquence avons déclaré les
penfions féodales competantes au *Seigneur*
de la Verdiere confiftant d'une part en 49
charges & demi bled annone mefure courante
de la Verdiere de dix panaux la charge au
lieu de 60 charges bled annone mefure ancienne de la Verdiere de 8 panaux la charge promife par la tranfaction de 1584 fuivant les acquits de reduction & payement
qui en ont été depuis faits durant plus d'un
fiécle , & d'autre part en deux penfions féodales en deniers , l'une de 24 écus de 3 liv.

pièce portée par ladite transaction de 1584
& l'autre de 16 écus aussi de 3 liv. pièce
procédant de 62 florins, de la transaction
de l'année 1513, faisant lesdites deux pensions
en deniers jointes ensemble la somme de
120 liv. annuellement payées & compensées
sur la taille due par ledit Seigneur de la
Verdiere suivant les mêmes acquits ; deboutant au moyen de ce led. Seigneur de la
Verdiere de 18 florins du surplus de la pen-
sion de 80 florins de la transaction du 14
Mars 1528 comme non exécutée à cet égard ;
& disant droit sur le comparant du feu
sieur Président d'Oppéde du 5e. Avril 1696
avons condamné la Communauté à lui payer
lesdits droits d'indemnité ou de demi lods à
lui dûs pour les biens possedez en main morte
par ladite Communauté , autres que ceux
qu'elle aura acquis immédiatement de la
main du Seigneur , pour 29 ans avant la demande & avec intérêts depuis icelle , le tout
à la liquidation des mêmes experts ; & sur
la demande de la Communauté en remboursement de ce qu'elle a payé pour le
droit d'Albergue au traitant ou fermier de
Sa Majesté ou reconvention ou demande
reciproque du Seigneur pour les quistes ou
cavalcades avons mis respectivement les par-

ries hors de cour & de procès ; deboutant en outre suivant les Ordonnances du Royaume, les habitans & possedant biens audit la Verdiere de leur demande de pouvoir chasser sans néanmoins que pour le passé, le Seigneur puisse poursuivre les contrevenans : tous dépens entre les parties compensés. Fait à Aix le 5e. Août 1704, *signés*, à l'Original, Lebret, De-Cormis, & Peissonel.

ADDITIONS.

Titre 1er. art. 3.

LE Parlement de Toulouse n'a pas crû devoir reprouvrer l'amende, dont il est question sur cet art. Arrêt du 30 de Juillet 1751. « La Cour a maintenu & main
,, tient ledit de Bouloc, (Seigneur de Dieu
,, pentales au droit de prendre 5 liv. pour
,, le droit de sang, de ceux qui se battent
,, avec effusion de sang.)

Il fut aussi maintenu au droit d'exiger 10 liv. pour chaque mutation consulaire, & nouvelle élection des Consuls.

Par la coutume d'Avensac, le Seigneur étoit fondé à exiger de ceux qui vouloient plaider 4 d. pour chaque introduction d'instance ; & ceux qui succomboient devoient lui payer 2 s. par liv. Mr. d'Olive liv. 2. ch. 1er. rapporte un Arrêt du 12e. de May 1628. qui supprima ces droits.

Titre II. art. 16.

Il y a un Arrêt du Conseil qui défendit à Mr. de Simiane, Président à Mortier au Parlement d'Aix, de se qualifier *Seigneur de Villeneuve-lez-Aix*, qualité qu'il prenoit, parce que les maisons d'un nouvel agrandissement de la Ville d'Aix ont été construites sur un terrain mouvant de sa directe. J'ai vû cet Arrêt cité sans date, mais comme rendu depuis peu dans une consultation faite en 1711.

Titre III. art. 14.

Par le premier des deux Arrêts du Parlement de Toulouse ; cités sur cet art. il fut ordonné, qu'en defaut des Officiers des Sièges, tant Royaux, *que Bannerets*, l'ordre du tableau y seroit observé & que le plus ancien des curiaux y exerceroit la justice. *Idem*, à l'égard des Procureurs du Roi, & des Procureurs Jurisdictionels.

Par le second, il fut defendu aux Juges Bannerets, de commettre en leur absence des gradués au préjudice du plus ancien Avocat du Siège.

Par le troisième, il fut defendu aux Seigneur justiciers de nommer verbalement à la suggestion des parties d'autres Officiers, sous prétexte d'absence *ou recusation*, que la recusation n'ait été jugée & admise ; & dans ce cas, ils doivent en nommer un par écrit.

En Provence, lorsque le Juge Banneret est recusé, il faut s'addresser au Seigneur qui commet un autre Juge, pour remplacer le Juge recusé, ou pour juger la recusation. Ainsi jugé par Arrêt du 18ᵉ. de Septembre

1728 en la cauſe du Juge des baux, dont Mr. le Prince de Monaco eſt Seigneur.

Les Officiers de juſtice du lieu de Bargemon ſont obligés de prêter annuellement le ſerment entre les mains du Seigneur en préſence des Conſuls ; & il en eſt dreſſé un acte inſéré dans les Régiſtres de l'Hôtel de Ville. Par un Arrêt du 14e. de May 1689 il fut jugé que ce ſerment ne les diſpenſoit pas de la néceſſité d'en prêter un devant le Lieutenant du reſſort, cependant la procedure criminelle dont on demandoit la caſſation ſur le fondement de cette nullité, fut confirmée, attendu l'uſage conſtant. Il fut fait un réglement pour l'avenir.

Même art.

En Languedoc la ſubrogation faite par le Seigneur eſt valable, quoiqu'elle n'ait pas été enregiſtrée. Arrêt rendu en Février 1720 au rapport de Mr. de Glatens, cité dans les collect. de Mr. Furgole.

Même titre, art. 17.

Lorſque le Juge a des procès, il peut faire ſubroger un autre Juge, pour tous les procès qu'il á & pourra avoir ; & cette ſubrogation ne ſera pas cenſée générale. Ainſi jugé au Parlement d'Aix par Arrêt du 30e. de Juin 1725 en faveur du ſieur Allemand de la Tour d'Aigues ; & par un Arrêt du

1er. de Février 1727 en faveur de M^e. Courtois, Juge de Sault.

Même titre art. 20.

Jugé au Parlement d'Aix, par Arrêt du 29e. d'Avril 1700 qu'un Juge Royal n'avoit pas pû être subrogé Juge-d'Appeau, & par un autre Arrêt du 2e. Juin 1713, qu'un Juge d'Appeau pouvoit être subrogé, pour remplir le premier degré de jurisdiction, dans une justice Seigneuriale.

Même titre art. 48.

Ferrieres, sur la quest. 77. de Gui-Pape pose pour maxime, que le Vassal assigné devant le Juge Royal, ne peut pas demander son renvoi devant le Juge du Seigneur & qu'il faut que ce soit le Seigneur lui-même, qui le vendique. Il ajoute, que cette vendication peut toujours être faite, mais cela doit être entendu, tant que l'instance est pendante devant le même Juge, & avant la sentence. Ainsi jugé au Parlement de Toulouse par un Arrêt du 3e. d'Avril 1716 rendu à l'audience de la Tournelle, contre le Sr. de St. Alban, Seigneur de Vabres vendiquant son justiciable, devant la Cour en cause d'appel, & par conséquent, lorsque tout avoit été consommé devant le premier Juge il s'agissoit d'une accusation, pour fait de grossesse.

Même titre art. 50.

Le Juge Banneret peut autoriser l'émancipation faite par le Seigneur ; ainsi jugé par un Arrêt du Parlement d'Aix , rapporté dans le Journal du Palais.

Par un autre Arrêt rendu le 23e. de Juin 1742 , conformément aux conclusions de Mr. l'Avocat Général de Castillon , une donation faite en faveur du Sr. Burle Seigneur de Curban , par un de ses Vassaux , & autorisée par son Juge fut cassée. Il y avoit bien des circonstances qui indisposoient contre cet acte.

Titre IV. art. 41.

Il y a un autre Arrêt du Parlement d'Aix du 6e. de Mars 1760 rendu en faveur du Seigneur de la Fare , & qui en confirmant la maxime concernant la permission qui doit être demandée au Seigneur , ordonna que les Consuls , marchant avec le Juge , se rendroient au Château le jour de la Fête du Village pour accompagner le Seigneur allant assister à la grand-Messe , & à son retour au Château.

Par un Arrêt du même Parlement du 11e. de Février 1764. il fut jugé , que les Consuls de la Ville de Vence avoient pû être poursuivis criminellement pour avoir donné la permission de battre le tambour , malgré

la

la refiftance des deux Coffeigneurs (Mr.
l'Evêque & Mr. de Villeneuve Marquis de
Vence) qui exigeoient qu'on leur demandât
cette permiffion. Il y avoit un bureau de
Police établi, & les Confuls prétendoient que
c'étoit à ce bureau de donner la permiffion.

On peut encore moins fe difpenfer de demander la permiffion de tirer pour le prix de
l'Arquebufe. L'Auteur du traité de la pratique
des Terriers, tom. 4. pag. 701. rapporte un
Arrêt de Réglement du Parlement de Paris,
rendu fur les conclufions de Mr. le Procureur
Général qui fit défenfes à toutes perfonnes de
tirer ni faire tirer aucun prix, fans en avoir
préalablement obtenu la permiffion par écrit
des Officiers des lieux, aufquels la Police
appartient; & qui marqueront expreffément
le lieu où le prix fera tiré.

Titre V. art. 6.

L'on trouve dans les Archives de la Chambre des Comptes d'Aix plufieurs Conceffions
particulières des Régales pour des Fiefs déjà formés, & l'on voit dans l'Inféodation des
terres de Salegriffon, Gars & Briançon,
faite en 1385 que le Comte de Provence,
après avoir cédé en formant ces Fiefs, toute
juftice, la haute, la moyenne, la baffe, le mere &
mixte impéré, les eaux, les Moulins, les bois,
les forêts, fe referva les Régales. C'eft par

ces exemples que le Fermier du Domaine s'eſt toujours crû autoriſé à ſoutenir que la conceſſion des Régales doit être expreſſe ; & que rien ne peut y ſuppléer. Il obtint gain de cauſe ſur ce point , contre la Dame du Bar , par un jugement rendu le 25ᵉ. de Juillet 1742. par Mr. de La Tour premier Préſident , Intendant & Commiſſaire député pour la confection du papier Terrier , & la réunion des Domaines de Sa Majeſté en Provence.

Titre VII. art 8.

Le Parlement de Toulouſe juge auſſi que l'on ne peut pas preſcrire la faculté de pêcher , contre le droit prohibitif du Seigneur. Arrêts rapportés par Serres , *Inſtit. du droit franc.* liv. 2 tit. 1 § 2.

Même tit. art. 12.

On ne peut pas faire rouir les Chanvres & lins dans les rivières. Ainſi jugé par un Arrêt rapporté dans la *pratique des Terriers* tom. 4. pag. 520. L'odeur de ces plantes eſt forte , puante & elle eſt un poiſon pour les Poiſſons.

Même tit. art. 23.

Si la rivière ſépare deux juſtices , dont une appartient au Roi , le Seigneur particulier n'y a abſolument aucun droit , ſuivant l'Arrêt cité par l'Auteur de la pratique des Terriers tom. 4. pag. 497.

Titre XIII.

J'ai vû dans un procès verbal fait par les Maîtres Rationaux en 1379 contenant les droits Seigneuriaux , que la Cour Royale , c'est-à-dire , le Comte de Provence possédoit à Lançon , un article qui paroît assés singulier. *Item habet jura venationis cuniculorum & perdicum , quoniam nullus potest, nec audet venari cuniculos , nec perdices , in territorio dicti castri , nisi per curiam abandonatam , (abonnée) & licentiâ datâ , sub pœnâ banni superiùs expressati , (solidorum xxv) tam die , quam de nocte ; quæ quidem licentia , & abandonamentum debet fieri , & concedi , ad requisitionem hominum dicti castri; & quando abandonatur qualibet domus , in quâ est venator qui sciat venari , debet dare unum cuniculum dictæ curiæ , & quandiù non possunt , vel audent venari ut suprà , nemo debet tenere furonem sub pœnâ banni suprà dicti ; verumtamen consueverunt venari uno anno , & alio non vel plus si volunt.*

Même tit. art. 31.

Les gardes des Chasses ne doivent pas porter un fusil par deux raisons. 1°. parce qu'ils pourroient s'en servir pour chasser ; 2°. Parce qu'ils seroit à craindre qu'ils n'en fissent usage contre les chasseurs qu'ils surprendroient. *Pratique des Terriers.* tom. 4. pag. 703.

Titre XVII.

C'eſt par mépriſe , que dans la Préface on a mis au rang des droits Seigneuriaux inconnus en Provence , le droit de Ban-vin. Il eſt acquis au Seigneur de Cabris , dans la Viguerie de Graſſe , & au Seigneur des Arcs , dans la Viguerie de Draguignan. J'ignore ſi d'autres Seigneurs en jouiſſent.

Même tit. art. XI.

En Provence , la poſſeſſion immémoriale ne ſuffiroit pas. On y tient pour maxime que nul de ces droits Seigneuriaux , qui ne ſont pas une dépendance intime de la Juſtice , du Fief , ou de la directe ne peut être acquis ſans titre , à l'exception de la Bannalité des fours & moulins , qui ſuivant un des Statuts de cette Province peut être acquiſe par les Seigneurs juſticiers en vertu d'une poſſeſſion precedée d'une prohibition.

Même tit. art. XV.

Je pancherois à croire que l'uſage obſervé en Dauphiné où le Seigneur peut céder à ſes fermiers le droit de Ban-vin devroit-être ſuivi par tout ; mais toujours avec ce tempéramment , que les fermiers ne pourroient vendre que le vin du crû du Seigneur. Les habitans ne ſouffrent aucun préjudice ; & ce droit tient à la réalité au moins autant qu'à la perſonnalité.

Même tit. art. XVI.

Les habitans à qui il est permis de vendre leur vin en gros , peuvent-ils pendant la durée du Ban-vin le transporter hors de la Seigneurie pour le vendre en détail ? J'ai vû une sentence arbitrale du 28e. d'Avril 1725 qui jugea la question en faveur du Seigneur de Cabris. Il est vrai que par le titre constitutif , il étoit défendu aux habitans de vendre leur vin en gros & en détail pendant la durée du Ban-vin. Mais cela ne devoit-il pas être entendu de la vente qui seroit faite dans l'étendue de la Seigneurie.

Fin du Tome Premier.

Maison Ch. art. XVIII

[illegible] à [illegible] à personne [illegible]
[illegible] du Bail [illegible] le remboursement [illegible]
Chaque [illegible] pour le vendre au détail ;
[illegible] une somme [illegible] mobile du vin [illegible]
[illegible] qu'il juge à [illegible] question [illegible]
payement du [illegible] Il est vrai que par le
[illegible] commun, il étoit défendu aux [illegible]
[illegible] de vendre leur vin en gros & en dé-
[illegible] pendant la durée du Bail [illegible]
[illegible] Pouvoit-il pas être empêché [illegible] la
[illegible] droit faire cher l'étendue de la [illegible]
villes.

[illegible] Pourvu à leur Peuple.

TABLE
DES MATIERES

Contenues dans ce Volume.

A

Tom. I.   X

B

C

DES MATIERES. V

F

G

H

I

L

P

Y 2

Q

T

V

Fin de la Table des Matieres du Tome premier.